KB109759

김재근 선생의 핵심종합통변 下

들어가는 글

이번 『핵심종합통변 下』는 본 필자의 기 저서인 『핵심종합통변 上』, 『핵심종합통변 中』, 『핵심통변 상담실례』, 『핵심통변』, 『추명명리학 강의』 등을 읽은 독자 여러분께서 필자의 사주통변 이론 내용이 이해되지 않아 문의 전화를 많이 하였으나 여러 여건으로 인하여 일일이 답변하지 못한 점 미안하게 생각하면서 이번 저서에 설명한다.
본 필자가 독학으로 수많은 시간과 정렬을 낭비하면서 깨우친 독창적인 이론이라 생각한다.
본 필자의 수강생들에게는 가르쳤으나 이번 『핵심종합통변 下』에서 움직임, 오고 가고, 내 것과 남의 것, 죽고 살고, 지시 등의 이론 공개를 망설이다가 역학 발전에 조금이나마 도움이 되었으면 하는 마음에서 결단을 내리고 엮어나가게 된다.
사주감정을 상담하면서 본 필자가 많은 어려움과 고초를 경험한 결과라 생각하면 될 것이다.
이번 『핵심종합통변 下』의 이론을 습득하고 본 필자의 앞전에 출간한 기 저서인 『핵심종합통변 上』, 『핵심종합통변 中』, 『핵심통변 상담실례』, 『핵심통변』, 『추명명리학 강의』 등의 서적을 읽게 되면 또 다른 학문 발전에 보탬이 될 것으로 생각한다.
여러 이론을 좀 더 깊이 생각하고 배우고 익히고 습득하게 되면 깨우칠 수가 있을 것이다.

몇 가지의 원리를 알게 되면 거기에서 더 알아가는 희열과 전율을 느낄 수가 있을 것으로 확신한다.
본 저자는 추명명리를 공부하여 사주 감정 상담함에 있어서 처음부터 지금까지 쉽지 않는 학문으로 생각하고 있다.
항상 긴장하고 어려운 가운데 사주 감정하여 상담하고 있다.
이 세상은 한가지로 이루어진 것이 아니고 복잡다양하게 이루어진 것과 마찬가지로 오직 여러 이론을 믿고 익히고 습득해야 할 것으로 생각한다.
역학(易學)이란 바꾸고 바뀌어 새로워지는 학문이라 통변의 난해함이라 할 수가 있을 것이다.
수학적으로 '1+1=2이다' 라고 정답이 나오면 얼마나 좋겠는가.
통변은 '1+1' 은 '0' 도 되고 '3' 도 되어서 많은 어려움이 따르게 되는 것이 현실이다.
항상 믿는 마음과 학문에 의지하고 자부심을 가지고 읽고 또 읽게 되면 학문 발전이 있을 것으로 생각한다.
자기가 알고 있는 것 외는 부정하지 말고 일단은 익히고 난 연후에 마음에 들면 습득하고 마음에 들지 않으면 버릴 것은 버려도 되는 것이다.
자만심을 버리고 많은 노고와 열정이 어려움을 조금이나마 벗어나는 지름길이라 생각한다.
본 저자의 이론 역시 100%가 될 수가 없다고 생각하나 조금 더 사주감정 상담확률을 높이고 자신의 학문 발전을 위함이라 생각하면 될 것이다.

본인은 독학이지만 추명명리학을 익힌 것을 항상 기쁘고 보람되고 즐겁게 생각하고 있다.

역학은 여러분의 지혜와 노력 여하에 있다고 본 저자는 생각한다.

마음에 드는 서적을 많이 읽어 습득하고 깨우치면 될 것이나 그것이 여의하지 못하면 하나의 풀리지 않는 매듭 고리를 풀어주는 지도자의 학습지도를 받으면 자기 발전이 크게 될 것이다.

완벽한 것은 없지만 실력을 갖춘 사람과 실력을 갖추지 않은 사람의 차이는 결과가 나와 있어도 그 결과에 대한 이론전개를 하느냐? 하지 못 하는가? 차이점이라 생각한다.

본 저서는 여러 이론을 토대로 상담한 사주와 생소한 이론들을 전개하고 기 저서 사주 확인 부분을 저술하고자 한다.

본인의 저서로 공부하는 많은 사람들에게 '『핵심종합통변 下권』 출판이 언제 나오는가?' 전화를 많이 받았으나 개인 사정상 지금에서야 출판하게 된 것을 이해하기 바란다.

부디 저의 저서와 인연 있는 역학인 여러분의 추명명리 학문 발전이 있기를 기원하는 마음으로 줄이고자 한다.

2016년

운관철학관에서

죽림 운관 **김 재 근** 씀

차　례

통변에 필요한 각 이론

상담한 사주

기 저서 내용 결과 확인 부분

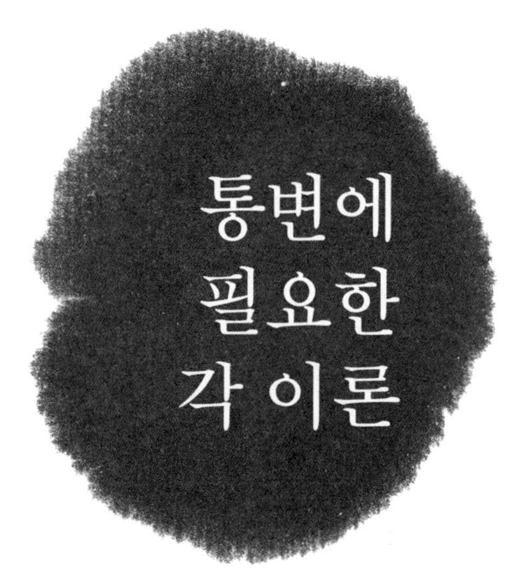

통변에 필요한 각 이론

1. 각 천간과 지지의 속성과 물상

각 천간과 지지의 물상과 속성을 본 필자는 통변에 응용하게 되므로
간략하게 해석한다.
본인의 저서 김재근 선생의 『추명명리학 강의』, 『기문둔갑 핵심포국』,
『핵심통변』, 『핵심통변 상담실례』, 『핵심종합통변 上』, 『핵심종합통변 中』
6권 중에 아래 내용이 있으므로 참고하면 되겠으나 보충 설명한다.

10천간

甲木 : 씨앗에서 껍질을 깨고 싹이 트는 시기로 보며 초목의 싹이
껍질을 아직 껍질을 벗지 못하고 대지로 나오려는 상태이다.
또한 대목으로 보며 선박, 목재가구, 산림, 한옥, 청룡, 몽둥이
등으로 보기도 한다.

乙木 : 씨앗에서 껍질을 깨고 나와 떡잎이 돋아 나온 것으로 보며
초목의 싹이 곧게 돋아나지를 못하고 구부러진 상태로 본다.
넝쿨나무, 초목, 화초, 도화, 식물, 채소, 콩나물, 화훼농장, 청룡,
삼기 등으로 보기도 한다.

丙火 : 양기가 솟아나와 올라온 시기로 보며 양기는 쇠하고 음기가
돋아나려는 상태이다.
태양, 용광로, 빛, 새, 형혹성, 삼기, 주작, 화면, 항공 등으로
보기도 한다.

丁火 : 양기가 절정을 이루어 만물이 익어가는 시기로 보며 만물이 잠시 쉬고 숨을 고르는 상태이다.
촛불, 모닥불, 일반적으로 사용하는 불, 열기, 달, 주작, 구설, 삼기, 조명, 잔치, 통신, 깃발 등으로 보기도 한다.

戊土 : 만물이 무성하게 익어가는 시기로 보며 만물이 무성하고 익어가는 시기이다.
큰 산, 제방, 사막, 대머리 산, 큰 돌, 화로, 천강성, 구진 등으로 보기도 한다.

己土 : 만물이 완전히 익어 있는 시기로 보며 자신이라는 뜻으로 만물이 익어있는 시기이다.
전답, 옥토, 기름진 땅, 웅덩이, 묘지, 등사 등으로 보기도 한다.

庚金 : 만물의 열매가 굳어가는 시기로 보며 만물이 익어서 굳고 단단한 시기이다.
무쇠, 원석, 열매, 우박, 백호, 도끼, 칼, 태백성 등으로 보기도 한다.

辛金 : 열매가 여물어 씨앗으로 되는 시기이며 만물이 완전히 단단하여져서 매운맛이 나는 시기이다.
보석, 주옥, 기와, 서리, 침, 주사바늘, 가위 등으로 보기도 한다.

壬水 : 땅속의 물로 땅속에서 양기가 만들어 지는 시기이며 임신한다는 뜻으로 양의 기운을 받아들이는 것이다.
바다, 강물, 호수, 늪, 혼탁한 물, 폭우, 현무 등으로 보기도 한다.

癸水 : 땅속에서 양기가 키워지면서 서서히 지면으로 올라오는 시기이며 여자의 월경이라는 글자를 본뜬 것이다.
구름, 이슬, 보슬비, 도적, 현무 지표수 등으로 보기도 한다.

甲木 : 대목, 외로운 나무, 몽둥이, 선박, 청룡, 전봇대.

乙木 : 소목, 잡초, 넝쿨나무, 꽃, 도화, 연꽃, 잔디밭, 풀밭, 새싹, 청룡.

丙火 : 태양, 용광로, 조류, 형혹 성, 주작.

丁火 : 촛불, 사용하는 불, 달빛, 구설, 소식, 잔치, 통신, 주작, 골프채.

戊土 : 큰 산, 벌거숭이 산, 화로, 큰 바위, 천강 성, 구진.

己土 : 옥토, 작은 산, 전답, 작은 웅덩이, 습한 흙, 묘지, 등사.

庚金 : 칼, 도끼, 태백 성, 무쇠, 원석, 백호.

辛金 : 날카로운 칼, 보석, 기와, 작은 침, 주옥, 현침, 백호, 주사바늘.

壬水 : 바다, 넓은 강물, 지하수, 현무.

癸水 : 지표의 물, 안개, 구름, 이슬 비, 이슬, 시내 물, 현무.

12지지

子水 : 동지를 지나면서 양기가 생성되는 1양 시생 시기이다.
양기가 이르러서 새끼 낳고 길러서 커가는 것이다.
빠짐, 숨음, 구덩이, 귀, 자궁, 돼지, 중남, 귀혼, 휴문, 천후(天后),
천봉 등으로 보게 된다.

丑土 : 양기가 조금 생겨 차가운 기운이 물러나는 2양 시생 시기이다.
시작하고 마치는 때에 있기 때문에 매듭짓는 것으로 보기도 한다.
정지, 멈춤, 준비, 손, 개, 소남, 물혹(암), 귀인, 염증, 암, 결석이나
담석이 발생할 수 있는 요인 등으로 보게 된다.

寅木 : 양기가 안에서 밖으로 나오려고 준비하는 3양 시생 시기이다.
만물의 싹이 씨앗 밖으로 옮겨 나와 퍼져나가는 것이다.
생기, 생문, 천임, 직부, 시기조절, 움틈, 시작, 손, 개, 소남,
물혹(암), 염증, 결석이나 담석이 발생할 수 있는 요인 등으로
보게 된다.

卯木 : 양기가 땅밖으로 솟아 나오려고 하는 4양 시생 시기이다.
줄기가 나와 커져서 무성하여 땅을 덮는 형상이다.
움직임, 조급, 상처, 투쟁, 발, 용, 이마, 장남, 붓, 목탁, 작은 공, 천의, 상문, 천충, 육합, 결석이나 담석이 발생할 수 있는 요인 등으로 보게 된다.

辰土 : 양기가 밖으로 나오는 5양 시생 시기이다.
3월이 되면 만물이 모두 움직이고 자라난다.
진퇴양난, 고심, 안으로는 움직임, 넓적다리, 들어옴, 자궁, 닭, 장녀, 노끈, 절체, 두문, 천보, 구진, 결석이나 담석이 발생할 수 있는 요인 등으로 보기도 한다.

巳火 : 양기가 밖에서 형상을 이루는 6양 시생 시기이다.
이때에 모두 자라기를 마치고 일어나는 것이다.
나가고 들어오고, 활발함, 허벅지, 닭, 장녀, 물혹(암), 염증, 절체, 두문, 천보, 구진, 결석이나 담석이 발생할 수 있는 요인 등으로 보게 된다.

午火 : 양기가 극에 도달하여 있는 1음 시생 시기이다.
만물이 성대하여져서 가지와 꽃받침이 붙는 것이다.
비밀탄로, 소비, 소식, 속도 빠름, 빛남, 문서, 눈, 꿩, 오리, 중녀, 잔치, 통신, 유혼, 경문(景門), 천영, 주작, 물혹(암), 염증, 암, 담석이나 결석이 발생할 수 있는 요인 등으로 보게 된다.

未土 : 양기는 줄어지고 음기가 움직이는 2음 시생 시기이다.
만물이 때를 만나 성숙하여지며 각자의 맛이 있게 된다.
갑갑함, 고달픔, 뱃가죽, 소, 어머니, 가마솥, 인색, 직물, 원단, 땅, 유순, 화해, 사문, 천예, 결석이나 담석이 발생할 수 있는 요인 등으로 보게 된다.

申金 : 만물이 익어 열매를 맺는 3음 시생 시기이다.
만물이 모두 몸체를 이루는 것이다.
죽음, 떠남, 무상, 복부, 소, 어머니, 화해, 사문, 천예, 백호,
결석이나 담석이 발생할 수 있는 요인 등으로 보게 된다.

酉金 : 만물이 완전히 익어 씨앗이 되는 4음 시생 시기이다.
이때에는 만물이 씨앗이 되어 모두 축소되어서 작아진다.
놀람, 구설, 즐거움, 애교, 입, 소녀, 소금, 연못, 술잔, 커피 잔,
요령, 무당, 첩, 양(염소), 씨앗, 복덕, 경문(驚門), 천주, 태음,
물혹(암)과 염증, 담석이나 결석이 발생할 수 있는 요인 등으로
보게 된다.

戌土 : 씨앗이 땅으로 떨어지는 5음 시생 시기이다.
이때에는 만물이 모두 쇠퇴하여 멸하는 것이다.
조용, 허망, 쉼, 머리, 말, 하늘, 아버지, 사찰, 카바레, 나이트클럽,
임금, 완고, 보수적, 둥글다, 마당, 운동장, 화장실, 절명, 개문, 천심,
천문, 물혹(암)과 염증이 발생할 수 있는 요인 등으로 보게 된다.

亥水 : 모든 만물이 창고 속에 보관되어 쉬는 6음 시생 시기이다.
이때에는 만물이 닫히고 숨어서 씨를 맺고 감추어지게 되는 것이다.
암흑, 끊김, 조용, 숨김, 말, 머리, 아버지, 절명, 개문, 천심, 현무,
천문 등으로 보게 된다. 觀

2. 각 천간과 지지의 음식점 분류

甲과 寅 : 개고기 음식 → 개 중탕, 보신탕 등

乙과 卯 : 해산물 음식 → 생선구이, 횟집, 아귀찜, 해물탕, 대구탕, 등

丙과 巳 : 닭고기 음식 → 치킨, 닭백숙, 통닭, 닭찜, 닭 훈제, 닭도리탕 등

丁과 午 : 오리고기 음식 →
오리백숙, 오리 탕, 오리불고기, 오리훈제, 오리소금구이 등

戊와 辰 : 해산물 음식과 닭고기 음식 →
생선구이, 횟집, 아구찜, 해물탕, 대구탕, 치킨, 닭백숙, 통닭,
닭찜, 닭 훈제, 닭도리탕 등

己와 未 : 오리고기 음식과 소고기 음식 →
오리백숙, 오리 탕, 오리불고기, 오리훈제, 오리소금구이,
소불고기, 소금구이, 소고기 샤브샤브, 비후까스, 소머리 곰탕 등

庚과 申 : 소고기 음식 →
소불고기, 소 소금구이, 소고기 샤브샤브, 비후까스,
소머리곰탕, 설렁탕 등

辛과 酉 : 염소고기와 양고기 음식 →
염소불고기, 염소중탕, 양고기 음식 등

戊와 戌 : 염소고기와 양고기 음식과 일반식당 →
염소불고기, 염소중탕, 양고기 음식, 한정식, 함바, 정식,
비빔밥 등

壬과 亥 : 일반식당 → 한정식, 함바, 정식, 비빔밥 등

癸와 子 : 돼지고기 음식 → 돼지불고기, 삼겹살, 돼지국밥, 돼지족발 등 觀

3. 일주 또는 타 주 60갑자 속성을 단식통변

甲子 : 나무가 물을 얻은 형상으로 서로서로 돕는 형상이다.
자생간지로 학문을 좋아하며 선비적인 성격을 지니고 있게 된다.
생각은 깊으나 단순한 면이 있고 굽히지 않는 성격이다.
그러나 돈 여자 남자 문제로 관재구설을 주의해야 한다.
남명은 집안이나 집밖에서 색정이 강하고 즐기는 편이며 외부의
여자를 좋아하는 경향이 있다.
남명은 처 부친형제 조모 중에 액화가 따르게 된다.
여명은 요조숙녀 같이 말과 행동하나 속마음은 끼가 다분히 있는
편이며 자식의 근심이 있게 된다.
남편이 신규시작을 잘하며 잘 베푸는 면이 있다.
남여 모두 금전관계에 어려움이 따르게 된다.
남명이나 여명은 역마를 띠고 있으므로 활동적인 사람이 된다.
지지子水 정인을 형 충 파 해를 두려워한다.

乙丑 : 청룡이 진흙 속에 빠져 괴로움을 당하고 있는 형상이다.
수면이 부족한 사람이 있으며 초조하고 불안한 면을 가지고 있다.
항상 순리를 따르고자하나 한번 틀어지게 되면 도시락 싸들고
따라 다니면서 앙갚음하려는 면을 가지고 있다.
남명은 애인 부친 장모 중에 액화가 따르는 간지이다.
여명은 생각이 많아 신경성질병을 가지게 되며 자식의 근심도
따르게 되고 남편의 액화가 비치게 되어 사고와 건강을 조심해야 한다.

남여 모두 금전에 집착과 연연하면서 소비를 적게 하고 알뜰한 사람이 많다.
남여 모두 배우자로 인하여 구설을 주의해야 한다.
몸이 건강하지 못하며 두통과 간에 대한 질병을 주의해야 한다.

丙寅 : 나는 새가 큰나무를 얻어 쉬고 있는 형상이다.
자생간지이며 외국어를 좋아하게 되며 활발하고 다방면으로 지식을 가지고 있게 된다.
그러나 지식은 있으나 깊이 있는 지식은 적은 경우가 있으며 조금 부지런하지 못한 면이 있다.
신규시작을 잘하게 되나 끝을 잘 마무리 짓지 못하여 용두사미가 되는 편이다.
조급한 성격으로 신체에 흉터가 있는 경우가 있으며 친구 형제 동료로 인한 구설과 말썽이 있게 되니 항상 말을 주의해야 한다.
남명은 처가 활동적이며 직업을 가지게 되며 처의 건강과 사고를 주의해야 한다.
여명은 남편이 화려함을 좋아하고 집안을 잘 가꾸고 깨끗하게 하는 편이다.
남여 모두 부친과 인연이 박하여 부친과 일찍 이별하는 경우도 있게 된다.
남여 모두 보증 금전대차 동업 투기 등으로 손재를 당하게 되며 외부적으로 손재이므로 도적 사기 등을 특히 주의해야 한다.

丁卯 : 잡초를 태워서 제거하고 논밭을 옥토를 만드는 형상이다.
자생간지이며 주위 사람들을 생각하는 마음이 있으며

부모와 형제를 생각하는 마음이 많다.
공부를 꾸준히 오래하지 못하며 집중력이 부족한 면이 있으며
벼락치기 공부를 잘하는 편이다.
건강은 기운의 소진이 빠르므로 평상시 건강유지를 잘하도록
해야 한다.
남명은 바람기가 나타나게 되면 처가 신경성질병을 앓게 되어
우울증 불면증에 걸리기 쉬우며 처가 까다로운 면도 있게 된다.
여명은 화려함을 좋아하고 깔끔하고 인기가 있게 된다.
남명은 부친과 금전에 인연이 조금 박하며
여명은 시어머니와 금전에 인연이 박하고 갈등이 있다.

戊辰 : 흙으로 제방을 구축하여 농작하기 위하여 물을 모아 놓으려는
형상이다.
따라서 농작하는 일에 좋으므로 과수원 화훼농장 고등채소 등의
농작에 인연이 있다.
재물에 집착이 강하며 야물고 소비를 억제하려는 면을 지니고
있으며 재산은 가지게 된다.
단시일 내 수확을 조급하게 거두어들이려 하게 되면 실패할
경우가 있게 된다.
꾸준하게 긴 시간 노력을 투자해야 수확이 있게 된다.
재산을 지키려면 보증 금전대차 투기 동업은 절대하지 않아야
재산을 지킬 수가 있게 된다.
재산은 처가 일으키게 되며 처가 도움이 되어 처 이름으로
문서를 하는 것이 이롭다.
남명은 처를 아끼고 사랑하나 처와 부친형제의 액화가 비치게

되므로 주의해야 한다.
여명은 친정부친이나 부친형제의 액화가 비치게 되므로 주의해야 한다.
모친 두 분인 경우가 있으며 간혹 여자는 아래에 털이 없든지
적은 경우가 있다.

己巳 : 태양 빛이 흙 속으로 흡수되어 빛을 잃게 되는 형상이다.
자생간지이며 한 분야에 너무 집착하는 면이 있다.
신경성질병과 두통이 발생하여 고생하는 경우가 종종 있게 된다.
특히 여름에 출생한 사람이 신경과 정신계통에 많이 나타나게
된다.
따라서 긍정적으로 생각하고 활동을 많이 하여야 한다.
재물에 집착하지 말고 전문기술을 익히게 되면 재물은 따르게 된다.
남자는 처와 갈등이 있으며 처와 이혼하지도 않으면서 불만으로
생활하는 경우가 있다.
그러나 장모의 덕이 있으므로 장모를 잘 보살피게 되면 처와 갈
등해소에 도움이 된다.
여자는 남편이 베푸는 것을 좋아하고 활동적이나 허약한 남편을
만나는 확률이 많다.

庚午 : 원석인 무쇠를 불속에 넣어 달구고 제련하여 기물을 만드는 형상이다.
처음에는 성취하는데 많은 시간과 노력이 소요되어 어려움이
있으나 뒤에는 좋은 성과가 있게 된다.
학문과 명예를 좋아하고 인기에 치우치는 경향이 있다.
정직하고 불의를 저지르지 않으며 정의로운 성격이다.
남여 모두 운에 따라서 본인이나 처 남편으로 관재가 있으니

항상 주의해야 한다.
남자는 아름다운 처를 만나게 되며 처가 새로운 것을 잘 시작하며
좋아하게 된다.
여자는 점잖은 남편을 만나게 되며 공직자와 인연이 있게 된다.
그러나 남편은 조금 보수적인 남편이나 본인은 남아적인 성격을
가지게 된다.
남자는 부친의 근심이 따르게 되며
여자는 자식의 근심이 간혹 따르는 것이 결점이 된다.

辛未 : 침이나 바늘을 전기소독기 속에 넣어 살균 소독하는 형상이다.
기와 장을 가마 속에서 굽는 형상이다.
따라서 침이나 바늘을 다루는 직업에 인연이 있으므로 병원행정
의사 간호원 병원에 관계되는 일 미싱 봉재 기와 잇는 일
미용사 등의 직업이 좋다.
성격은 날카로우며 의심스러운 것은 확실하게 알아야 하므로
스스로 고달프게 만드는 성격이 있다.
남여 모두 금전은 소비가 적으며 알뜰하고 돈에 집착이 강하여
생활에는 어려움이 없다.
남여 모두 건강은 디스크 상골 기관지 신경성질병을 주의해야 한다.
남자는 처의 액화가 있게 되어 처의 건강을 주의해야 한다.
여자는 시어머니가 없는 곳에 시집을 가게 되는 경우가 있으며
결혼 후 시어머니의 액화가 있게 된다.
자식의 액화 역시 주의해야 한다.

壬申 : 망망대해 마르고 줄어들지 않는 바다와 같은 형상이다.

자생간지로써 고집과 주관 자존심이 강하면서 적은 지식을 많은 지식으로 사용하는 임기웅변과 순발력을 지니고 있다.
새로운 일 시작으로 여러 가지를 확장하려는 면이 있다.
왕성한 활동적인 반면 상대방에 의한 신체의 손상과 사고 명예 손상을 항상 주의해야 한다.
외래어를 좋아하게 되며 해외유학으로 새로운 많은 지식을 쌓을 수 있게 된다.
남자는 예쁜 배우자를 선호하게 되고 처는 인기와 애교가 있으며 처와 속궁합이 잘 맞게 된다.
부친은 통이 크고 사업적인 기질을 가지고 있다,
여자는 남편이 허약한 경우가 있으며 남에게 잘 베푸는 성격을 가지고 있게 된다.
부친은 잡기를 즐기는 편이나 부친과 의는 좋은 편이다.
남여 모두 모친은 자식을 위하여 희생정신이 있으며 남들보다 생각이 빠르고 신경이 예민하나 육친의 덕은 없는 편이다.

癸酉 : 물로써 보석을 씻는 형상이며 칼날에 물방울이 달려있는 형상으로 양면성을 띠고 있다.
따라서 화려함을 추구하는 면이 있는 반면 살벌한 기운도 내포하게 된다.
자생간지로써 유흥업에 종사 인이 있으며 구름을 벗 삼으며 지극정성 치성 드리는 사람이 있게 된다.
자신의 몸이 허약한 사람이 많으며 몸에 흉터나 점을 남기는 경우가 있다.
남자는 처와 속궁합은 좋은 편이고 예쁘나 처가 몸이 허약한 편이다.

여자는 남편과 속궁합이 싫게 되는 경우가 있으며 답답함을 느끼는 경우가 있게 된다.
시어머니가 새로운 일을 잘 만들게 되어 재산을 소비하는 경우가 있게 된다.
남여 모두 부친을 일찍 사별하는 경우가 있게 된다.
재물에 연연하지 말고 전문지식인이 되면 재산은 자동으로 이루게 된다.

甲戌 : 가을에 낙엽 진 큰 나무가 산봉우리 홀로 외롭게 서있는 형상이다.
화개에 암장된 상관과 정관의 작용으로 재산을 만들게 되고 재산을 지키게 된다.
고중에 재산이 되므로 소비를 적게 하며 알뜰하게 생활하여 재산은 가지게 되는 간지이다.
남여 모두 부친이나 형제의 액화는 있을 수가 있는 간지이다.
가을에 출생하면 상골 디스크를 주의해야 한다.
남자는 외간 여자를 좋아하고 술을 즐기는 면이 있다.
본인이 양자로 가는 경우가 생기게 되며 조모나 장모를 모시는 경우가 있다.
여자는 자식출생 후 남편과 갈등을 느끼게 되고 자식의 근심이 따르는 경우가 있다.
남여 모두 형제 수가 적은 경우가 있게 된다.
또한 예능이나 손재주가 있으므로 전문 기술인이 좋으며 불교나 종교에 깊이 인연을 두게 된다.

乙亥 : 청룡이 물에서 나와 승천하는 형상이며

꽃잎이 활짝 핀 연꽃과 같은 형상이다.
따라서 사주팔자 구성을 잘 이루게 되면
남자는 한 시대를 주름잡는 뛰어난 인물이 된다.
여자는 여걸이나 영부인 장관 고위직의 부인이 된다.
사주팔자 구성이 나쁘면 망망대해에 배를 띄워놓은 형상과
같으므로 배타는 사람이나 어부가 된다.
자생간지로 총명영리하나 고집과 아집이 많은 면이 있으며
피부질병과 사고를 주의해야 한다.
남자는 처와 인연이 박하여 이별이나 사별의 기운이 있게 된다.
여자는 남편의 건강과 사고가 염려되며 자식의 근심이 따르고
자신 또한 건강을 유의해야 된다.
남여 모두 전문지식으로 재산을 이루어야 하며 금전에 집착하지
않아야 재산을 이루게 된다.
자생간지는 충 함을 매우 꺼리게 되니 충은 하지 않아야 한다.

丙子 : 구름이 태양을 가리는 형상이며 새가 구름 속으로 들어가 방향을
잃는 형상이다.
언젠가는 구름이 걷히게 되면 광명을 볼 수가 있는 간지가
되므로 때를 기다리면 좋은 일이 생기게 된다.
생명이 태반에 착상하는 형상도 되므로 조급하게 서둘게 되면
신체손상만 당하게 되니 시기를 기다리는 자세를 가져야 이롭게
된다.
남자는 처가 새로운 일을 잘 시작하게 되며 이상과 포부가 높은
배우자가 많다.
여자는 공직자 남편을 만나게 되고 남편은 신세대적인 사고를

가진 남편이 많게 된다.
재물은 궁하지 않게 생활하게 되고 돈이 필요하게 되면 돈이 어디에서 잘 생기게 된다.
남여 모두 부친의 건강이 좋지 못한 점이 있다.

丁丑 : 삼기인 丁 주작이 진흙 속에 빠져있는 형상이다.
따라서 상해와 구설을 주의해야 한다.
신경성질병을 많이 앓는 편이며 예민하고 까다롭고 신경질적인 면을 가지고 있다.
자기 자신이나 사회에 대하여 불만이나 비관하는 마음이 생기게 되니 항상 긍정적이고 둥글게 수용하는 사고를 가지도록 노력해야 한다.
남여 모두 화재와 화상을 주의해야 하며 알콜 담배 약물 중독성을 가까이하지 않아야 한다.
재산은 남여 모두 어려움이 없으며 돈을 알뜰하게 모으며 소비가 적은 편이다.
남여 모두 예능에 잠재적인 자질을 가지고 있으며 인기가 있고 끼를 발산하는 편이다.
남자는 애인한테는 너그럽게 잘하는 면이 있으나 처한테는 인색한 점이 있다.
여자는 남편이 온순하고 착실하며 처를 아끼게 된다.
남여 모두 할머니가 두 분인 경우가 있게 되며 부친의 이복형제가 있게 된다.

戊寅 : 큰 나무의 씨앗이 땅속에서 껍질을 깨고 움트려는 형상이다.
목적을 이루기 위하여 많은 시간이 필요하게 되므로 조급하게 서둘게 되면 성취하는데 지장이 초래된다.
따라서 때를 기다릴 줄 아는 마음과 자세를 길러야 한다.
봄에 무럭무럭 자라서 여름에 꽃이 피고 가을에 열매를 맺어
결실을 보게 되는 것이 자연의 이치인 것이다.
가을 수확하기까지 많은 노력과 시간 그리고 시련을 견디어
내어야하는 것이 戊寅의 간지이다.
옳다고 결정되면 시작을 잘하게 되면서 줄기차게 끌고
나가고자 하는 집념이 있다.
남자는 처가 자기를 믿어주고 의지하게 되며 본인 역시 처를
믿고 의지하게 된다.
여자는 한 남편으로 종사하기가 어려움이 따르게 되며 남편과
갈등이 따르게 된다.
아주 늦게 결혼하는 경우가 있다.
직업은 숙박업 무역업 유통업 법조계 등에 종사하면서 재산을
만들게 된다.

己卯 : 옥토 전답에 새싹이 땅위로 솟아나는 형상이다.
줄기를 힘차게 뻗어나가기 위해서 많은 노력과 시간이
소용되므로 성급하게 서둘게 되면 상처와 좌절을 겪게 된다.
집안의 장남과 같은 성격이 강하게 작용하므로 집밖에서 상처와
좌절을 겪으면서 통솔하려는 마음이 작용하게 된다.
그러나 상호 간에 뜻이 통하고 남녀간에 약속이 일찍 이루어지는
기운을 가지고 있다.
학생시기에 공부에 충실해야 사회에 나가 어려움을 겪지 않게
되며 결실을 보게 되는 간지이다.

남자는 생각이 조금 단순하며 결정을 빨리 내리는 결점이
있으며 처의 건강이 좋지 못하다.
여자는 남편이 잡기를 즐기게 되고 인기가 있으며 성질이 조금
과격한 면이 있다.
재산을 알뜰하게 모으고 지키고자하나 사용처가 많이 생기든지
재산 만드는 방법이 부족한 점이 있다.

庚辰 : 무쇠가 질그릇의 화로에 들어가 있으므로 화로에 불이 없어
기물을 만들지 못하는 형상이다.
火가 없어 기물을 이루지 못하여 항상 불을 원하게 되어
관직이나 명예직을 좋아하게 된다.
자생 괴강 간지로 고집과 자존심 주관이 강한 성격을 가지고 있다.
남여 모두 재물은 가지게 되며 돈에 어려움은 겪지 않게 된다.
재산은 전답 임야 건물에 투자 간수해야 재산을 지키고
재산증식이 된다.
남자는 처를 아끼고 처의 조언을 잘 듣게 되면 가정이 편하고
재산증식에 도움이 된다.
조모를 잘 섬기든지 제사를 잘 모시게 되면 의식주에 도움을
받게 되며 장모 역시 도움이 된다.
여자는 능력이 부족한 남편을 만나게 되며 자신의 직업을 가지고
가정생활을 이끌어 나가게 된다.
남여 모두 결석과 담석을 주의해야 하며 수액을 주의해야 한다.

辛巳 : 丙辛합水하여 물을 키우는 형상이다.
이익을 배가 시키는 기운은 있으나 관재구설 말썽 등이 내포되어 있다.

또한 보석을 불속에 넣어 녹이게 되는 형상으로 질병을 가지게 되어 건강이 좋지 못한 면이 있다.
남여 모두 암을 주의해야 하며 소주나 양주는 금하는 것이 건강에 도움이 된다.
폐 기관지 대장이 약하므로 흡연은 하지 않아야 한다.
재산을 지키려면 금전대차 보증 투기 동업은 절대하지 않아야 한다.
따라서 물가나 습한 땅에 투자로 돈을 묻어두어야 재산을 지킬 수가 있게 된다.
남자는 처가 자식생산 후에 처의 건강이 나빠지게 되니 처의 건강을 잘 살펴주어야 한다.
여자는 강압에 의하여 남자한테 일찍 정조를 잃는 경우가 있으며 남자의 일방적인 결혼성사로 조혼하는 경우가 있다.
보통 남자들이 많이 따르게 되며 자신도 남자를 좋아하는 편이다.

壬午 : 丁壬합木으로 문서와 소식 통신이 길하며 안과 밖에서 귀인의 도움을 받는 형상이다.
별빛이 물속에 비치어 노니는 형상으로 아름다움은 있으나 고독과 사색적인 면은 내포되어 있다.
재물에 집착하고 연연하며 돈을 가지고자 노력을 많이 하게 되어 재산은 가지게 된다.
남자는 미모의 여성을 좋아하며 능력가진 처를 원하게 된다.
장모가 없는 집 여성과 결혼하는 경우가 있다.
여자는 미모와 능력을 갖춘 남자와 인연이 있게 되고 남편으로 맞이하게 된다.
자식의 근심이 있게 되고 남편의 근심 또한 우려된다.

남여 모두 신경성질병을 주의해야 하며 화상 화재 우울증
불면증을 주의해야 한다.

癸未 : 논밭에 물이 부족하여 바닥이 갈라지고 곡식이 자라기가 어려움이
있는 형상이다.
아궁이에 불을 지피어 솥 안에 물이 증발되어 없어지는 형상이다.
자묘간지로 사고와 건강을 항상 주의해야 한다.
본인 출생 후에 형제의 액화가 있는 경우가 있으며 일찍 사망한
형제가 있게 된다.
재물에 연연하고 집착하게 되며 알뜰하고 소비는 적게 하는 면이 있다.
남녀 모두 건강이 좋지 못하여 건강관리를 잘해야 하며
신경성질병을 주의해야 한다.
일신에 덕이 없으며 짜증스럽고 신경질적이며 까다로운 면이 있게
된다.
따라서 너그럽게 생각하고 긍정적인 생각을 많이 하도록
노력해야 한다.

甲申 : 무쇠 위에 나무가 뿌리를 내리려는 형상이다.
분열되고 흩어지고 헤어지는 기운을 내포하고 있다.
항상 분주다사하며 한 곳에 머무르지 못하고 옮기어 다니게
되며 활동적이다.
직장이나 직업의 변화도 자주 일어나게 된다.
따라서 직업은 무역 유통 영업 물류분야에 적합하며
몽둥이로 백호나 도적을 물리치고 잡는 형상으로 의사 간호사
법조계 외교계통 직업에 인연이 좋다.

절처봉생 간지이나 평생에 사고를 주의해야 하며 상골을 특히
주의해야 한다.
형제 궁이나 육친이 비겁이면 형제의 액화가 있게 되고
그 해당육신에 따라서 육신의 액화 역시 따르게 된다.
남자는 처가 총명영리하고 언변이 출중한 면이 있다.
여자는 사회활동이 왕성하며 직업을 가지고 가정을 이끌어
나가려는 면이 있다.
남여 모두 재산관리는 잘하는 편이나 재산을 만드는 방법이
조금 부족한 면이 있다.

乙酉 : 삼기 중 乙木이 보석 주옥을 깨뜨리는 형상이다.
또한 바늘로 입을 꿰매는 형상이며
또한 보석을 꿰어 연결하는 형상이다.
따라서 재산에 손재를 항상 주의해야하며 특히 관재구설을
주의해야 한다.
직업으로 금은보석 악세사리 보석가공 등에 직업이 적합하다.
달빛과 별빛이 연못에 비치니 아름다움이 있으며 낭만적이고
감성과 감정이 풍부한 형국으로 문학적인 자질이 있다.
남여 모두 조모의 불상사가 내재되어 있다.
남자는 잡기를 좋아하며 처가 몸이 허약하여 건강이 좋지
못하고 처는 미모를 갖추었으며 장모가 없는 경우가 있다.
여자는 미모를 갖춘 여성으로 남편의 간섭이 많게 된다.
항상 조신하게 행동해야 남편한테 의심받지 않게 된다.
재산은 금전에 연연하지 말고 전문지식인으로 나아가면 돈에
어려움은 없게 된다.

丙戌 : 丙火삼기가 협력자를 얻은 형상이다.
도모하는 일에 이익이 있을 기운이다.
불이 화로를 얻은 형상이니 임금이 충신을 얻은 형상과 같다.
따라서 아버지와 같이 위엄과 권위를 지키면 편안하게 된다.
직업으로 종교인 역술인 무속인 창고업 주차장 유흥업 등에
직업 인연이 좋다.
고지식하고 보수적으로 움츠리는 성향을 가지고 있으며 소비를
잘하지 않고 재물에 집착이 있다.
그러나 재산에 속성속패의 속성을 지니고 있으니 보증 금전거래
투기 동업은 절대하지 않아야 재산을 지킬 수가 있다.
출생 후에 모친을 일찍 사별하든지 모친과 인연이 박하며
모친의 건강이 좋지 못한 편이다.
또한 형제의 액화도 내재되어 있는 간지이다.
남자는 처를 사랑하나 처는 건강이 좋지 못하고 외로움을 잘
느끼는 편이다.
여자는 남편의 능력이 부족하여 생활전선에 뛰어드는 경향이 있다.
남녀 모두 특히 암을 주의하고 디스크를 평생에 주의해야 한다.

丁亥 : 丁火삼기인 달빛이 호수를 비추는 형상이다.
귀인의 도움을 받게 되고 관재구설과 말썽 등 어려움이 있으면
해결되는 기운이다.
丁火 달빛이 호수와 강물을 비추는 형상이니 아름다움이며 천을
귀인을 바라보게 되어 영화가 있는 형상이다.
직업으로 종교인 역술인 무속인 음식업 활인업 수산업 유흥업
등의 직업을 가지게 된다.

배려심을 가지게 되면 많은 도움이 있는 간지로 타인을 위하여 봉사 노력하면 길하게 된다.
융화와 대인관계는 원만하나 개인주의 성격을 지니고 있으므로 개인주의가 지나치면 이기주의로 변하게 된다.
여자는 남편과 정답게 생활은 하게 되나 직장이나 밖에서 외간 남자는 절대 가까이하지 않아야 한다.
처는 건강이 허약하며 처의 덕은 있는 편이다.
형제 중에 불상사가 있을 수가 있다.
재물에 연연하지 말고 전문지식이나 외국어공부를 하면 재물은 있게 되는 간지이다.

戊子 : 큰 산 골짜기에 물이 졸졸 흐르는 형상과 안개구름이 산허리에 감도는 형상이다.
음산한 기운이 감돌고 안개 낀 산중에서 엎드려 치성 드리는 형상과 도인이 지팡이 짚고 서 있는 형상과 같다.
직업은 돼지고기 해산물 유흥업 수도인 등에 인연이 있다.
모친의 건강이 좋지 못하고 모친과 인연이 박하며 형제의 액화도 있는 간지이다.
남자는 처를 사랑하나 간섭으로 활동을 묶어두려는 점이 있어서 의처증도 간혹 나타나게 된다.
다른 여자를 가까이 하지 않고 멀리해야 부부간에 풍파를 겪지 않게 되는 간지의 속성이 있다.
여자는 남편이 바람기가 있게 되며 자기 자신이 자영업으로나 직장생활로 돈을 벌게 되는 경우가 많다.
재산은 알뜰하게 하는 간지로써 보증 금전거래 투기만 하지 않으면 재산이 있게 된다.

己丑 : 모래를 진흙 위에 쌓는 형상이니 높이 쌓지를 못하고
허물어지게 되는 형상이다.
따라서 크게 생각하지 말고 적은 가운데 만족하고 안주하는
것이 이롭게 된다.
신경성질병으로 건강이 좋지 못하니 항상 건강을 조심해야 한다.
한번 건강이 나빠지게 되면 건강회복에 어려움이 있으니 검진을
잘하도록 해야 한다.
신경쇠약 우울증 불면증 비관 중독 화상 암 담석 등이 있게 되니
주의하는 것이 좋다.
모친의 건강이 좋지 못하고 모친과 인연이 박하며 형제의
액화도 있는 간지이다.
남자는 처를 아끼나 처가 병약한 것이 결점으로 처로 인하여
근심걱정이 있게 된다.
여자는 자기 자신이 병약하므로 남편이 자기를 좋아하고 남편과
속궁합은 잘 맞으나 귀찮을 때도 생기게 된다.
음식점은 돼지고기 염소고기에 인연이 있으므로 직업을 가지게
되면 수입이 무난하다.

庚寅 : 도끼로 큰 나무를 다듬어 재목으로 사용하려는 형상이며
또한 도끼로 큰 나무를 쪼개어 용광로에 불을 붙여 무쇠를 녹여
물건을 만드는 형상이다.
돈을 만들기 위하여 항상 분주하고 활동적으로 움직이게 된다.
분주다사한 가운데 교통사고 건강은 항상 조심해야 한다.

남아적인 성격과 결단력 의리가 있으나 타인한테 한번 마음이
틀어지게 되면 다시 그 사람을 가까이 하지 않는 점이 있다.
화장품 보험 방문판매 영업 무역 가구 등의 직업에 인연이 있다.
종교와 관련 직업 역시 인연이 있다.
비관하는 마음 화재 화상 중독성 등을 항상 주의해야 한다.
모친과 사이가 좋지 못하든지 인연이 부족한 경우가 있게 된다.
남자는 처가 활동력이 있어서 수입을 만들게 되나 처와 다툼이
많게 된다.
여자는 초혼의 남편과 해로하기가 어려움이 있게 된다.
남녀 공히 재물에 어려움은 없으며 재산은 가지게 된다.

辛卯 : 백호가 수풀에서 날뛰는 형상으로 원하는 일의 성사가 어려움이 있다.
한편으로는 주옥과 구설을 줄에 연결하는 형상으로 아름다움 또한
병존하는 간지이다.
항상 분주한 가운데 몸과 마음이 상하여 근심과 걱정이 따라다니게
된다.
재물과 여자로 인한 관재구설과 말썽을 항상 주의해야 한다.
음식업으로 해산물 횟집 수산물 등에 수입이 좋다.
또한 간호원 한의사 가구 화원 문방구 악세사리 등에 인연이 좋다.
남자는 재물과 여자로 인하여 관재구설과 풍파가 있으니 항상
조심해야 한다.
여자는 남편이 잡기가 있으며 본인은 디스크 관절염 수액을
조심해야 한다.
자식의 액화로 근심과 걱정이 있든지 아들이 없는 경우가 있다.
재산을 만드는 것은 중요하나 재산을 지키는 것 또한 중요하게

생각하므로 재산은 가지게 된다.

壬辰 : 하늘에서 비가 내리어 강물이 넘치는 형상이다.
또한 물을 저수지에 모으는 형상으로 물은 만물을 자랄 수 있게 하고 생명을 유지할 수 있는 것 중에 하나이다.
자좌 묘 고지로 고지식하고 답답한 성격이나 고집과 주장이 강하면서 과격한 성격 또한 있게 된다.
음식점으로 닭 오리 등 음식점으로 수입을 올릴 수가 있으며 생살지권 활인업 창고업 등에 인연이 좋다.
형제의 불상사로 근심과 걱정이 있으며 모친 역시 인연이 박한 편이다.
금전거래 보증 투기 동업은 평생에 하지 않아야 재산을 지킬 수가 있으니 재산을 지키는데 많은 노력이 요구되는 간지이다.
남자는 처와 갈등이 따르고 처가 병약하며 재산손실을 만들기도 한다.
여자는 남편의 능력이 부족하여 본인이 가장으로 생활하는 경우가 있게 된다.

癸巳 : 가뭄이 든 대지 위에 가랑비가 적시어 주는 형상이다.
자좌 천을 귀인 재성으로 목마른 갈증을 풀어주는 형상이다.
베풀고 배려하는 사람은 귀인의 도움이 있을 것이나 그렇지 못하고 욕심만 있는 사람은 귀인의 도움이 없는 형상이다.
직업으로 재무 세무 회계 경리 등에 인연이 있으며 무역 영업 유통 물류 등에 인연이 있다.
닭고기 오리고기 꿩고기 음식점이나 사육하면 수입이 길하다.
명예직과 관직을 원하고 좋아하며 점잖은 성격을 지니고 있다.
모친의 액화나 형제의 액화가 있는 간지이다.

남자는 처가 경제활동에 적극적으로 참여하여 처의 도움이 있다.
여자는 남편과 정답고 잉꼬부부로 부부생활하게 된다.
그러나 외간 남자만 가까이 하지 않아야 한다.
재물에 어려움은 없는 간지이나 재산을 만들려면 베푸는 마음과
전문지식을 가져야 한다.
건강은 심장질병 혈압 뇌졸중 풍 자궁을 항상 주의해야 한다.

甲午 : 장작에 불을 붙이어 가마솥에 음식을 끓이려고 하는 형상으로
나무의 소임을 다하는 형상이다.
庚金이 재물을 만들고 재물을 가지는데 항상 도움이 된다.
따라서 경찰관 직업군인 법조계 등 공직자에 직업을 가지면 좋다.
자좌 사지로 건강을 유의해야 하고 화상과 화재를 주의해야 한다.
베풀고 배려하는 마음을 항상 가져야 하며 남을 업신여기고
자기 주관대로 하려는 마음을 버려야 한다.
남자는 처 직업으로 교직자 또는 의사 간호원의 처와 인연이
있으며 처를 아끼고 사랑하는 편이다.
여자는 남편이 허약하든지 자기보다 능력이 부족한 남편이 될
가능성이 많으며 가정생활의 주권을 남편보다 자기 주관적으로
좌지우지 하려는 성향이 있다.
출생이후에 모친과 인연이 박하든지 모친의 건강이 좋지 못하며
형제의 불상사 역시 있는 경우가 많다.
직업 중 음식점으로 오리고기 꿩고기가 수입이 좋으며 오리 꿩
사육 또한 수입이 길하다.
남여 모두 직장이나 직업을 가지고 생활하며 재물에 애착은
많은 편으로 재산은 있다.

乙未 : 꽃 나무 채소 곡식이 가문 대지 위에 뿌리를 내리고 있는 형상이다.
백호갑자로 모난 성격과 흑백을 가리는 성격을 가지고 있으며
주관이나 고집 자존심이 강하다.
재물관계는 보증 금전거래 투기 동업은 절대 삼가야하며 친구나
동료 형제의 덕이 없다.
물가주변에 거주하든지 투자하게 되면 재산을 지킬 수 있게 된다.
남자는 가정생활에 처의 노력이 많으며 처가 직업을 가지고
생활하는 경우가 있고 처는 건강이 좋지 못하다.
여자는 억센 남편을 섬기게 되며 의부증이 생기게 되고 남편을
간섭함으로 부부간 갈등이 생기게 된다.
직업으로 생선 횟집 해물탕 수산물 등에 수익이 된다.
출생 이후에 모친과 인연이 박하든지 모친의 건강이 좋지 못하다.

丙申 : 태양이 서산으로 넘어가는 형상으로 노을이 아름다우나 속히
안식처를 향해 돌아가야 하는 형상이다.
따라서 해가 중천에 있을 때에 항상 열심히 노력하고 알뜰히
생활하여 태양이 서산에 넘어가기 전에 편안한 안식처를
준비해야 어려움이 없게 된다.
항상 분주다사하며 바쁘게 움직이게 되면 재산을 가지게 되고
재산을 지키게 된다.
직업으로 식육점 정육점 무역 물류 유통 등에 좋으며 법조계에
인연이 좋다.
남자는 처의 성격이 강하고 활발하며 처의 직업으로 교육자의
직업이 많다.
여자는 남편이 지식은 조금 있으면서 똑똑한 척을 많이 하고

활달한 성격이나 남편의 사고는 주의해야 한다.
부부간에 풍파가 잠재 되어 있으니 참고 이해해야 한다.

丁酉 : 달빛이 연못에 비추는 형상이며 가을에 도화 꽃이 만발하게
피어있는 형상이다.
음과 양이 서로 어긋나 있으니 상하가 서로 갈 길을 택하여
헤어지는 형상이다.
따라서 사람관계 융화가 절실히 필요하니 대인관계에 신경을
쓰면 도움이 된다.
자좌 천을 귀인으로 보석에 빛을 비추니 아름다움이 있다.
놀람과 방황하는 일은 없어야 하고 지나친 과욕과 과용은 삼가야 한다.
남자와 여자는 아름다움을 추구하게 되어 고급물품을 선호하여
소비와 지출이 많게 되므로 소비와 지출을 억제해야 한다.
남자는 건강하고 씩씩한 처와 생활하게 되고 처의 도움이 있게 된다.
여자는 남편이 미남이면서 잡기가 있는 남편이다.
모친의 건강이 좋지 못하거나 모친과 인연이 없으므로 모친과
이별이 있게 된다.
직업으로 야간장사로 유흥이 좋으며 귀금속에 인연이 좋다.

戊戌 : 앞으로 나아가고자 하나 산이 가로막아 산을 넘으면 앞에 강이
가로 막아 있고 강을 건너면 산이 앞을 가로 막아 있는 형상이다.
벌거숭이 메마른 산이 첩첩산중의 형상으로 외로움과 고달픔이
따르게 되니 많은 노력과 인내가 필요하다.
고집과 자존심 주관이 매우 강하면서 타인에게 굽히기를
싫어하는 성격이며 고지식한 성격이다.

직업으로 법조계와 귀금속 종교계통 운명상담 등에 인연이 있으므로 마음공부를 많이 하게 되면 어려움과 고달픔에서 벗어날 수가 있게 된다.
남녀 공히 보증 금전거래 투기 동업을 하게 되면 손재가 따르게 된다.
따라서 평생에 절대하지 않아야 재산을 지킬 수가 있게 된다.
남명은 의처증 증세가 있으며 처와 갈등이 생기게 되니 처를 이해하는 자세가 필요하게 된다.
자식액화 우려의 기운이 잠재되어 있으므로 자식의 사고와 건강을 유의해야 한다.
여명은 남편과 이별과 사별의 기운이 잠재되어 있으므로 항상 남편을 이해하고 남편의 사고와 건강을 주의해야 한다.
남녀 공히 모친과 인연이 박하고 형제의 덕이 없으며 부친이나 모친이 두 분 되는 경우가 있으며 색다른 형제가 있게 된다.

己亥 : 옥토가 많은 물에 잠기어 있는 형상이며 묘지 아래에 수맥이 흐르는 형상으로 조상의 묘지를 잘 선택해야 액화가 없게 된다.
재물과 명예와 관직을 좋아하고 음만 성하고 양은 쇠하는 형상이다.
음양의 순환이 잘되지 않으므로 순환기 계통에 건강을 주의해야 한다.
전문지식이나 전문기술을 가지면 생활에 어려움은 없으며 재산을 가지고 재산을 지키면서 생활하게 된다.
남명은 처가 활동적이며 처가 종교에 집착이 있으면서 영기가 있는 경우가 있게 된다.
그러나 처와 해로는 하게 된다.
여명은 출타가 잦고 외간 남자를 만나게 되는 경우가 있으나 외간 남자를 가까이 하면 망신과 곤란한 일이 발생하게 되므로 주의해야 한다.
그러나 남편과 해로하고자 하는 마음은 항상 가지고 있게 된다.
남녀 공히 모친과 인연이 박하고 형제와 인연이 박하다.

庚子 : 살기를 띤 태백성이 구름 속에 갇히어 있는 형상이다.
백호가 이슬비에 젖어 힘을 잃은 형상이다.
남아적인 성격과 배려하고 베푸는 성격이나 타인을 믿지 않고 주관대로 처리하려는 성격으로 야당성향이 있으며 정의의 사회단체 성격이 잠재되어 있다.
기분과 생각대로 급하게 처리하면 손해와 관재구설이 따르므로 항상 신중히 처신해야 한다.
남향의 낮은 임야에 투자하게 되면 재산이득이 된다.
직업으로 법조인 경찰관 직업군인에 인연이 좋으며 전자 전기 주물 용접 식육점 등에 인연이 좋다.
남명은 자식의 근심이 잠재되어 있으니 자식의 사고나 질병을 조심해야 한다.
여명은 남편과 갈등이나 풍파가 내재되어 있으니 부부간에 이해하고 인내해야 갈등이나 풍파를 면할 수가 있게 된다.
또한 남편의 사고나 건강을 유의해야 한다.

辛丑 : 백호가 진흙 속에 뒹굴고 있는 형상이며 기와장이 아직 마르지 않는 형상이다.
주옥이 흙 속에 묻히어 더러워진 형상이다.
물로써 씻어주면 보석이 깨끗해져 아름다움이 있게 된다.
비관이나 화재 화상 알콜중독 약물중독을 주의해야 한다.

자생일주로 생각이 깊은 성격으로 배려하고 베풀게 되면 생활에 도움이 된다.
재산은 물가 주변에 거주하든지 부동산에 투자하게 되면 이익이 된다.
낮은 계곡의 임야 역시 재산이 된다.
직업으로 수산물 생선 횟집 해물탕 보신탕 등에 수익이 된다.
남녀 공히 가르치는 직업에 인연이 제일 좋다.
남자는 도움 되는 여성을 배우자로 택하여 결혼할 수가 있다.
부부간에 해로하게 된다.
자식의 근심이나 액화가 따를 수가 있다.
여자는 남편과 해로할 수는 있으나 외간 남자를 가까이하게 되면 시끄러운 말썽과 관재구설이 따르니 주의해야 한다.

壬寅 : 현무가 수풀 속에서 몸을 숨기고 움직이는 형상이다.
난세와 운이 어려우며 세상을 피하고 몸을 숨기어 자중자애하면 어려움을 면할 수가 있다.
지혜가 있으며 배려하는 성격과 활달한 성격을 지니고 있다.
화재와 화상을 주의해야하고 사고를 주의해야 한다.
도로변에 거주하든지 부동산에 투자하면 이득이 된다.
직업으로 공직(법조인 경찰직 직업군인 등)에 인연이 좋다.
남자는 처가 활달하고 동적인 처를 만나는 경우가 많다.
딸의 건강과 사고로 인해 근심이 따르게 된다.
여자는 남편과 갈등이나 풍파가 비치어 이별이나 사별의 기운이 잠재되어 있으므로 항상 주의해야 한다.
남녀 공히 타인을 믿지 않는 경향이 있으나 한번 믿게 되면 손해를 보더라도 믿는 경향이 있다.

癸卯 : 나무 위에 보슬비가 적시어 도화의 꽃이 활짝 피어 있는 형상이다.
癸卯일주 나체도화라 하여 물로 씻고 아름다움 자태를 뽐내는 형상이다.
땅속에서 양기가 움직이어 지면으로 새싹이 돋아나 떡잎을 형성하는 형상이다.
따라서 조급하게 서둘게 되면 여름에 꽃을 피우지 못하고 가을에 수확의 기쁨을 맛볼 수가 없게 된다.
어려움이 지나면 일이 풀리게 되고 광명이 비취는 격이니 어려움을 극복하고 준비를 착실히 하면 만회할 수 있는 기회와 행운은 찾아오게 된다.
여자는 잡기를 가까이하지 않는 것이 좋으며 남자 역시 잡기를 가까이하지 않는 것이 이로움이 된다.
남녀 공히 잡기로 인하여 부부갈등과 풍파가 내재되어 있으니 삼가해야 한다.
자궁 신장 방광을 주의해야 한다.
남녀 공히 형제의 불상사나 액화가 있는 경우가 있게 된다.
여자는 시아버지의 액이 있으니 시아버지 없는 곳에 시집가면 시아버지의 액화는 면하게 된다.
직업으로 여자는 예능계통에 인연이 있고 남자는 기술이나 설계 디자인 등에 인연이 많다.

甲辰 : 큰 나무가 촉촉한 땅속에 뿌리를 단단히 내리고 잘 자라고 있는 형상이다.
밖으로 강함이 있으나 안으로는 부드러움으로 밖에서는 힘차고 강하게 생활하나 집안에 들어오면 배우자의 부드러움과 사랑이 있는 형상이다.
씨앗에서 새싹이 자라나 힘차게 줄기를 뻗어 나아가는 형국이다.
甲辰백호로 주관은 강하고 외형적으로 강하게 보이나 안으로는
인정과 눈물이 많고 여린 성격이다.
직업으로 부동산 닭고기종류 농사 토목 등에 인연이 있다.
남녀 공히 모친과 인연이 박하고 모친의 액화가 있게 되며
모친 두 분에 이복형제가 있는 경우가 있다.
또한 할아버지의 형제가 이복형제가 있는 경우도 있다.
심장과 혈관계통의 질병을 주의해야 한다.
남녀 다 같이 수염이나 털이 뻣뻣하든지 곱슬인 경우가 종종
나타나게 된다.

乙巳 : 메마른 사막에 선인장 꽃이 활짝 피어 자태를 뽐내고 있는
형상이다.
청룡이 물을 만나지 못하여 승천하지 못하고 있는 형상이다.
따라서 물가 주변에 생활하든지 사업이나 장사를 하게 되면 길하리라.
항상 분주다사하게 노력하나 실속이 적은 것이 흠이므로 과욕하지
말고 적은 중에 만족하도록 해야 한다.
결석 담석 갑상선 간의 질환 등을 주의해야 한다.
직업으로 무역 영업 물류 중개사 항공 등에 인연이 좋다.
남녀 공히 모친과 인연이 박하며 모친의 액화나 불상사가 염려된다.
또한 사고나 수술이 있으니 항상 주의해야 한다.
남자는 교단에 종사하는 여성을 만나게 되면 좋고 처와 해로하게 된다.
여자는 남편이 직업상 떨어져 있는 경우가 잦으며 외간 남자를
가까이하지 않아야 부부풍파를 면할 수가 있다.

丙午 : 태양이 중천에 떠있어 열기가 이글거림이 느껴지는 형상이다.
문서제출 광고 선전 장식하고 꾸미는 일에 좋은 기운이다.
자좌 양인으로 조급한 성격과 고집과 주관이 강하여 타인과
타협을 잘하지 않는 성격이다.
자기 생각과 기분 그리고 고집대로 처리하다가 손해를 당하게
되므로 보증이나 급전거래 투기는 절대 삼가야 한다.
화재 화상 약물중독 등을 주의해야하고 스스로 비관하는 마음을
가지지 않도록 하여야 한다.
직업으로 광고기획 항공 방송국 연예기획 결혼이벤트 등에 좋은
직업이 된다.
남녀 공히 모친과 인연이 박한 편이다.
남자는 처가 질병으로 건강이 좋지 못하며 처가 화려함을 즐기게 된다.
여자는 본인의 과격하고 급한 성격이나 남편의 잡기로 인하여
이별의 기운이 잠재되어 있다.
또한 남편의 건강 사고로 인하여 사별의 기운이 따르게 된다.

丁未 : 한낮의 달빛이 빛을 발휘하지 못하는 형상이다.
촛불 역시 빛을 발휘하지 못하는 형상이다.
주역에서 택지췌(萃)의 뜻이 내포되어 있으므로 겨울에 출생한
사람은 주위에 사람이 많이 모이고 따르는 형상이다.
사람이 많이 모이고 따를수록 군자의 처신으로 바르게 하여야
덕이 따르게 된다.
홍염으로 잔치하고 즐겁고 통신하고 화려함을 좋아하게 된다.
지나친 즐거움은 심장질병을 유발하게 되고 혈압을 상승시키게
되므로 주의해야 한다.

남자는 자식이 없든지 자식의 액화로 자식의 근심이 있는 경우가 있다.
여자는 외간 남자를 가까이하게 되면 남자의 근심과 고통이 따르게 된다.
직업으로 광고기획 결혼이벤트 통신 예능 등이 좋다.

戊申 : 군자의 덕을 갖추고 많은 아랫사람을 덕과 자비로 이끌어나가는 지도자의 형상이다.
밖(외부)으로는 군자의 도를 지키고 아랫사람을 믿음으로 이끌어 나아가나 안(마음속)으로는 험함과 근심걱정이 많은 형상이다.
따라서 최고의 자리는 외롭고 고달픔이 따르는 자리이나 신념과 자비와 덕을 베풀고 이끌어 나가면 많은 사람이 따르게 되고 지도자의 칭송을 받게 된다.
직업으로 정치 교육자 무역 물류 지도자 등에 인연이 좋다.
남자는 처가 강건하고 활동적이고 활달한 처가 많으며 처는 교육계 직업이 많다.
자식의 근심이 있으니 자식의 건강과 사고는 항상 유의해야 한다.
여자는 연애결혼이 많으며 남편의 직업으로 인하여 외지출입이 잦게 된다.
남편의 사고는 주의해야 한다.

己酉 : 자좌 식신 문창으로 학문과 말로써 먹고사는 형상이다.
유(酉)는 소녀 첩 놀람 연못 애교 입 열매 무당 소금 구설 등으로 묘사된다.
직업으로는 교단 기획 연구 염전 보살 등에 적합하다.
몸에 흉터자국을 남기게 되므로 사고와 건강을 주의해야 한다.

어린 소녀가 부모를 잃고 방황과 불안 초조하니 어릴 적에
경기나 수면 중에 일어나 놀라는 것을 주의해야 한다.
남녀 공히 구설과 말썽을 주의해야 하므로 언사를 특히 주의해야 한다.
사주에서 庚金이 천간에 투출하여 상관으로 작용하게 되면 입에
칼을 물고 있는 형상이니 말에 씨가 될 수가 있으므로 타인이나
자신에게 항상 말을 함부로 하지 않아야 한다.
남자는 잡기가 있으며 정력적이나 관재구설과 말썽을 항상
주의해야 한다.
자식의 근심과 걱정 액화가 따르게 된다.
여자는 부부간에 풍파가 따르므로 몸가짐을 항상 바르게 하여야
부부간 해로할 수가 있다.

庚戌 : 용광로 속에 무쇠를 넣어 제련하는 형상이다.
안으로 강하고 굳건한 마음과 밖으로 활발하게 움직이어 앞으로
전진하는 형상이다.
양은 위로 상승하게 되고 음은 아래로 내려오게 되는 것이
음양의 이치이므로 순리대로 하지 않고 급하게 서둘게 되면
막힘과 손해가 따르게 된다.
고집과 주관 자존심이 강한 성격이다.
건강은 기관지 폐 대장 맹장염 치질 천식 등을 주의해야 한다.
남녀 공히 부친과 인연이 박하든지 부친과 이별이나 사별의
기운이 내재되어 있게 된다.
남자는 처의 건강이나 사고가 잠재되어 있거나 처와 사별의
기운이 있게 된다.
또한 늦게 결혼하든지 결혼하지 않고 독신 생활하는 경우가 있다.

여자는 시모가 없는데 시집가는 경우가 많고 시모와 인연이
박하든지 시모의 건강이 좋지 못하다.
직업으로 용접 주물 귀금속 세공 치기공사 종교가 등에 길하다.

辛亥 : 보석 주옥이 물속에 잠기어 있는 형상이다.
많은 양이 하나의 음을 보호하는 형상으로 적게는 쌓을 수가
있으므로 과욕하지 않아야 한다.
활달하고 배려하는 성격은 있으나 달콤한 타인의 말을 믿지
않아야 하고 자신의 주관을 지키면서 타인의 말에 현혹되지
않아야 한다.
심장질병과 혈관질병을 주의해야 한다.
직업으로 해운 선박 무역 물류 유통 등에 인연이 있다.
남녀 공히 부친과 인연이 박하든지 부친이나 부친형제의 액화가
있을 수가 있다.
남자는 자식의 근심이 따르므로 자식의 사고와 건강을 유의해야 한다.
여자는 남편의 건강과 사고를 조심해야 한다.

壬子 : 많은 물이 갈 길을 가지 않고 시냇물이 흐르는 작은 도랑으로
가려고 하는 형상이다.
따라서 고집과 주관 생각대로 처리하게 되면 관재구설 망신이
따르므로 주의해야 한다.
남녀 공히 인기가 있으며 화려함을 좋아한다.
따라서 잡기는 절대 가까이하지 않아야 한다.
水火의 기운이 잘 운행되지 않으므로 신장 방광 자궁 심장 등을
조심해야 한다.

남녀 공히 모친과 인연이 박하든지 모친의 액화나 근심이 따르게 되며 이복형제가 있는 경우가 있다.
고집과 주관 자존심이 강하므로 보증 금전거래 투기 동업은 절대하지 않아야 손실을 막을 수가 있다.
직업으로 법조계 경찰직 직업군인 공인중개사 등에 인연이 있다.
남자는 처의 건강이 좋지 못하며 사고를 항상 조심해야 한다.
처와는 갈등과 풍파가 따르므로 처를 이해하고 본인은 인내로 극복해야 한다.
자식은 딸의 근심이 많은 경우가 종종 있게 된다.
여자는 남편의 능력이 부족하든지 남편의 건강이 좋지 못하고 사고를 주의해야 한다.

癸丑 : 작은 바위 사이에서 맑은 물이 흐르고 있는 형상이다.
또한 작은 웅덩이에 물이 고여 흐르지 못하므로 물이 상할까 염려되는 형상으로 양면성이 내포되어 있다.
고집과 자존심을 버리고 겸손하고 베풀게 되면 높은 위치에서 도가 넘지 아니하고 낮은 위치에서도 빛이 나게 된다.
골절 디스크 화재 화상 중독성을 주의해야 한다.
직업으로 과수원 농작물 채소 조경수 양계 오리사육 음식점으로 닭고기 오리고기 등에 좋다.
남녀 공히 부친과 인연이 박하든지 부친의 액화가 있다.
남자는 애인으로 인하여 고달프게 되므로 처 외의 다른 여자는 가까이하지 않아야한다.
처가 직업을 가지고 가정생활을 꾸려나가는 경우가 많다.
자식의 근심이 있으니 자식의 사고 건강은 조심해야 한다.

여자는 시어머니와 갈등이 있든지 시어머니의 건강이 좋지 못하다.
남편은 능력이 부족하든지 남편의 골절 사고 화상을 항상 조심해야
하며 노름이나 중독성 있는 것을 가까이하지 않아야 한다.

甲寅 : 큰 나무와 큰 나무가 빽빽이 들어차있는 형상이다.
몸을 피하고 숨기는 일에는 길한 기운이 된다.
씨앗에서 지표면으로 촉이 터져 나와 힘차게 줄기를 뻗어나가는
형상이다.
대인은 군자의 도로 아랫사람을 올바르고 엄하게 다스리고
군자는 명예롭게 물러날 시기를 조율하는 것이 군자의 이치가 된다.
기관지 대장 화상 화재 중독을 주의해야 한다.
너무 강하고 꼿꼿하면 휘어지지 않고 태풍과 비바람에 부러지니
고집과 자존심을 너무 세우지 않아야 한다.
직업으로 개 사육 무역 영업 전자 전기 부동산 등에 길하다.
남녀 공히 조모나 부친형제가 일찍 돌아가시든지 액화가 있다.
남자는 처와의 사이는 정다우나 처의 건강과 사고는 조심해야 한다.
아들자식이 없든지 자식의 액화가 우려된다.
여자는 고란살로써 남편의 직업이나 독신녀로 독수공방하는
경우가 종종 있게 된다.

乙卯 : 넝쿨나무나 칡넝쿨이 뒤엉켜 앞으로 나아가고자하나 나아가지
못하는 형상이다.
약한 하나의 양이 아래에서 많은 음을 밀고 올라가려는 상으로
노력과 수고로움이 따르게 되는 형상이다.
대지 밖으로 나온 아직 어린 줄기가 힘차게 뻗어나가려 하니

따라서 조급하게 서둘지 말고 하나하나 풀어나가면서 분수를 지키는 것이 이롭다.
외유내강으로 굴하지 않고 잘 꺾이지 않으면서 질기고 고집스러운 성질이 있다.
대장 기관지 자궁 신장 방광 치질 맹장염 등을 주의해야 한다.
직업으로 닭고기사육 오리고기사육 간호사 의사 등이 좋다.
남자는 처가 화려함을 좋아하며 고급품을 즐기고 잡기가 있다.
자식의 근심이 있다.
여자는 남편과 성격상 잘 맞지 않아 갈등의 경향이 있다.
결혼 전에 애인과 이별의 아픔으로 인하여 결혼 후에는 고통을 면할 수가 있다.

丙辰 : 태양이 동녘하늘에서 떠올라 빛을 발휘하는 형상이다.
또한 따뜻한 태양이 농작물이 자라는 넓은 대지 위에 비추는 형상이다.
산 아래 단풍이 들고 낙엽이 지니 고상하고 아름다움이 있다.
따라서 만인을 위하여 배려하고 베풀어 난세에 무너진 것을 다스려 회복하게 된다.
급한 성격이나 잘 조절하면서 주관과 자존심이 강한 성격이다.
직업으로 금속 문필가 교단 부동산 지도자 종교가 등이 좋다.
남녀 공히 부친과 인연이 박하든지 부친형제 중에 액화가 있다.
또한 수액을 평생에 조심해야하므로 낚시나 해수욕장 수영장 등을 가까이하지 않아야 한다.
남자는 아들이 없든지 자식의 액화나 근심이 있다.
처의 건강과 사고 또는 액화를 역시 주의해야 한다.
여자는 남편의 건강과 사고 또는 액화를 주의해야 한다.

자궁질병과 신장 방광질병을 주의해야하며 임신 중에 유산을 조심해야 한다.

丁巳 : 촛불이나 달빛이 떠오르는 태양에 의하여 빛을 잃어 밝음을 발휘하지 못하는 형상이다.
크게 허물이 있는 형상으로 과욕하지 말고 피하여 자기 자신을 돌이켜 생각하며 허물이 없도록 나아가는 것이 이롭다.
낮과 밤이 돌고 돌아오는 것이 자연의 이치이므로 다시 자신의 광명을 발휘하는 것이 자연의 순리가 되는 것이다.
따라서 자신을 알아주지 않은 외로운 시간이 지나야 본래의 모습인 자기 자신을 알아주게 된다.
고집과 주관과 아집은 강하나 항상 베풀고 배려하고 양보해야 이로움이 있게 된다.
베푼다는 것은 조건이 없어야하므로 대가를 바라지 않아야 한다.
대장 기관지 맹장염 치질 신경성질병 물혹 등 건강을 주의해야 한다.
자신의 잘못보다 타인에 의해서 손재와 실물을 주의해야 하므로 평생 동안 보증과 금전대차는 절대 삼가야 한다.
따라서 타인의 말에 어느 한순간 인정에 흔들리지 않아야 하고 귀가 얇지 않아야 손해를 면할 수가 있다.
남녀 모두 잡기를 멀리해야 부부간에 갈등과 풍파를 면할 수 있으며 부부해로 할 수가 있다.
부친의 질병이나 사고로 근심이 따르고 부친형제 중에 액화가 있으며 모친의 수액을 주의해야 한다.
남자는 자식의 근심과 액화가 있으며 처의 건강이 좋지 못하다.
여자는 고란으로 남편과 풍파나 갈등 액화가 있으며 남편의 능력이 부족한 경우가 있다.

戊午 : 큰 화로나 용광로 속에 불이 활활 타는 형상이며 달빛이 크나큰 산 정상위로 붉게 솟아오르는 형상이다.
또한 벌거숭이 대머리 산에 불이 붙은 형상이며 화산과 용암이 분출하려는 형상이다.
조급하고 급하면서 마음속에 간직하지 못하고 분출하려는 성격이다.
심장 대장 맹장염 기관지 치질 중풍 뇌졸중 등을 주의해야 한다.
용접 주물 조선 해양 귀금속세공 경찰직 등에 직업인연이 많다.
남녀 모두 부친이나 부친형제의 액화가 염려되므로 부친과 동행 여행은 자제하는 것이 좋다.
남자는 처와 이별이나 사별의 기운이 많다.
자식의 사고나 질병으로 액화가 있으므로 자식의 근심이 있다.
여자는 남편의 고집과 성질이 강한 남편으로 남편의 성격을 잘 맞추면서 생활해야 부부풍파를 면할 수가 있다.
시어머니의 액화가 있으므로 시어머니가 없는 곳에 출가하면 액화나 근심을 면할 수가 있다.

己未 : 지열이 이글거리는 사막에 선인장이 머리를 내미는 형상이다.
비닐하우스 속의 전답에서 작물 채소 화초가 지표 위로 돋아나는 형상이다.
고집과 자존심 주관 집착 등이 강하면서 보수적이고 고지식한 성격이다.
간계통의 질병을 주의해야하고 결석 담석 자궁질환을 주의해야 한다.
비닐하우스 농작물 채소 화훼농장 공인중개사 등 직업에 인연이 있다.

남녀 모두 부친이나 부친형제의 사고나 질병 액화가 염려된다.
남자는 외간 여자를 절대 멀리해야 하며 처와 연애결혼이 많다.
자식의 근심은 따르게 되므로 자식의 사고나 질병은 항상
주의해야 한다.
여자는 남편과 이별이나 사별의 기운이 있으며 시어머니와
갈등이 있고 시어머니의 건강이 좋지 못하다.
외간 남자는 절대 가까이하지 않아야 부부간에 시끄러움을 면할
수가 있다.

庚申 : 백호와 백호가 포호하면서 서로 싸워 상처를 받는 형상이다.
원석을 땅속에서 캐어내어서 아직 가공하지 않은 상태이다.
활달하고 남아적이며 고집과 주관이 강하면서 새로운 혁신을
즐기며 속성속패의 기운이다.
용의 꼬리 보다 미꾸라지의 머리가 되기를 원하므로 뒤따르는
것을 싫어하고 앞에 나서서 지도자가 되는 것을 좋아한다.
간의 질병과 두통을 항상 주의해야 할 것이다.
생살지권인 법원 검찰 경찰 해양경찰 의사 직업군인 등 직업에
인연이 좋다.
남녀 모두 부친과 인연이 박하든지 부친과 부친형제의 액화가 있다.
남명은 처와 이별이나 사별로 풍파가 있게 되며 적게는 갈등이 있다.
조모와 인연이 박하든지 장모가 없는 곳에 결혼하게 되면
장모의 화액을 면하게 되고 장모의 건강은 좋지 못하다.
여명은 남편의 외도나 남편의 직업관계로 떨어져있는 경우가 있다.
시어머니와 사이가 나쁘든지 시어머니의 사고를 주의해야 한다.

辛酉 : 보석과 보석이 한주머니 속에서 부딪치어 아름다운 보석이 흠이 생기는 형상이다.
가을에 열매가 씨앗으로 변하여 단단하게 익는 형상이다.
복음상극으로 사사로운 이익을 추구하면 손해와 관재구설이 따르는 형상이다.
몸에 흉터 자국을 남기게 되므로 사고와 질병을 조심해야 하고 암과 결석 담석 두통을 주의해야 한다.
남보다 좋은 물건과 사치스러움을 자제하고 소비와 지출을 줄여야 재산을 지킬 수가 있다.
외적으로 고집과 자존심이 강하나 내적으로 부드러운 기운이다.
남녀 모두 부친과 인연이 박하든지 부친과 부친형제의 액화나 관재구설이 있다.
남명은 처와 이별이나 사별로 풍파가 있게 되며 외간 여자로 인하여 관재구설이 있는 기운이 있다.
조모와 인연이 박하든지 장모의 건강이 좋지 못하다.
장모가 없는 곳에 결혼하게 되면 면할 수가 있다.
여명은 남편의 외도나 본인이 외간 남자로 인하여 관재구설을 항상 주의해야 한다.
시어머니와 사이가 나쁘든지 시어머니의 사고를 주의해야 한다.

壬戌 : 가마솥에서 물을 끓이는 형상이며 도적이 구치소에 갇히어 있는 형상이다.
소나기가 넓고 넓은 메마른 대지 위에 내리어 기쁜 형상이다.
백호로 고집과 주관 자존심이 강하면서 여러 면에 집착이 강한 기운이다.

암과 갑상선 간의 질병 골절 디스크를 조심해야 한다.
재물에 집착이 강하면서 알뜰하고 성실하여 재산은 가지게 되고
재산을 지키게 된다.
염전 활인업 교도관 승려 신부 장의사 예술 작가 목재가옥의
목수 등의 직업이 좋다.
남녀 모두 부친과 인연이 박하든지 부친과 부친형제의 액화가 있다.
남명은 처와 사별의 기운으로 풍파가 있게 되며 외간 여자에
대한 집착이 강하고 재물에 대한 집착이 강한 기운이다.
조모와 인연이 박하든지 장모의 건강이 좋지 못하다.
장모가 없는 곳에 결혼하게 되면 면할 수가 있다.
여명은 남편과 이별이나 사별의 기운이 있다.
자기 자신의 직업으로 가정생활을 이끌어 나가게 된다.
시어머니가 없는 곳에 시집가든지 시어머니의 질병으로 근심이
따르게 된다.

癸亥 : 도랑물이 합쳐 강으로 흘러들어가 강이 넘치는 형상이다.
매사에 지나친 과욕과 순서를 잃고 급하면 일을 그르칠 기운이다.
급하게 서둘지 말고 준비하는 시기이니 저장하고 간직하여
양기가 시작되는 동지를 지나 포근한 봄이 오기를 기다리면서
준비하는 것이 이롭다.
주역에서 밖의 음은 춥고 만물이 움직이지 않으나 안의 양은 활발하게
움직이고 있으므로 봄이 되면 바쁘게 되는 것이 자연의 이치이다.
밖으로는 소심하나 안으로는 활발한 양면의 성격 기운이다.
외적으로 아름다움을 추구하나 내적으로는 알뜰하면서 소비를
잘하지 않아야 한다.

심장 혈압 위장 당뇨를 조심하고 기의 순환이 잘되지 않는다.
남녀 모두 부친이나 부친형제의 사고나 액화가 있다.
조모의 제사를 잘 모셔 드리면 도움이 되고 조모가 두 분인 경우가 많다.
유통 무역 선박 해양 종교가 역술인 유흥 등에 직업인연이 있다.
남자는 바람기가 있으므로 여자를 멀리해야 하고 처와 이혼이나 사별의 기운이 잠재되어 있다.
자식의 사고나 질병으로 근심과 걱정이 따른다.
장모 봉양이나 장모를 잘 모시면 도움이 되고 조모 제사를 정성껏 모시면 도움이 된다.
여자는 외모를 중시하고 고급물품을 좋아하므로 과소비를 줄이는 것이 이롭다.
남편의 외도나 사별의 기운이 있으므로 남편의 사고가 없도록 신경써야 한다.
자식 중에 유학이나 외국출입이 있게 된다. 觀

4. 움직임이란?

본 움직임에 대한 이론은 본 필자의 여러 이론 중에 하나의 깨우침의 결과로 독창적인 이론이라 자부하면서 이론을 전개한다.
사주팔자 또는 대운 연운 월운 일운 시운 등 모든 통변에 본 필자는 움직임을 적용하게 된다.
움직임을 한마디로 요약하면 사주지지 내의 지장 간 중에 지장간이 천간에 투출하면 **그 지지 자체**가 움직이게 된다.
또한 형 충 파하면 움직이게 된다.
그러나 형 충 파하게 되면 움직인다는 것은 일리가 있으나 형 충 파하여 움직인 지지내의 지장 간 오행은 손상을 받게 되는 것이다.
전해 내려오는 옛 선배님들의 역학서적에서 천지인삼재 설명을 참고하면

天은 천간이며 하늘이고 동(動)적이다.
地는 지지이며 땅이고 정(靜)적이다.
人은 인사(人事)이다.
라고 설명되어 있다.

본 필자의 기 저서인 『기문둔갑 핵심포국』, 『추명명리학 강의』, 『핵심통변』, 『핵심통변 상담실례』, 『핵심종합통변 上』, 『핵심종합통변 中』 등을 읽은 독자 여러 분에게서 움직임에 대한 문의 전화를 받았으나 설명할 시간이 부족하여 설명하지 못한 점 미안하고 죄송스럽게 생각하여 본 저서에 설명하게 되었다.

본 필자가 독학으로 추명명리학을 공부 습득 익히면서 천지인삼재를
통변에 적용할 방법을 몰라 의구심을 가졌던 것이 사실이다.
사람의 생활자체는 하늘은 멀다면 멀고 땅과 가깝게 생활하는 것이
우리네 인생인 것이다.
천지인삼재 중에
천간은 하늘의 기운인 천기로 길흉을 파악할 수가 있는 것으로 이해한다.
따라서 천간에 용신과 희신 등 길신이 있으면 하늘의 기운을 이롭게 받게
되는 것으로 높은 곳에서 기도하든지 고층APT에 거주하면 길하게 되고
길한 기운을 빨리 받게 되는 것이다.
지지는 땅의 기운인 지기로 길흉을 파악할 수가 있는 것으로 이해한다.
따라서 일지나 지지에 용신과 희신 등 길신이 있으면 집터나 사업체 등의
터는 길지에 거주하거나 사업하게 되는 것이다.
저층 APT에 거주가 좋고 낮은 곳에서 기도하면 길한 기운을 빨리 받게
되는 것이다.
다른 것은 소속 궁에 따라서 조상이나 부모형제, 자식의 상황을 참조하면
될 것이다.
지장간은 사람의 기운인 인사(사람의 일과 생활)의 길흉을 파악할 수가
있는 것으로 생각한다.
따라서 사람은 땅과 가깝게 생활하는 것이므로 지지와
인사(사람의 일과 생활)인 지장 간을 본 필자는 중요하게 여기게 되었다.
지지의 움직임으로 지지 속에 지장간의 동태를 파악하게 된 것이다.
사주운명 풀이는 사람의 일을 예상 추단하는 학문이 바로 추명명리 학문이다.
기초부터 현재 사주운명 통변까지 스승 없이 독학으로 사주통변에
적용하다보니 답답함과 어려움 등 많은 시간과 노력이 필요하게 되었던
것이 사실이다.

따라서 독자 동호인 여러분은 움직임을 통변에 있어서 한 부분으로 생각하고 익히고 습득 활용하기를 바라는 마음이다.
움직임을 알고 나면 아무것도 아니라고 생각할 것이나 모든 어느 분야이든 누군가가 풀리지 않는 어려운 부분에 하나의 매듭을 풀어주어서 풀기까지가 어려움이 많은 것이라고 본 필자는 생각한다.
본인이 알고 있는 것 외는 받아들이지 않으려는 아집과 자만심을 우리 추명명리 학인은 버려야한다고 생각한다.
본 필자는 어느 누구의 저서를 읽든 한 권의 책에서 한두 가지라도 '아! 이것이다.' 라고 느끼면 그 책을 읽은 결과는 유익했다고 생각해왔다.
그 저자의 숨은 뜻과 행간의 숨은 뜻을 파악하고 원인 분석하여 나름대로 한가지 한가지 쌓게 되었던 것이다.
움직임을 아무쪼록 대수롭게 생각하지 말고 추명명리학 동호인 여러분께서 사주운명 통변에 조금이나마 도움이 되었으면 하는 마음이 본 저자의 심정이다.

지지는 항상 정적으로 가만히 있는 것인가?

그렇지 않다고 본 필자는 확신하고 있다.
지지가 움직이는 시기는 지지 중에 지장간이 투출하면 천간이 움직인 것이 아니고 그 지지가 움직이게 된다.
천간은 항상 동적이므로 움직이고 있는 것이다.
따라서 움직이는 지지의 **육신, 합, 충, 파 ,해, 12신살, 12운성, 기타신살, 공망** 등을 본 저자는 사주감정 상담에 종합적인 통변으로 사용하게 된다.
또한 지지가 움직임으로써 지장간은 서로 합과 충을 하게 된다.
어느 일부 저서에 음양오행과 육신만 사주통변 풀이에 사용하고 합,충,

파, 해, 12신살, 12운성, 일반신살, 공망 등은 사용할 가치가 없다고
주장하고 있으나 본 필자는 그렇지 않다고 확신한다.
하나의 예를 들면 본 필자의 저서 중 『추명명리학 강의』에서 각 12신살
풀이를 해놓았으므로 참고하면 될 것이다.
이 세상은 한 가지로만 이루어진 것이 아니다.
다 문화, 다 인종, 다 종교, 다 가정, 다 사회 등 많은 여러 분야로
이루어져 있다.
우리 운명판단 학문도 여러 학문으로 추명명리학, 기문둔갑, 육임,
태을수, 하락이수, 매화역수, 자미두수, 육효, 월령도, 주역, 관상,
당 사주, 대정수, 천기도수, 점성술, 초씨역림, 구성학 등 여러 학문이 있다.
이중 초씨역림은 사주팔자를 주역으로 변화 해석하는 학문으로 깊이 있는
고도의 학문으로 생각하며 기문둔갑은 사주팔자를 수리로 변화하여 포국
해당하는 학문으로 제왕사주를 가려내는데 역시 탁월하고 월령도는
성씨와 배우자 성씨를 찾아내는데 탁월한 학문으로 생각한다.
그러나 추명명리학이 사주감정 상담에 있어서 어려우면서도
깊이가 있고 오묘하여 그래도 으뜸의 학문가치가 있다고 생각한다.
다른 여러 학문 역시 각각의 장점을 가지고 있는 것이 사실이다.
본 필자는 독학으로 추명명리학, 기문둔갑, 하락이수 등을 깊이 있게 공부는
되지 않았지만 각 학문 나름대로 사용가치가 무궁무진하다고 생각한다.
각 학문의 장점을 발췌하여 추명명리학에 적용하여 보니 확률이 높더라는
것을 확신한다.
공부는 하지 않으면서 본인이 습득하지 않은 다른 학문이론을 매도
비방하는 사람은 자기 자신의 학문 발전이 적을 것으로 생각한다.
우리 추명명리 학도들은 항상 남의 것을 인정하고 스스로 공부하여 임상해
보고 난 연후에 버릴 것은 버리고 가질 것은 가져 발전시켜 나가면 자기

자신의 학문이 더욱 많은 발전이 될 것이다.
사주원국에서 하나의 지지도 움직이지 않는 사주가 있으나 대운이나 연운 어느 시기에 따라서 움직이지 않는 지지도 역시 움직이게 된다는 것이 본 필자의 이론 전개이다.
독학으로 수많은 시간과 정렬을 낭비하면서 깨달은 이론으로 생각하며 이 책을 보는 역학인에게 조금이나마 보탬이 되었으면 하는 마음이다.

12지지의 움직임은 아래와 같다.

寅木 : 寅木지장간에 甲丙戊천간이 존재하므로 甲丙戊천간 중에 어느 오행천간이든 천간에 투출하면 지지寅木 육신과 12신살 12운성 일반신살 등이 다 같이 움직이게 된다는 것이다.
甲丙戊 육신이 역시 활동하게 된다.

卯木 : 卯木지장간에 乙甲천간이 존재하므로 乙甲천간 중에 어느 오행천간이든 천간에 투출하면 지지卯木 육신과 12신살 12운성 일반신살 등이 다 같이 움직이게 된다는 것이다.
乙甲육신이 역시 활동하게 된다.

辰土 : 辰土지장간에 戊癸乙천간이 존재하므로 戊癸乙 천간 중에 어느 오행천간이든 천간에 투출하면 지지辰土 육신과 12신살 12운성 일반신살 등이 다 같이 움직이게 된다는 것이다.
戊癸乙 육신이 역시 활동하게 된다.

巳火 : 巳火지장간에 丙庚戊천간이 존재하므로 丙庚戊 천간 중에 어느 오행천간이든 천간에 투출하면 지지巳火 육신과 12신살 12운성 일반신살 등이 다 같이 움직이게 된다는 것이다.
丙庚戊 육신이 역시 활동하게 된다.

午火 : 午火지장간에 丁己丙천간이 존재하므로 丁己丙 천간 중에 어느 오행천간이든 천간에 투출하면 지지午火 육신과 12신살 12운성 일반신살 등이 다 같이 움직이게 된다는 것이다.
丁己丙 육신이 역시 활동하게 된다.

未土 : 未土지장간에 己乙丁천간이 존재하므로 己乙丁 천간 중에 어느 오행천간이든 천간에 투출하면 지지未土 육신과 12신살 12운성 일반신살 등이 다 같이 움직이게 된다는 것이다.
己乙丁 육신이 역시 활동하게 된다.

申金 : 申金지장간에 庚壬戊천간이 존재하므로 庚壬戊 천간 중에 어느 오행천간이든 천간에 투출하면 지지申金 육신과 12신살 12운성 일반신살 등이 다 같이 움직이게 된다는 것이다.
庚壬戊 육신이 역시 활동하게 된다.

酉金 : 酉金지장간에 辛庚천간이 존재하므로 辛庚 천간 중에 어느 오행천간이든 천간에 투출하면 지지酉金 육신과 12신살 12운성 일반신살 등이 다 같이 움직이게 된다는 것이다.
辛庚 육신이 역시 활동하게 된다.

戌土 : 戌土지장간에 戊丁辛천간이 존재하므로 戊丁辛 천간 중에 어느 오행천간이든 천간에 투출하면 지지戌土 육신과 12신살 12운성 일반신살 등이 다 같이 움직이게 된다는 것이다.
戊丁辛 육신이 역시 활동하게 된다.

亥水 : 亥水지장간에 壬甲戊천간 존재하므로 壬甲戊 천간 중에 어느 오행천간이든 천간에 투출하면 지지亥水 육신과 12신살 12운성 일반신살 등이 다 같이 움직이게 된다는 것이다.
壬甲戊 육신이 역시 활동하게 된다.

故 이석영 선배님의 사주첩경 이론에 상기 움직임(動)을 추가하여 사주와 대운 연운 등에 대입 통변하게 되면 통변의 확률을 높일 수가 있을 것으로 본 필자는 분명히 확신하고 사주첩경의 내용을 본 저자는 확신하고 믿고 있다. 본 저자는 고 이석영 선배님께서 우리 추명명리학 이론과 통변발전에 있어서 하나의 획을 그어 주신 분으로 생각하고 존경한다.
사람은 움직이어야 먹을 음식과 재물도 생기고 인연 있는 사람도 만나게 되는 등 여러 가지 좋은 일이 발생하게 된다.
그러나 움직이어 나쁘게는 재물손재와 사기도 당하고 다툼과 말썽도 생기고 관재구설 등 여러 가지 좋지 못한 일도 발생하게 되는 것이다.
따라서 사주팔자도 움직이지 않는 오행 육신보다 움직이는 오행 육신의 길흉관계가 역시 나타나게 된다는 것이 본 필자의 이론이다.

예1)

○	甲	○	己
○	戌	卯	亥

월지卯木 겁재 양인이 움직이어 일간甲木으로 움직이었다.
따라서 월지卯木 겁재 양인과 연살, 장성살, 왕지, 양인, 현침살 역시 움직이게 되어 길흉작용의 역할을 하게 된다.
또한 연지亥水 편인이 움직이어 역시 일간甲木으로 움직이었다.
따라서 연지亥水 편인과 겁살, 지살, 생지, 학당귀인 역시 움직이게 되어 길흉작용의 역할을 하게 된다.

예2)

ㅇ 甲 己 ㅇ
ㅇ 戌 未 午

연지午火 상관이 움직이어 월간己土 정재로 움직이었다.
따라서 연지午火 상관과 장성살, 사지, 탕화살, 현침살 역시 움직이게 되어 길흉작용의 역할을 하게 된다.
또한 월지未土 정재가 움직이어 월간己土 정재로 움직이었다.
따라서 월지未土 정재와 반안살, 비견묘지, 정인묘지, 형살, 현침살 역시 움직이게 되어 길흉작용의 역할을 하게 된다.

예3)

ㅇ 乙 甲 ㅇ
ㅇ 卯 午 戌

일지卯木 비견 건록이 움직이어 일간乙木과 월간甲木 겁재로 움직이었다.
따라서 일지卯木 비견과 장성살, 연살, 건록, 현침살 역시 움직이게 되어 길흉작용의 역할을 하게 된다.

예4)

ㅇ	乙	甲	丙
ㅇ	卯	午	戌

일지卯木 비견 건록이 움직이어 일간乙木과 시간甲木 겁재로 움직이었다.
따라서 일지卯木 비견 건록과 연살, 장성살, 현침살 역시 움직이게 되어
길흉작용의 역할을 하게 된다.
또한 월지午火 식신이 움직이어 연간丙火 상관으로 움직이었다.
따라서 월지午火 식신과 육해살, 장성살, 생지, 탕화살, 현침살 공망
역시 움직이게 되어 길흉작용의 역할을 하게 된다.

예5) 아들 교통사고 척추장애

丁	壬	丙	壬	여
未	辰	午	辰	

월지午火 정재가 움직이어 시간丁火 정재와 월간丙火 편재로 각각
움직이었다.
따라서 월지午火 정재와 재살, 태지, 탕화살, 부침살, 천의성, 현침살 공망
역시 움직이게 되어 길흉작용의 역할을 하게 된다.
시지未土 정관이 움직이어 시간丁火 정재로 움직이었다.
시지未土 정관과 천살, 양지, 천의성, 현침살, 식신묘지, 겁재묘지,

급각살 역시 움직이게 되어 길흉작용의 역할을 하게 된다.
시지未土 정관이 움직이면서 甲木식신의 묘지와 급각살 癸水겁재의 묘지가 움직이었다.
따라서 자식의 불상사로 추단 통변되는 것이다.

예6) 부친 사고사, 2모, 이복형제

戊 辛 戊 壬 여
戊 巳 申 寅

일지巳火 정관이 움직이어 월간戊土 정인과 시간戊土 정인으로 각각 움직이었다.
따라서 일지巳火 정관과 지살, 망신살, 사지, 삼형살, 원진살, 귀문살 공망 역시 움직이게 되어 길흉작용의 역할을 하게 된다.
시지戌土 정인이 움직이어 월간戊土 정인과 시간戊土 정인 그리고 일간辛金 자기 자신으로 각각 움직이었다.
따라서 시지戌土 정인과 반안살, 화개살, 관대, 귀문살, 원진살, 천문 역시 움직이게 되어 길흉작용의 역할을 하게 된다.
또한 월지申金 겁재가 움직이어 연간壬水 상관으로 움직이었다.
따라서 월지申金 겁재와 망신살, 역마살, 왕지, 낙정살, 삼형살, 상충살 역시 움직이게 되어 길흉작용의 역할을 하게 된다.
연지寅木 정재가 움직이어 월간戊土 정인과 시간戊土 정인으로 각각 움직이었다.

따라서 연지寅木 정재와 겁살, 지살, 태지, 천을 귀인, 삼형살, 상충살 역시 움직이게 되어 길흉작용의 역할을 하게 된다.
본 사주 寅申巳戌지지 전부가 움직이어 각각의 길흉 작용은 나타나게 되는 것이다.
연지寅木 정재 부친이 움직이고 월지申金과 寅申충으로 부친이 사고로 사망하였다.
지지申巳戌가 움직이고 각각 암장된 土인성이 각각 金비겁을 출생하여 모친이 두 분으로 추단 통변되는 것이다.
따라서 이복형제가 있는 사주이다.

예7) 법당모심, 조모2

戊 戊 庚 乙 여
午 戌 辰 巳

일지戌土 비견이 움직이어 일간戊土와 시간戊土 비견으로 각각 움직이었다.
따라서 일지戌土 비견 화개살, 반안살, 비견묘지, 정관묘지, 귀문살, 상충살, 천문 역시 움직이게 되어 길흉작용의 역할을 하게 된다.
월지辰土 비견이 움직이어 시간戊土 비견과 연간乙木 정관으로 각각 움직이었다.
따라서 월지辰土 비견, 월살, 천살, 편재묘지, 상관묘지, 부침살, 천의성, 상충살, 천라지망, 공망 역시 움직이게 되어 길흉작용의 역할을 하게 된다.
연지巳火 편인이 움직이어 월간庚金 식신과 일간戊土 그리고 시간戊土

비견으로 각각 움직이었다.
따라서 연지巳火 편인, 망신살, 지살, 건록, 귀문살, 원진살, 천의성 공망 역시 움직이게 되어 길흉작용의 역할을 하게 된다.
연지巳火가 일간戊土로 움직이고 일지戊土가 역시 움직이어 일간戊土 한 곳으로 움직이었다.
연일지 巳戌귀문 원진이 이루어진다.
따라서 巳戌귀문 원진의 작용으로 법당을 모시게 되는 것이다.
巳戌이 움직이어 巳戌중 암장된 金식상과 乙庚합金으로 인하여 조모 두 분이 되는 것이다.

예8) 공무원

乙 辛 丙 庚 여
酉 未 戌 申

일지未土 편인이 움직이어 시간乙木 편재로 움직이었다.
따라서 일지未土 편인, 화개살, 천살, 쇠지, 형살, 천라지망, 정재묘지, 식신묘지, 현침살 역시 움직이게 되어 길흉작용의 역할을 하게 된다.
시지酉金 비견이 움직이어 연간庚金 겁재와 일간辛金으로 움직이었다.
따라서 시지酉金 비견, 재살, 연살, 건록 역시 움직이게 되어 길흉작용의 역할을 하게 된다.
월지戌土 정인이 움직이어 일간辛金으로 움직이었다.
따라서 월지戌土 정인, 천살, 월살, 관대, 편재묘지, 정관묘지, 정인묘지,

천문, 천라지망 역시 움직이게 되어 길흉작용의 역할을 하게 된다.
연지申金 겁재가 움직이어 연간庚金 겁재로 움직이었다.
따라서 연지申金 겁살, 지살, 왕지, 낙정살, 현침살 역시 움직이게 되어 길흉작용의 역할을 하게 된다.
시지酉金, 일지未土, 월지戌土, 연지申金이 전부 움직이어 각각 길흉작용의 역할을 하게 되는 것이다.
일지未土 편인이 움직이어 시지酉金 건록을 지시하고 시지酉金 건록이 움직이어 일간辛金으로 역시 움직이었다.
일시지는 서로 교차하여 움직이었다.
시지酉金 건록이 움직이어 일간辛金 자기 자신의 것으로 공무원이 된 것이다.

예9) 자궁 제거, 골절 디스크

丁 戊 癸 己 여
巳 戌 酉 亥

일지戌土 비견이 움직이어 시간丁火 인수와 일간戊土 자기 자신으로 움직이었다.
따라서 일지戌土 비견, 화개살, 천살, 비견묘지, 정관묘지, 편인묘지, 천문, 천라지망, 천의성, 귀문살, 원진살 역시 움직이게 되어 길흉작용의 역할을 하게 된다.
시지巳火 편인이 움직이어 일간戊土 자기 자신으로 움직이었다.
따라서 시지巳火 편인, 망신살, 역마살, 건록, 귀문살, 원진살, 천라지망,

상충살 역시 움직이게 되어 길흉작용의 역할을 하게 된다.
일지戊土가 움직이어 시간丁火로 움직이었다.
시지巳火가 움직이어 일간戊土 자기 자신으로 역시 움직이었다.
일지戊土와 시지巳火가 서로 교차하여 움직이면서 巳戌귀문 원진이 움직이었다.
따라서 巳戌귀문 원진으로 암이 발생하여 자궁을 제거하게 된 것이다.
일지戊土 급각 살이 움직이어 시간丁火와 일간戊土 자기 자신으로 움직이어 골절이 있게 된 것이다.

예10) 한의원 화재

癸 丙 丁 丙 남
巳 戌 酉 辰

일지戌土 식신이 움직이어 월간丁火 겁재 양인으로 움직이었다.
따라서 일지戌土 식신, 화개살, 월살, 비견묘지, 정인묘지, 식신묘지, 귀문살, 원진살, 상충살, 독화살 역시 움직이게 되어 길흉작용의 역할을 하게 된다.
연지辰土 식신이 움직이어 시간癸水 정관으로 움직이었다.
따라서 연지辰土 식신, 월살, 화개살, 관대, 상충살, 천의성, 편관묘지, 정재묘지, 천라지망 역시 움직이게 되어 길흉작용의 역할을 하게 된다.
연지巳火 비견이 움직이어 연간丙火 비견과 일간丙火 자기 자신으로 움직이었다.

따라서 연지巳火 비견, 망신살, 겁살, 건록, 귀문살, 원진살, 천의성,
천라지망 역시 움직이게 되어 길흉작용의 역할을 하게 된다.
일지戌土가 움직이어 월지酉金을 지시하였다.
辛卯년은 월지酉金이 움직이어 酉戌독화살(화재살)이 성립되게 된다.
따라서 辛卯년에 한의원에 화재가 발생하게 된 것이다.

예11) 남편 사별

丙 戊 乙 戊　여
辰 申 卯 戌

월지卯木 정관이 움직이어 월간乙木 정관으로 움직이었다.
따라서 월지卯木 정관, 육해살, 연살, 욕지, 귀문살, 원진살, 해살, 낙정살,
화재살 공망 역시 움직이게 되어 길흉작용의 역할을 하게 된다.
연지戌土 비견이 움직이어 연간戊土 비견으로 움직이었다.
따라서 연지戌土 비견, 월살, 화개살, 비견묘지, 정관묘지, 편인묘지,
상충살, 천라지망 역시 움직이게 되어 길흉작용의 역할을 하게 된다.
월지卯木 정관과 연지戌土 정관묘지가 움직이었다.
월지卯木 정관과 연지戌土 정관묘지가 卯戌합하였다.
움직인 월지卯木 정관 남편은 움직이는 연지戌土 정관묘지에 입묘하게
된다.
따라서 월지卯木 정관 남편을 사별하는 것으로 추단 통변되는 것이다.

5. 오고 가고

오고 가고에 대한 이론 역시 본 필자의 여러 이론 중에 하나의 깨우침의 결과로 독창적인 이론이라 자부하면서 이론을 전개한다.

- 타주에 오행육신이 천간 또는 지지가 일주와 합하는 경우.
- 천간이 합하면 합한 그 천간의 지지 역시 서로 끌리어 오고 가게 된다는 것이다.
- 지지가 합하면 합한 그 지지의 천간 역시 서로 끌리어 오고 가게 된다는 것이다.
- 간격 되어 있어도 천간이 합하고 지지가 합하여 일주와 합하는 경우.
- 합하게 되면 두 오행 각각의 원은 겹치게 되어 집합의 형태를 이루게 된다.

예1)

ㅇ 甲 己 ㅇ
ㅇ ㅇ ㅇ ㅇ

일 월간甲己 합으로 월간己土 정재는 일간甲木 나에게 오는 것이며
일간甲木은 월간己土 정재에 가기도 하는 것이다.
따라서 甲과 己은 서로 오고 가게 되는 것이다.

예2)

庚 乙 ㅇ ㅇ
ㅇ ㅇ ㅇ ㅇ

일 시간乙庚 합으로 시간庚金 정관은 일간乙木 나에게 오는 것이며
일간乙木은 시간庚金 정관에 가기도 하는 것이다.
따라서 乙과 庚은 서로 오고 가게 되는 것이다.

예3)

ㅇ 甲 ㅇ ㅇ
ㅇ 午 未 ㅇ

일지午火 상관과 월지未土 정재는 午未합으로 일주甲午는 월지未土
정재에 가기도 하고 월지未土 정재는 일간甲木에 오기도 하는 것이다.
따라서 일지午火 상관과 월지未土 정재는 오고 가게 되는 것이다.

예4)

ㅇ 甲 己 ㅇ
ㅇ 戌 未 午

연지午火 상관과 일지戌土 편재는 연일지로 서로 간격 되어 있어서 寅午戌삼합을 하지 않는다고들 하지만 연월지午未 합하여 연지午火 상관은 일지戌과 가까이 붙게 된다.
연지午火 상관과 일지戌土 편재는 寅午戌삼합하게 되는 것이다.
따라서 연지午火 상관과 일지戌土 편재는 서로 오고 가게 되는 것이다.
또한 연월지午未 합하여 연지午火 상관과 월지未土 정재는 오고 가게 되는 것이다.
천간에서 일간甲木은 월간己土 정재와 甲己합한다.
따라서 일간甲木과 월간己土 정재는 서로 오고 가게 되는 것이다.

예5)

ㅇ	甲	ㅇ	己
ㅇ	戌	卯	亥

일간甲木과 연간己土 정재가 연월간으로 서로 간격 되어 甲己합을 하지 않는다고 하지만 연월지亥卯未 삼합하여 연지亥水 편인은 일지戌土 편재와 가까이 붙게 된다.
일지戌土 편재와 연지亥水 편인은 戌亥합하게 된다.
연지亥水 편인의 천간인 연간己土 정재 역시 일주로 끌리어 서로 오고 가게 되므로 甲己합하게 되는 것이다.
따라서 서로 합으로 인하여 천간과 지지는 서로 오고 가게 되는 것이다.
또한 연지亥水 편인이 움직이어 일간甲木으로 움직이었다.
따라서 연지亥水 편인은 일지戌土 편재와 戌亥합하게 된다.

예6)

○	乙	甲	○
○	卯	午	戌

연지戌土 정재는 월지午火와 寅午戌삼합하여 연지戌土는 일지卯木과 가까이 붙게 되므로 卯戌합하여 연지戌土 정재는 일간乙木 나에게 오는 것이며 일지卯木은 연지戌土 정재에 가기도 하는 것이다.
따라서 연지戌土 정재와 일지卯木 비견과 서로 오고 가게 되는 것이다.

예7)

○	乙	甲	辛
○	卯	午	未

일간乙木과 연간辛金 편관은 연 일간으로 간격 되어 있다.
연지未土 편재는 월지午火와 午未합하여 연지未土는 일지卯木과 가까이 붙게 되므로 卯未합한다.
연지未土의 천간인 연간辛金 편관 역시 未土와 같이 끌리어 오게 되므로 연간辛金 편관은 일간乙木과 가까이 붙게 된다.
따라서 乙辛충이 성립된다.
지지는 오고 가기도 하나 천간이 乙辛충으로 인하여 지지가 서로 오고 가는데 혼란이 일어나게 되는 것이다.

예8)

ㅇ 丙 辛 ㅇ
ㅇ 子 未 午

연지午火와 일지子水가 연일지로 서로 간격 되어 있어서 子午충이 성립하지 않을 것 같으나 子午충이 성립하게 된다.
연지午火 겁재와 월지未土 상관은 午未합한다.
일간丙火와 월간辛金 정재는 丙辛합한다.
연지午火 겁재는 일지子水 정관과 가까이 붙게 된다.
따라서 연일지는 子午충이 성립하게 된다.
일간丙火는 월간辛金 정재와 丙辛합한다.
따라서 일간丙火와 월간辛金 정재는 서로 오고 가게 되나 연일지 子午충과 일월지子未 원진으로 서로 충돌하고 껄끄러움으로 인하여 걸림이 있게 되어 불편한 관계가 된다.

예9)

ㅇ 乙 甲 丙
ㅇ 卯 午 戌

월지午火 식신과 연지戌土 정재가 寅午戌합한다.
따라서 월지午火 식신과 연지戌土 정재는 서로 오고 가게 된다.

또한 연지戌土 정재는 월지午火 식신과 가까이 붙게 되므로 일지卯木 비견 건록과 卯戌합하게 된다.
따라서 일지卯木 비견 건록과 연지戌土 정재는 역시 서로 오고 가게 되는 것이다.
또한 지시를 보아도 일지卯木 비견 건록과 연지戌土 정재는 卯戌합하게 된다.

예10)

○	甲	己	○
○	戌	未	午

연지午火 상관과 월지未土 정재는 午未합한다.
따라서 연지午火 상관과 월지未土 정재는 서로 오고 가게 된다.
또한 연지午火 상관은 일지戌土 편재와 가까이 붙게 되므로 寅午戌삼합하게 된다.
따라서 일지戌土 편재와 연지午火 상관은 서로 오고 가게 되는 것이다.
일간甲木과 월간己土 정재는 甲己합한다.
일간甲木과 월간己土 정재는 서로 오고 가게 된다.
그러나 일월지戌未 형과 파가 이루어진다.
따라서 일간甲木과 월간己土 정재는 서로 오고 가는데 어려움이 따르게 되는 것이다.
흔히 곤랑도화라 명칭하는 원인이 되는 것이다.

예11) 법당모심, 조모2

戊	戊	庚	乙	여
午	戌	辰	巳	

일지戌土 비견과 연지巳火 편인이 서로 간격 되어 巳戌원진 귀문이 성립되지 않을 것 같으나 그렇지 않다.
연지巳火 편인과 월지辰土 비견이 辰巳합하여 연지巳火 편인과 월지辰土 비견은 하나의 원안에 집합하였다.
따라서 일지戌土 비견과 연지巳火 편인이 巳戌원진 귀문이 성립되어 원진 귀문으로 서로 오고 가게 되는 것이다.
본 사주는 움직임과 지시와 오고 가고, 죽고 살고를 전부 참고하면 통변에 보탬이 되는 사주이다. 觀

6. 지시란

지지 지장 간 중에 천간이 투출하여 그 천간이 좌한 지지를 지시한다고 말하게 된다.

지시한 오행, 육신과 12신살, 12운성 등의 길흉관계를 보게 된다.

일지가 움직이어 지시한 지지의 오행 육신과 신 살은 일주 자기 자신의 사항으로 추단 통변하게 된다.

타 처에서 움직이어 지시한 것은 타 처의 육신과 관계되는 것으로 추단 통변하게 된다.

그러나 움직임과 내 것과 남의 것, 지시, 오고 가고, 죽고 살고를 종합하여 잘 살피어 보게 되면 여러 오행 육신이 내 것이 남의 것도 되고 남의 것 또한 내 것으로 되는 경우가 종종 발생하게 된다.

예1)

ㅇ 乙 甲 ㅇ

ㅇ 卯 戌 ㅇ

일지卯木 비견이 움직이어 월간甲木 겁재와 일간乙木 자기 자신으로 움직이었다.

월간甲木 겁재는 월지戌土 정재에 좌하였다.

따라서 일지卯木 비견이 움직이어 월간甲木 겁재는 월지戌土 정재를 지시하였다.

예2)

ㅇ	乙	甲	丙
ㅇ	卯	午	戌

일지卯木 비견이 움직이어 월간甲木 겁재와 일간乙木 자기 자신으로 움직이었다.
월간甲木 겁재는 월지午火 식신에 좌하였다.
따라서 일지卯木 비견이 움직이어 월간甲木 겁재는 월지午火 식신을 지시하였다.
다시 월지午火 식신이 움직이어 연간丙火 상관으로 움직이었다.
연간丙火 상관은 연지戌土 정재에 좌하였다.
따라서 월지午火 식신이 움직이어 연간丙火 상관은 연지戌土 정재를 지시하였다.

예3) 법당모심, 조모2

戊	戊	庚	乙	여
午	戌	辰	巳	

일지戌土 비견이 움직이어 시간戊土 비견과 일간戊土 자기 자신으로 움직이었다.
시간戊土 비견은 시지午火 정인에 좌하였다.

따라서 일지戊土 비견이 움직이어 시간戊土 비견은 시지午火 정인을 지시하였다.
또한 월지辰土 비견이 움직이어 연간乙木 정관으로 움직이었다.
연간乙木 정관은 연지巳火 편인에 좌하였다.
따라서 월지辰土 비견이 움직이어 연간乙木 정관은 연지巳火 편인을 지시하였다.
또한 연지巳火 편인이 움직이어 일 시간戊土와 월간庚金이다.
일간戊土는 일지戊土 비견에 좌하였고 시간戊土 비견은 시지午火 정인에 좌하였으며 월간庚金은 월지辰土에 좌하였다.
따라서 연지巳火 편인이 움직이어 일간戊土는 일지戊土 비견을 지시하고 시간戊土는 시지午火 정인을 지시하였으며 월간庚金은 월지辰土를 지시하였다.
일지戊土 비견과 월지辰土 비견 그리고 연지巳火 편인은 각각 움직이어 지시하였으므로 각각의 길흉작용하게 된다.

예4) 부친 사고사, 2모, 이복형제

戊 辛 戊 壬 　여
戊 巳 申 寅

일지巳火 정관이 움직이어 월간戊土 정인과 시간戊土 정인으로 움직이었다.
월간戊土 정인은 월지申金 겁재에 좌하였으며 시간戊土 정인은 시지戊土 정인에 좌하였다.

따라서 일지巳火 정관이 움직이어 월간戊土 정인은 월지申金 겁재를 지시하고 시간戊土 정인은 시지戌土 정인을 지시하였다.

월지申金 겁재가 움직이어 연간壬水 상관으로 움직이었다.
연간壬水 상관은 연지寅木 정재 천을 귀인에 좌하였다.
따라서 월지申金 겁재가 움직이어 연간壬水 상관은 연지寅木 정재 천을 귀인을 지시하였다.
연지寅木 정재 천을 귀인이 움직이어 월간戊土 정인과 시간戊土 정인으로 움직이었다.
월간戊土 정인은 월지申金 겁재에 좌하였으며 시간戊土 정인은 시지戌土 정인에 좌하였다.
따라서 연지寅木 정재 천을 귀인이 움직이어 월간戊土 정인은 월지申金 겁재를 지시하고 시간戊土 정인은 시지戌土 정인을 지시하였다.
시지戌土 정인이 움직이어 월간戊土 정인과 시간戊土 정인 그리고 일간辛金 자기 자신으로 움직이었다.
월간戊土 정인은 월지申金 겁재에 좌하였으며 시간戊土 정인은 시지戌土 정인에 좌하였고 일간辛金은 일지巳火 정관에 좌하였다.
따라서 시지戌土 정인이 움직이어 시간戊土 정인은 시지戌土 정인을 지시하고 월간戊土 정인은 월지申金 겁재를 지시하였으며 일간辛金은 일지巳火 정관을 지시하였다.
지지 戌, 巳, 申, 寅이 전부 움직이어 서로 지시하여 서로 연결되고 기어가 물리어 돌아가는 사주팔자 형국이다.
움직이고 다시 움직이고 지시하여 연월지寅申 충은 일간 자기 자신의 사항으로 추단 통변하게 되는 것이다.

예5) 물혹과 상골, 부친 색다른 형제

丁	壬	庚	壬	여
未	午	戌	子	

일지午火 정재가 움직이어 시간丁火 정재로 움직이었다.
시간丁火 정재는 시지未土 정관에 좌하였다.
따라서 일지午火 정재가 움직이어 시간丁火 정재는 시지未土 정관을 지시하였다.
월지戌土 편관이 움직이어 시간丁火 정재로 역시 움직이었다.
시간丁火 정재는 시지未土 정관에 좌하였다.
따라서 월지戌土 편관이 움직이어 시간丁火 정재는 시지未土 정관을 지시하였다.
연지子水 겁재 양인이 움직이어 연간壬水 비견과 일간壬水 자기 자신으로 움직이었다.
연지子水 겁재 양인이 움직이어 연간壬水 비견은 연지子水 겁재 양인에 좌하였고 일간壬水는 일지午火 정재에 좌하였다.
따라서 연지子水 겁재 양인이 움직이어 연간壬水 비견은 연지子水 겁재 양인을 지시하였고 일간壬水는 일지午火 정재를 지시하였다.
지지 未 午 戌 午 戌이 각각 움직이므로 지지未 午 戌중 丁火정재 부친성이 태과하여 부친이 이복형제로 추단 통변되는 것이다.
또한 움직인 시지未중 乙木상관과 寅午戌합으로 寅木식신을 불러들이게 되어 각각의 상관과 식신은 火재성 부친을 각각 출생하게 되어 조모 두 분에 부친 이복형제로 추단 통변하게 되는 것이다.

예6) 초등교사

甲 己 丁 甲 여
子 未 丑 子

일지未土 비견이 움직이어 월간丁火 편인으로 움직이었다.
월간丁火 편인은 월지丑土 비견에 좌하였다.
따라서 일지未土 비견이 움직이어 월간丁火 편인은 월지丑土 비견을 지시하였다.
월지丑土 비견이 움직이어 일간己土 자기 자신으로 움직이었다.
일간己土 자기 자신은 일지未土 비견에 좌하였다.
따라서 월지丑土 비견이 움직이어 일간己土 자기 자신은 일지未土 비견을 지시하였다.
일지未土가 움직이어 월간丁火 편인이고 월간丁火 편인은 월지丑土 비견을 지시하였다.
따라서 월지丑土는 일간 자기 자신의 것이 된다.
월지丑土가 움직이면서 丑중辛金 식신 제자가 나오게 되어 교사가 된 것이다.

예7) 己丑년에 소방공무원 합격

庚 甲 丁 丁 남
午 戌 未 巳

월일시지未土 정재와 戊土 편재, 시지午火 상관이 전부 움직이어
연간丁火 상관과 월간丁火 상관으로 움직이었다.
연간丁火 상관은 연지巳火 식신에 좌하였고 월간丁火 상관은 월지未土
정재에 좌하였다.
따라서 월일시지未土 정재와 戊土 편재, 시지午火 상관이 전부 움직이어
연간丁火 상관은 연지巳火 식신을 지시하였고 월간丁火 상관은 월지未土
정재를 지시하였다.
연지巳火 식신이 움직이어 시간庚金 편관으로 움직이었다.
시간庚金 편관은 시지午火 상관에 좌하였다.
따라서 연지巳火 식신이 움직이어 시간庚金 편관은 시지午火 상관을
지시하였다.
본 사주는 움직임과 지시, 나의 것, 용신과 격 그리고 대운과 연운에서
합격하게 된 것이다.

예8) 부친건강

戊	己	丁	壬
辰	亥	未	戌

일지亥水 정재가 움직이어 연간壬水 정재와 시간戊土 겁재로 움직이었다.
연간壬水 정재는 연지戌土 겁재에 좌하였고 시간戊土 겁재는 시지辰土
겁재에 좌하였다.
따라서 일지亥水 정재가 움직이어 연간壬水 정재는 연지戌土 겁재를

지시하였고 시간戊土 겁재는 시지辰土 겁재를 지시하였다.
연지戊土 겁재가 움직이어 시간戊土 겁재로 움직이었다.
시간戊土 겁재는 시지辰土 겁재에 좌하였다.
따라서 연지戊土 겁재가 움직이어 시간戊土 겁재는 시지辰土 겁재를 지시하였다.
연지戊土 겁재와 월지未土 비견이 움직이어 월간丁火 편인으로 움직이었다.
월간丁火 편인은 월지未土 비견에 좌하였다.
따라서 연지戊土 겁재와 월지未土 비견이 움직이어 월간丁火 편인은 월지未土 비견을 지시하였다.
일지亥水 정재가 움직이어 시지辰土 겁재를 지시하고 시지辰土 겁재, 정재묘지 역시 움직이었다.
따라서 부친의 건강 사고가 잠재되어 있는 것으로 추단 통변하게 하는 것이다.

예9) 庚寅년 사고, 골절

丁 己 己 乙 남
卯 巳 卯 未

월시지卯木 편관이 움직이어 연간乙木 편관으로 움직이었다.
연간乙木 편관은 연지未土 비견에 좌하였다.
따라서 월 시간卯木 편관이 움직이어 연간乙木 편관은 연지未土 비견을 지시하였다.

연지未土 비견이 움직이어 월일간己土 비견과 시간丁火 편인 그리고 연간乙木 편관으로 움직이었다.
월간己土 비견은 월지卯木 편관에 좌였으며 일간己土는 일지巳火 인수에 좌하였고 시간丁火 편인은 시지卯木 편관에 좌하였다.
따라서 연지未土 비견이 움직이어 월간己土 비견은 월지卯木 편관을 지시하고 일간己土는 일지巳火 인수를 지시하고 시간丁火 편인은 시지卯木 편관을 지시하였다.
월지卯木 편관, 단교가 움직이어 골절, 상골이 있게 되는 것으로 추단 통변하게 된다.
庚寅년은 일지巳火가 움직이게 되고 寅木정관, 겁살과 寅巳형하여 사고가 있게 된 것이다.

예10) 조선소 근무, 도장감리사 합격, 이복형제

己 己 丙 戊 남
巳 未 辰 申

일지未土 비견이 움직이어 시간己土 비견으로 움직이었다.
시간己土 비견은 시지巳火 인수에 좌하였다.
따라서 일지未土 비견이 움직이어 시간己土 비견은 시지巳火 정인을 지시하였다.
시지巳火 인수가 움직이어 월간丙火 정인과 연간戊土 겁재로 움직이었다.
월간丙火 정인은 월지辰土 겁재에 좌하였다.

따라서 시지巳火 인수가 움직이어 월간丙火 정인은 월지辰土 겁재를
지시하였다.
또한 연간戊土 겁재는 연지申金 상관에 좌하였다.
따라서 시지巳火 인수가 움직이어 연간戊土 겁재는 연지申金 상관을
지시하였다.
庚申대운은 길운으로 연지申金 용신이 움직이어 도장감리사에
최종합격하게 된 것이다.
巳, 未, 辰, 申 지지전부 움직이므로 암장된 火인성으로 인하여 모친이
두 분이고 암장된 土비겁으로 인하여 이복형제가 있는 것으로 추단
통변되는 것이다.

예11) 남편 사별

丙 戊 乙 戊 　여
辰 申 卯 戌

시지辰土 비견이 움직이어 월간乙木 정관과 연간戊土 비견으로 움직이었다.
월간乙木 정관은 월지卯木 정관에 좌하였고 연간戊土 비견은 연지戌土
비견에 각각 좌하였다.
따라서 시지辰土 비견이 움직이어 월간乙木 정관은 월지卯木 정관을
지시하였고 연간戊土 비견은 연지戌土 비견을 각각 지시하였다.
연지戌土 비견이 움직이어 연간戊土 비견과 일간戊土 자기 자신으로
움직이었다.

연간戊土 비견은 연지戊土 비견 괴강에 좌하였고 일간戊土 자기 자신은 일지申金 식신에 좌하였다.
따라서 연지戊土 비견이 움직이어 연간戊土 비견은 연지戊土 비견 괴강을 지시하였고 일간戊土 자기 자신은 일지申金 식신을 지시하였다.
월지卯木 정관이 움직이어 월간乙木 정관으로 움직이었다.
월간乙木 정관은 월지卯木 정관에 좌하였다.
따라서 월지卯木 정관이 움직이어 월간乙木 정관은 월지卯木 정관을 지시하였다. 觀

7. 나의 것과 남의 것이란

1) 일지가 움직이어 지시한 오행육신과 신살 운성 등은 일주자신 나의 것이 되는 것이다.
2) 일주와 합한 타 오행육신과 신살 운성 등은 일주 자기 자신 나의 것이 되는 것이다.
3) 일지가 움직이어 지시한 오행육신과 신살 운성 등은 일주자신 나의 것이 되나 지시한 육신과 일지가 충 형 파 해하면 일주자신의 것을 거부하게 된다.
4) 타주 지지가 움직이어 일주가 아닌 타주를 지시한 오행육신과 신살 운성 등은 일주자신 나의 것이 되지 아니하고 타 육친 남의 것이 되는 것이다.
5) 용신, 희신, 기신 등도 일간 자신의 것이 되어야 용 희 기신의 길흉 역할이 제대로 발휘하게 되는 것이다.
6) 움직임과 합과 지시를 종합하여 잘 살피게 되면 일간 내 것과 남의 것이 구별할 수가 있게 될 것이다.
7) 일주가 죽고 살고 역시 나의 것과 남의 것을 구분하여 살피게 되면 생사관계 역시 알 수 있는 확률이 높게 될 것이다.

예1) 물혹과 상골, 부친 색다른 형제

丁 壬 庚 壬 여
未 午 戌 子

일지午火 정재, 재살, 장성살, 태지가 움직이어 시간丁火 정재로 움직이었다.
시간丁火 정재는 시지未土 정관, 천살, 반안살, 관대, 현침을 지시하였다.
시지未土 정관, 천살, 반안살, 관대, 현침은 일지午火와 午未합한다.
따라서 시지未土 정관, 천살, 반안살, 관대, 현침은 일간壬水 자기
자신의 것이 되는 것이다.

예2) 외국인 처, 조선소 도장감리사, 이복형제

己 己 丙 戊 남
巳 未 辰 申

일지未土 비견, 화개, 지살, 목욕이 움직이어 시간己土 비견으로 움직이었다.
시간己土 비견은 시지巳火 인수, 역마살, 겁살, 왕지를 지시하였다.
따라서 시지巳火 인수, 역마살, 겁살, 왕지는 일간己土 자기 자신의 것이
되는 것이다.
시지巳火 인수, 역마살, 겁살, 왕지가 움직이어 월간丙火 정인과
연간戊土 겁재로 움직이었다.
월간丙火 정인은 월지辰土 겁재, 반안살, 화개살, 쇠를 지시하였다.

따라서 시지巳火 인수, 역마살, 겁살, 왕은 일간己土 자기 자신이 움직인 것과 같으므로 월지辰土 겁재, 반안살, 화개살, 쇠는 일간의 것이 된다.
또한 연간戊土 겁재는 연지申金 상관, 겁살, 지살, 욕을 지시하였다.
따라서 시지巳火 인수, 역마살, 겁살, 왕은 일간己土 자기 자신이 움직인 것과 같으므로 연지申金 상관, 겁살, 지살, 욕은 일간의 것이 된다.

예3) 辛卯년 사망

庚 丁 庚 丁 여
戌 未 戌 巳

일지未土 식신, 화개, 월살, 관대, 형살이 움직이어 연간丁火 비견으로 움직이었다.
연간丁火 비견은 연지巳火 겁재, 역마살, 지살, 왕, 원진살, 귀문살, 고란살을 지시하였다.
따라서 연지巳火 겁재, 역마살, 지살, 왕, 원진살, 귀문살, 고란살 등은 丁火일간 자기 자신의 것이 되는 것이다.
겁재와 귀문 원진살, 귀문살, 형살, 암 등의 길흉작용이 나타나게 된다.
연지巳火 겁재가 움직이어 월간庚金 정재와 시간庚金 정재로 움직이었다.
월간庚金 정재와 시간庚金 정재는 월시지戌土 상관, 천살, 반안살, 양지, 귀문살, 천문, 낙정살 등을 각각 지시하였다.
일지未土가 움직이어 연간丁火 비견이고 연간丁火 비견은 연지巳火 겁재를 지시하고 연지巳火 겁재가 움직이어 월간庚金 정재와 시간庚金

정재이며 월간庚金 정재와 시간庚金 정재는 각각 월지戌土와 시지戌土를 지시하여 지시와 지지가 전부 움직이어 지지의 육친과 신살, 운성 등이 일간 자신의 것으로 지지 모두 길흉의 작용이 나타나게 되는 것이다.

예4) 남편 사별

丙 戊 乙 戊 여
辰 申 卯 戌

일지申金 식신, 지살, 역마살, 병, 원진살, 귀문살, 현침살이 움직이어 연간戊土 비견으로 움직이었다.
연간戊土 비견은 연지戌土 비견, 월살, 화개살, 乙木정관의 묘지, 편인과 비견의 묘지, 괴강, 천문을 지시하였다.
따라서 연지戌土 비견, 월살, 화개살, 乙木정관의 묘지, 편인과 비견의 묘지, 괴강, 천문은 戊土일간 자기 자신의 것이 되는 것이다.
연지戌土 비견, 월살, 화개살, 乙木정관의 묘지, 편인과 비견의 묘지, 괴강, 천문 역시 연간戊土 비견으로 움직이었다.
월지卯木 정관, 육해살, 연살, 목욕, 현침이 움직이어 월간乙木 정관으로 움직이었다.
시지辰土 비견, 화개살, 월살, 관대, 편재의 묘지, 상관의 묘지가 움직이어 연간戊土로 움직이었다.
연간戊土는 연지戌土 비견, 월살, 화개살, 乙木정관의 묘지, 편인과 비견의 묘지, 괴강, 천문을 지시하였다.

따라서 연지戌土와 시지辰土는 간격이 되어 멀지만 움직임과 지시로 인하여 辰戌충이 성립된다.
월지卯木 정관 남편이 움직이고 乙木정관의 묘지인 연지戌土가 움직이고 乙木정관의 묘지인 연지戌土를 개묘하여 남편을 사별하게 되는 사주이다.

예5) 수액

己 壬 庚 庚 여
酉 午 辰 子

일지午火 정재, 장성살, 재살, 태, 수액살, 탕화살, 현침살이 움직이어 시간己土 정관으로 움직이었다.
시간己土 정관은 시지酉金 정인, 육해살, 연살, 욕을 지시하였다.
따라서 시지酉金 정인, 육해살, 연살, 욕은 壬水일간 자기 자신의 것이 되는 것이다.
다시 시지酉金 정인, 육해살, 연살, 욕이 움직이어 월간庚金 편인으로 움직이었다.
월간庚金은 월지辰土 편관, 월살, 화개살, 비견묘지, 정인묘지를 지시하였다.
따라서 월지辰土 편관, 월살, 화개살, 비견묘지, 정인묘지는 일지의 움직임과 지시 그리고 다시 움직임으로 인하여 壬水일간 자기 자신의 것이 되는 것이다.
또한 시지酉金 정인, 육해살, 연살, 욕이 움직이어 연간庚金 편인으로 움직이었다.

연간庚金 편인은 연지子水 겁재, 재살, 장설살, 왕, 양인을 지시하였다.
역시 연지子水 겁재, 재살, 장설살, 왕, 양인은 일지에서 움직임과 지시 그리고 다시 움직임으로 인하여 壬水일간 자기 자신의 것이 되는 것이다.
본 사주는 지지酉,午,辰,子는 전부 일간 자신의 것이 되므로 자기 자신의 육친관계 길흉은 나타나게 되는 것이다.
일월지辰午 수액살로 어릴 적에 물에 빠져 죽을 고비를 넘기게 되었다.

예6) 辛卯년 한의원 화재

癸 丙 丁 丙 남
巳 戌 酉 辰

일지戌土 식신, 화개살, 월살, 비견묘지, 정인묘지, 천문, 원진살, 귀문살, 화재살, 상충살이 움직이어 월간丁火 겁재로 움직이었다.
월간丁火는 월지酉金 정재, 육해살, 연살, 사, 천을 귀인, 천의성, 화재살을 지시하였다.
따라서 월지酉金 정재, 육해살, 연살, 사, 천을 귀인, 천의성, 화재살은 丙火일간 자기 자신의 것이 되는 것이다.
시지巳火 비견, 망신살, 겁살, 건록이 움직이어 연간丙火 비견으로 움직이었다.
연간丙火 비견은 연지辰土 식신, 월살, 화개살, 편관묘지, 정재묘지, 천라지망, 상충을 지시하였다.
연지辰土 식신, 월살, 화개살, 편관묘지, 정재묘지, 천라지망, 상충이 움직이어 시간癸水 정관으로 움직이었다.
시간癸水 정관은 시지巳火 비견, 망신살, 겁살, 건록을 지시하였다.
연월지는 辰酉합하고 酉戌합하고 巳酉합하였다.
따라서 일간 자신의 것이 되므로 자기 자신의 육친관계 길흉은
나타나게 되는 것이다.
일월지酉戌 화재살로 인하여 辛卯년에 화재살이 역시 움직이어
사업장에 화재가 있었다.

예7) 辛卯년 아들 자살

壬　癸　丙　丁　　남
戌　亥　午　酉

일지亥水 겁재, 지살, 역마살, 왕, 천문, 천의성이 움직이어 시간壬水
겁재로 움직이었다.
시간壬水 겁재는 시지戌土 정관, 천살, 반안살, 쇠, 정관묘지, 정재묘지를
지시하였다.
따라서 시지戌土 정관, 천살, 반안살, 쇠, 정관묘지, 정재묘지, 화재살은
癸水일간 자기 자신의 것이 되는 것이다.
시지戌土 정관, 천살, 반안살, 쇠, 정관묘지, 정재묘지, 화재살이 움직이어
연간丁火 편재로 움직이었다.
연간丁火 편재는 연지酉金 편인, 재살, 장성살, 화재살을 지시하였다.
일지에서 움직이고 움직이어 연지酉金 편인과 시지戌土 정관은 일간

자신의 것이 되므로 자기 자신의 육친관계 길흉은 나타나게 되는 것이다.
시지戌중 戊土정관 아들은 戊土정관 묘지가 움직이고 지시한 연지酉金에 사지가 되어 그의 아들이 자살하였다.

예8) 친정 재산수혜

壬 壬 癸 丁 여
寅 辰 卯 亥

일지辰土 편관, 화개살, 반안살, 비견묘지, 정인묘지, 괴강살, 귀문살이 움직이어 월간癸水 겁재로 움직이었다.
월간癸水 겁재는 월지卯木 상관, 육해살, 장성살, 사, 천을 귀인, 화재살을 지시하였다.
따라서 월지卯木 상관, 육해살, 장성살, 사, 천을 귀인, 화재살은 壬水일간 자기 자신의 것이 되는 것이다.
일지辰土 편관이 움직이어 월지卯木 상관, 천을 귀인을 지시하고 寅卯辰합하여 친정 부모로부터 재산의 수혜가 있는 사주이다.
그러나 월간癸水 겁재 형제와 같이 친정 부모로부터 재산 수혜가 있는 사주이다.

예9) 친정 재산수혜

乙 壬 己 乙 여
巳 午 卯 巳

일지午火 정재, 장성살, 연살, 태, 탕화살이 움직이어 월간己土 정관으로 움직이었다.
월간己土 정관은 월지卯木 상관, 연살, 재살, 병, 천을 귀인을 지시하였다.
따라서 월지卯木 상관, 연살, 재살, 병, 천을 귀인은 壬水일간 자기 자신의 것이 되는 것이다.
월지卯木 상관, 천을 귀인 길신으로 친정 부모로부터 재산의 수혜가 있는 사주이다.
자식한테도 재산상속이나 재산증여하게 될 것이다.

예10) 친정 재산수혜

己 乙 壬 丙 여
卯 巳 辰 寅

일지巳火 상관이 움직이어 연간丙火 상관으로 움직이었다.
연간丙火 상관은 연지寅木 겁재, 겁살, 지살, 왕지를 지시하였다.
월지辰土 정재의 천 월덕 귀인은 월간壬水 정인이다.
월간壬水 정인은 월지辰土 정재에 좌하였다.

월간壬水 정인의 천을 귀인은 일지巳火 상관이다.

월지辰土 정재와 일지巳火 상관은 辰巳합이고 寅卯辰합이다.

따라서 월간壬水 정인의 일지巳火 상관 천을 귀인과 월간壬水 천 월덕 귀인으로 친정 부모로부터 재산수혜가 있는 사주이다.

예11) 윗대와 부모로부터 재산수혜

戊 甲 己 乙 남
辰 申 卯 未

월지卯木의 천덕 귀인은 일지申金 편관이다.

연간乙木과 월간己土의 천을 귀인 역시 일지申金 편관이다.

월지卯木의 월덕 귀인은 일간甲木이다.

따라서 월지卯木의 천덕 귀인은 일지申金 편관과 월지卯木의 월덕 귀인은 일간甲木이다.

卯未합과 未申합으로 인하여 윗대와 부모로부터 재산수혜가 있는 사주이다.

예12) 부친 사고사, 2모, 이복형제

戊 辛 戊 壬　여
戊 巳 申 寅

일지巳火 정관이 움직이어 시간戊土 정인과 월간戊土 정인으로 각각 움직이었다.
시간戊土 정인은 시지戊土 정인, 반안살, 화개살, 관대, 원진살, 귀문살, 정관묘지, 정인묘지, 편재묘지를 지시하였다.
따라서 시지戊土 정인, 반안살, 화개살, 관대, 원진살, 귀문살, 정관묘지, 정인묘지, 편재묘지는 일간 자신의 것이 되는 것이다.
월간戊土 정인은 월지申金 겁재, 망신살, 역마살, 왕, 삼형살, 형살, 상충살, 낙정살을 지시하였다.
따라서 월지申金 겁재, 망신살, 역마살, 왕, 삼형살, 형살, 상충살, 낙정살은 일간 자신의 것이 되는 것이다.
시지戊土 정인과 월지申金 겁재는 일간辛金 자기 자신의 것이 되어 길흉의 작용이 나타나게 되는 것이다. 觀

8. 죽고 살고

죽고 살고는 하늘의 천명이지만 우리 추명명리학인은 조금이나마 확률을 높이기 위하여 고금을 통하여 많은 술사들이 연구한 것으로 생각한다.
그러나 '수명을 이야기하면 천기누설이다.' 하여 대답을 회피하게 되는 것이 현실이다.
그러나 천기누설이라 할 것까지 있겠는가?
모르면 모르는 것이지 이유를 들어 천기누설로 회피하면 추명명리학의 발전이 없을 것이다.
그러나 본 필자는 이론에 근거를 두고 죽고 살고의 확률을 높이는 것에 주안점을 두고 전개한다.
움직임과 오고 가고, 지시, 나의 것과 남의 것 등을 종합적으로 이해하면서 참작하면 될 것이다.
일간 자기 자신이 죽는 것은 일주, 용신, 격국이 12운성으로 사, 묘, 절에 해당할 때에 많이 죽는 것을 임상 연구한 결과 확신한다.
각각의 육친 사항은 각 육친의 사, 묘, 절 해당할 때에 많이 죽는 것을 임상 연구한 결과 확신한다.
상세한 것은 본 필자의 기 저서 『핵심통변』, 『핵심통변 상담실례』, 『핵심종합통변 上』, 『핵심종합통변 中』 등의 사주풀이 통변내용을 참고하면 될 것이다.
죽지 않는 것은 12운성으로 사, 묘, 절 이외의 12운성에는 잘 죽지를 않게 된다.
용신, 희신, 기신, 역시 나의 것과 남의 것을 찾아서 사주나 대운 연운에 대입 통변해야 맞는 확률을 높일 수가 있게 된다.

예1) 남편 사별

丙	戊	乙	戊	여
辰	申	卯	戌	

일지申金 식신이 움직이어 연간戊土 비견으로 움직이었다.
연간戊土 비견은 연지戌土 乙木정관 묘지를 지시하였다.
월지卯木 정관이 움직이어 월간乙木 정관으로 움직이었다.
乙木정관 묘지인 연지戌土가 움직이었으며 월지卯木 정관 역시 움직이어
연월지卯戌 합하였다.
따라서 남편을 사별하는 사주이다.

예2) 남편 사별

辛	丁	甲	戊	여
亥	巳	子	申	

일시巳亥 역마끼리 충 하면서 시지亥중 壬水정관은 일지巳중 戊土에
土극水 당하고 시지亥중 壬水정관은 일지巳火 절지에 임하게 된다.

또한 시지亥水 정관이 움직인 월간甲木으로 움직이었다.
월간甲木이 좌한 子水가 연지申金과 申子辰삼합으로 월간甲木은
申金절지에 임하게 된다.
따라서 충과 지시와 합으로 남편을 사별하게 되었다.

예3) 부친 조사

丁 庚 戊 丁 남
亥 辰 申 酉

일지辰土 편인이 움직이어 월간戊土 편인으로 움직이었다.
월간戊土 편인은 월지申金 비견에 좌하였다.
월지申金 비견은 연지酉金 겁재와 申酉戌방합하여 연월지는 하나의
원안으로 집합하였다.
연지酉金 겁재는 일지辰土 편인과 辰酉합하면서 월지申金 비견 역시
申子辰합하게 된다.
월지申金 비견과 연지酉金 겁재는 일지辰土 편인 궁에 다 같이 있게 된다.
월지申金 비견은 시지亥水 식신과 가까이 붙게 된다.
따라서 시지亥중 甲木편재는 월지申金 비견에 12운성으로 절지에
해당하게 되는 것이다.
9세 丁未대운 중 未土대운은 시지亥중 甲木편재 부친이 입묘 운으로
부친을 일찍 사별하게 되는 것이다.

예4) 형제 조사, 삼촌 총상으로 사망

丁 甲 甲 甲 남
卯 子 戌 午

연지午火 상관과 월지戌土 편재가 움직이어 시간丁火 상관으로 움직이었다.
시간丁火 상관은 시지卯木 겁재를 지시하였다.
시지卯木 겁재가 역시 움직이어 연월간 甲木비견으로 움직이었다.
연월간 甲木비견은 연지午火 상관을 지시하고 월지戌土 편재를 각각 지시하였다.
연월간 甲木비견 형제는 지지 寅午戌삼합하여 연월간 甲木비견은 연지午火 상관에 사지와 탕화에 임하게 되어 본 사주 위쪽의 형제는 어린 나이에 일찍 사망하게 되는 것이다.
연지 午중己土 정재 부친형제 동생인 己土백부나 삼촌 역시 甲午탕화로 총상을 입게 되어 일찍 사망하게 되는 것이다.

예5) 남편 사별

乙 甲 乙 辛 여
丑 子 未 卯

일시지子丑 합으로 인하여 子丑은 하나의 원안에 같이 작용 역할하게 되므로 시지丑土 역시 일지와 같은 길흉작용하게 된다.

시지丑土 정재, 과숙, 관고가 움직이어 연간辛金 정관으로 움직이었다.
연간辛金 정관은 연지卯木 겁재와 양인을 지시하였다.
연간辛金 정관 남편은 연지卯木 절지에 좌하였다.
또한 연지卯木 겁재와 양인이 움직이어 시간乙木 겁재와 월간乙木 겁재로 움직이었다.
시간乙木 겁재는 시지丑土 정재를 지시하였다.
연주와 시주는 상호 간에 연결 작용하게 되는 것이다.
시지丑土 관고와 과숙이 역시 움직이었다.
따라서 남편을 사별하게 되는 것이다.

예6) 부친 조사

戊 辛 甲 乙 남
子 丑 申 卯

본 필자의 기 저서인『추명명리학 강의』기초편에서 언급하였지만 남자 음 일간과 여자 양 일간 육친의 가족구분은 어려움과 확률의 난해함이 따르게 되는 것이 사실이다.
그러나 월간甲木 정재를 부친 성으로 보고 통변 진행한다.
월지申金 겁재가 움직이어 시간戊土 인수로 움직이었다.
시간戊土 인수는 시지子水 식신을 지시하였다.
시지子水 식신은 일지丑土 편인과 子丑합으로 월지申金 겁재는 申子辰합하게 된다.

월지申金 겁재와 일지丑土 편인, 시지子水 식신은 하나의 원안에 집합하게 되는 것이다.
월간甲木 정재 부친은 월지申金 겁재 절지에 좌하였다.
월간甲木 정재 부친이 좌한 월지申金 겁재와 연지卯木 편재가 움직이어 卯申귀문이 작용하게 되는 것이다.
따라서 월간甲木 정재 부친은 신경성질병이나 혈압, 풍, 뇌졸중으로 월간甲木 정재 부친이 일찍 사망하게 된 것이다.
앞전사주 예5)의 아들 사주이다.

예7) 남편 사별

丙	丁	乙	壬	여
午	巳	巳	辰	

일월지巳火 겁재, 지살, 겁살이 연지辰土 상관과 辰巳합한다.
일월지巳火 겁재가 움직이었다.
연간壬水 정관 남편은 연지辰土 상관 자좌 묘지와 과숙에 좌하였다.
일월연지가 辰巳합으로 연간壬水 정관 남편은 일월지巳火 겁재에 절지가 된다.
따라서 합과 정관 남편묘지와 정관남편의 절지, 과숙으로 인하여 연간壬水 정관 남편을 사별하게 되었다.
남편 사별 후 재물이 생기는 사주이다.

예8) 남편 사별

戊　辛　戊　癸　　여
戊　亥　午　卯

일지亥水 상관이 움직이어 월간戊土 정인과 시간戊土 정인으로 움직이었다.
월간戊土 정인은 월지午火 편관 남편을 지시하였다.
여명에 일주辛亥 고란이 움직이어 월지午火 편관 남편을 지시하였다.
시주戊戌 괴강 백호 중 시지戌土 정인이 움직이어 월간戊土 정인으로 움직이었다.
월간戊土 정인은 월지午火 편관 남편을 지시하였다.
일지亥水 상관과 시지戌土 정인 과숙은 戌亥합을 이룬다.
일지亥水 상관과 시지戌土 정인 과숙은 하나의 원안에 집합하여
월지午火 편관과 시지戌土 정인은 午戌합하게 된다.
월지午火 편관 남편은 움직인 시주戊戌 괴강 백호에 입묘하게 된다.
따라서 남편을 사별하게 되었다.

예9) 남편 사별

丙　癸　辛　庚　　여
辰　丑　巳　寅

일지丑土 편관 과숙이 움직이어 월간辛金 편인이다.

월간辛金 편인은 월지巳火 정재 지살 망신살에 좌하였고 지시하였다.
따라서 남편은 월지巳중 戊土정관이 남편성이 된다.
월지巳火 정재 지살 망신살이 역시 움직이어 시간丙火 정재와 연간庚金 정인으로 움직이었다.
연간庚金 정인은 연지寅木 상관 겁살 지살에 좌하였고 지시하였다.
시간丙火 정재는 시지辰土 정관 천살 월살에 좌하였고 지시하였다.
일주癸丑 백호 과숙이 움직이었다.
월지巳火 정재 지살 망신살은 일주癸丑 백호 과숙의 흉한 곳에 巳酉丑합한다.
월지巳중 戊土정관 남편은 연지寅木 상관 겁살 지살과 역시 寅巳형한다.
지지 辰 丑 巳 寅이 전부 움직이어 상호 연결고리로 이루어져있다.
모든 육친사항 통변 길흉은 일간과 관계되는 것이다.
본 남편의 사항은 일주癸丑 백호 과숙과 합하는 것과 연지寅木 상관 겁살 지살과의 寅巳형과 월지巳중 戊土정관 남편성이 있는 월지巳火 망신살의 움직임으로 남편을 사별하게 되었다.
그러나 본 사주는 남편 사별 후에 재물이 생기게 되는 사주이다.
癸水일간 재물은 월지巳중 丙火 정재로 천을 귀인에 해당되며
월지巳중 戊土정관 남편의 재물은 일지丑중 癸水가 된다.
월지巳火 정재 망신살이 움직이어 연간庚金 월덕 귀인이다.
연간庚金의 천을 귀인은 일지丑土이다.
남편성이 있는 월지巳火 정재 망신살은 일지丑土와 巳酉丑합한다.
따라서 남편의 불상사이지만 재물은 생기게 되는 것이다.

예10) 처 사별

戊 乙 乙 己 남
寅 卯 亥 亥

연월일지亥卯未 삼합하고 일시지寅卯辰 방합한다.
따라서 지지가 전부 亥卯未, 寅卯辰, 寅亥합하여 하나의 원안에 집합하였다.
또한 지지亥卯寅 전부 움직이었다.
움직인 지지는 길흉의 역할을 제대로 한다는 것이 본 필자의 감정상담 통변이론이다.
귀문둔갑에서 동처 궁과 정처 궁이 있는데 정처 궁 역시 어느 시기에는 동처의 역할을 하게 된다.
본 필자의 저서 『기문둔갑 핵심포국』을 참고 바람.
사주 내에서 하나의 지지도 움직이지 않는 사주가 있으나 어느 시기에 따라서 사주지지 역시 움직이지 않는 지지도 역시 움직이게 된다는 것이 본 필자의 이론 전개이다.
어느 시기란 대운과 연운을 말하는 것이다.
독학으로 수많은 시간과 정렬을 낭비하면서 깨달은 이론으로 생각한다.
수강생들에게는 가르쳤으나 이번 『핵심종합통변 下』에서 이론공개를 망설이다가 역학발전에 조금이나마 도움이 되었으면 하는 마음에서 결단을 내리게 되었다.
사주감정 상담하면서 본 필자가 많은 어려움과 고초를 경험한 결과라 생각하면 될 것이다.
이 책을 보는 역학인에게 조금이나마 보탬이 되었으면 하는 마음이다.
시간戊土 정재 처는 지지전부 합으로 인하여 시간戊土 정재 처는 연월지 亥水 절지와 겁살로 인하여 시간戊土 정재 처를 사별하게 되었다.

예11) 남편 사별

丙	戊	乙	乙	여
辰	辰	酉	巳	

일지辰土 비견이 움직이어 연월간 乙木정관으로 움직이었다.
연간乙木 정관은 연지巳火 편인, 지살, 겁살, 건록에 좌하였고 지시하였다.
월간乙木 정관은 월지酉金 상관, 장성살, 연살, 사지에 좌하였고 지시하였다.
乙木 정관 남편은 일주戊辰 백호가 움직이어 투출하였다.
연간乙木 정관 남편 입장에서 연지巳火 상관, 지살, 겁살, 욕지에 좌하였다.
월간乙木 정관 남편 입장에서 역시 월지酉金 편관, 장성살, 연살, 절지에 좌하였다.
일월지辰酉 합하고 연월지巳酉 합하고 연일지辰巳 합한다.
乙木정관 남편은 일주戊辰 백호에서 움직임과 지시, 합, 좌함 등과 상관태과 그리고 乙木정관 남편의 월지酉金 절지로 인하여 남편은 교통사고로 사망하였다.
움직임과 합으로 인하여 남편 사별 후에 재물이 생기는 사주이다. 觀

9. 부부인연 띠

출생한 사주팔자에서 부부인연 띠를 만나서 배우자로 살아가게 되는 것이다.
고인이신 부산 박 도사 선배님께서 2~3개정도 배우자 인연 띠를 찾아 상담한 것으로 알고 있다.
박 도사님의 배우자 인연법은 항간에 여러 설들이 있으나 그중에
태을수로 찾는다,
구령삼정주의 영적으로 찾는다,
월령도로 찾는다,
추명명리로 찾는다.
등 여러 설이 있으나 본 필자 역시 어느 것인지는 알 수가 없으나
본 필자의 생각으로는 박 도사의 추명명리의 깊은 이론과 여러 이론과 종합적으로 추단한 것이 아닌가 생각한다.
고인이신 박 도사님의 배우자인연 띠 찾는 방법은 본 필자와는 다르나
본인의 배우자인연 띠 찾는 방법은 아직까지 공개하지 않아서 현재는 공개하기가 어려우므로 이해하기를 바란다.
본 저자는 배우자 인연 띠를 12번부터 91104번까지 정립하여 사용하고 있으나 부부인연 띠 부분에서는 박 도사 선배님의 이론을 정리 요약함과 동시에 본인의 추가 설명을 전개하는 것으로 가름한다.

- 배우자의 인연 띠는 희신에서 찾는다.(남 녀)
- 배우자의 인연 띠는 용신에서 찾는다.(남 녀)
- 배우자의 인연 띠는 천을 귀인에서 찾는다.(남 녀)
- 배우자의 인연 띠는 비겁이 방합한 경우 비겁의 퇴신에서 찾는다.(남 녀)

- 배우자의 인연 띠는 식상이 방합한 경우 식상의 퇴신에서 찾는다. (남 녀)
- 배우자의 인연 띠는 관성이 방합한 경우 관성의 퇴신에서 찾는다. (여명)
- 배우자의 인연 띠는 관성이 약한 경우 관성의 진신에서 찾는다. (여명)
- 배우자의 인연 띠는 관성이 왕한 경우 관성의 퇴신에서 찾는다. (여명)
- 배우자의 인연 띠는 식상이 관성을 극하면 재성 띠를 찾는다.(여명)
- 배우자의 인연 띠는 식상이 관성을 극하면 인성 띠를 찾는다.(여명)
- 배우자의 인연 띠는 재성이 방합한 경우 재성의 퇴신에서 찾는다. (남명)
- 배우자의 인연 띠는 재성이 약한 경우 재성의 진신에서 찾는다. (남명)
- 배우자의 인연 띠는 재성이 왕한 경우 재성의 퇴신에서 찾는다. (남명)
- 배우자의 인연 띠는 비겁이 재성을 극하면 식상 띠를 찾는다.(남명)
- 오행 상충하면 통관하는 띠를 찾는다.
- 배우자의 인연 띠는 천 월 덕 귀인 띠를 찾는다.
- 배우자의 인연 띠는 삼합 띠에서 찾는다. (희박함)
- 배우자의 인연 띠는 사주 지지 내에 있는 띠를 찾는다.

✪ 배우자 인연법을 본 필자의 기본 이론을 간단하게 기초적인 이론을 전개한다.

사주팔자 각 지지에서 산출한다.

子 = 1수로 적용 계산한다.

丑 = 2수로 적용 계산한다.

寅 = 3수로 적용 계산한다.

卯 = 4수로 적용 계산한다.

辰 = 5수로 적용 계산한다.

巳 = 6수로 적용 계산한다.

午 = 7수로 적용 계산한다.

未 = 8수로 적용 계산한다.

申 = 9수로 적용 계산한다.

酉 = 10수로 적용 계산한다.

戌 = 11수로 적용 계산한다.

亥 = 12수로 적용 계산한다.

네 지지 합수를 9로 여제 한 나머지 수를 궁도에 일정한 법칙에 따라 진행하여 찾는 방법을 사용하고 있다.
상세한 내용은 밝힐 수가 없는 점 양해하기 바라며 상세한 내용은 일정한 인원을 모아서 지도할 예정이다. 觀

10. 배우자의 동태

남명

- 재성이 도화나 욕지와 동주하면 화류계 여성과 연애하든지 결혼하게 된다.
- 재성이 도화와 동주하면 미모의 여성이나 끼가 있는 여성과 결혼하는 확률이 높게 된다.
- 재성이 연주에 있으면 연상의 처를 맞이하게 된다.
- 재성이 시주에 있으면 나이 차이가 많이 나는 어린 처를 맞이하게 된다.
- 재성이 육합이나 삼합하여 연주로 이동하게 되면 연상의 처를 맞이하게 된다.
- 재성이 육합이나 삼합하여 시주로 이동하게 되면 나이 차이가 많이 나는 어린 처를 맞이하게 된다.
- 일지 처 궁이 육합이나 삼합하여 연주로 이동하게 되면 연상의 처를 맞이하게 된다.
- 일지 처 궁이 육합이나 삼합하여 시주로 이동하게 되면 나이 차이가 많이 나는 어린 처를 맞이하게 된다.
- 일간이 일지 정재와 암합하게 되면 친구와 같은 처를 맞이하게 된다.
- 일지가 정재 도화 욕살이면 끼가 있고 미모의 처를 맞이하게 된다.
- 재성이 재성의 식상 도화에 좌하면 끼가 있는 처를 맞이하게 된다.
- 남녀 공히 비겁이 다하면 만혼이 이롭다.

여명

- 관성이 도화나 욕지와 동주하면 잡기가 있는 남성과 연애하든지 결혼하게 된다.
- 관성이 도화와 동주하면 미모의 남성이나 끼가 있는 남성과 결혼하는 확률이 높게 된다.
- 관성이 연주에 있으면 연상의 남편을 맞이하게 된다.
- 관성이 시주에 있으면 연하의 남편을 맞이하게 된다.
- 관성이 육합이나 삼합하여 연주로 이동하게 되면 나이 차이가 많이 나는 남편을 맞이하게 된다.
- 관성이 육합이나 삼합하여 시주로 이동하게 되면 연하의 남편을 맞이하게 된다.
- 일월지 남편 궁이 육합이나 삼합하여 연주로 이동하게 되면 나이 차이가 많이 나는 남편을 맞이하게 된다.
- 일월지 남편 궁이 육합이나 삼합하여 시주로 이동하게 되면 연하의 남편을 맞이하게 된다.
- 일간이 일월지 정관과 암합하게 되면 친구와 같은 남편을 맞이하게 된다.
- 일월지가 정관 도화 욕살이면 끼가 있고 미남의 남편을 맞이하게 된다.
- 관성이 관성의 식상 도화에 좌하면 끼가 있는 남편을 맞이하게 된다.
- 식상이 태과하면 만혼이 이롭다.
- 관성이 태과하면 만혼이 이롭다.
- 귀인과 합이 많으면 만혼이 이롭다.
- 남녀 공히 비겁이 태과하면 만혼이 이롭다. 觀

11. 자녀

남명

- 남자 양간은 편관을 아들로 보고 정관을 딸로 추단한다.
- 남자 음간은 정관을 아들로 보고 편관을 딸로 추단한다.
- 그러나 남자 양간은 편관을 아들로 보고 정관을 딸로 추단하면 확률이 높으나 남자 음간은 정관을 아들로 보고 편관을 딸로 보아서 추단하면 확률이 떨어지게 되더라.(50%)
- 남자 양간은 음양의 이치에 부합되나 남자 음간은 음양의 이치에 부합되는 확률이 떨어지게 되므로 난해하더라.

여명

- 여자 음간은 식신을 딸로 보고 상관을 아들로 추단한다.
- 여자 양간은 식신을 아들로 보고 상관을 딸로 추단한다.
- 그러나 여자 음간은 식신을 딸로 보고 상관을 아들로 추단하면 확률이 높으나 여자 양간은 식신을 아들로 보고 상관을 딸로 보아서 추단하면 확률이 떨어지게 되더라.(50%)
- 여자 음간은 음양의 이치에 부합되나 여자 양간은 음양의 이치에 부합되는 확률이 떨어지게 되므로 난해하더라.

자녀의 출생 시기 :

자녀 출생 시기를 찾고 있으나 아직 미흡한 점이 많은 것이 사실이다.

남명

- 남자는 관살을 기준하여 자식의 동태를 살피게 된다.
- 관살이 쇠약하면 관살 운이나 재성 운에 자식을 가지거나 출생하게 된다.
- 식상이 태과하고 관살이 허약할 시에는 관살을 통관하는 재성 운이나 인성 운에 자식을 가지거나 출생하게 된다.
- 시주가 공망인 경우는 시지를 충하거나 합하는 운에 자식을 가지거나 출생하게 된다.
- 시상상관은 자식을 가지거나 출생에 어려움이 있고 출생 후에 생육하기에 어려움이 따른다.
- 관살을 기준하여 시지가 사 묘 절에 해당하여도 자식을 기르기에 어려움이 따른다.
- 관살이 좌한 지지가 사 묘 절에 해당하여도 자식을 기르기에 어려움이 따른다.
- 관살이 좌한 지지가 공망에 해당하여도 자식 출생과 기르기에 어려움이 따른다.
- 관살이 출현되지 않고 암장된 관살도 없으면 시주의 동태로 자식을 살피게 된다.
- 사주팔자가 전부 한습한 기운만 있으면 자식이 없을 수가 있다.
- 사주팔자가 전부 한습한 기운만 있으면 난조한 운에 자식이 있을 수가 있다.
- 사주팔자가 전부 난조한 기운만 있으면 자식이 없을 수가 있다.
- 사주팔자가 전부 난조한 기운만 있으면 한습한 운에 자식이 있을 수가 있다.

여명

- 여자는 식상을 기준하여 자식의 동태를 살피게 된다.
- 식상이 쇠약하면 식상 운이나 비겁 운에 자식을 가지거나 출생하게 된다.
- 인성이 태과하고 식상이 허약할 시에는 식상을 통관하는 비겁 운이나 재성 운에 자식을 가지거나 출생하게 된다.
- 시주가 공망인 경우는 시지를 충하거나 합하는 운에 자식을 가지거나 출생하게 된다.
- 시상 인성이면 자식을 가지거나 출생에 어려움이 있고 출생 후에 생육하기에 어려움이 따른다.
- 식상을 기준하여 시지가 사 묘 절에 해당하여도 자식을 기르기에 어려움이 따른다.
- 식상이 좌한 지지가 사 묘 절에 해당하여도 자식을 기르기에 어려움이 따른다.
- 식상이 좌한 지지가 공망에 해당하여도 자식출생과 기르기에 어려움이 따른다.
- 식상이 출현되지 않고 암장된 식상도 없으면 시주의 동태로 자식을 살피게 된다.
- 사주팔자가 전부 한습한 기운만 있으면 자식이 없을 수가 있다.
- 사주팔자가 전부 한습한 기운만 있으면 난조한 운에 자식이 있을 수가 있다.
- 사주팔자가 전부 난조한 기운만 있으면 자식이 없을 수가 있다.
- 사주팔자가 전부 난조한 기운만 있으면 한습한 운에 자식이 있을 수가 있다. 觀

12. 부부풍파가 있는 사주

이 항목은 추명명리 학 이론에 하나의 전기와 획을 그으신 故 이석영 선배님의 사주첩경 이론을 참고하고 필자의 이론을 전개한다.

남명

- 시간에 상관이 투출한 사주
  - 시간에 상관이 투출하면 상관은 편재를 진생하나 정재 본처는 가생하므로 본처 정재보다 편재인 외간 여성을 좋아하므로 인하여 본처와 해로하는데 어려움이 따르게 되어 부부풍파가 있게 되는 것으로 추단 통변하는 것이다. (진생과 가생은 본 필자의 기 저서 『추명명리학 강의』를 참고하면 될 것이다.)

- 일지와 시지가 상충, 상형, 상파, 원진, 고신을 이룬 사주
  - 일시는 처와 자식 궁이므로 흉성의 작용으로 처와 자식과 시끄럽게 되므로 본처와 해로하는데 어려움이 따르게 되어 부부풍파가 있게 되는 것으로 추단 통변하는 것이다.

- 일주가 간여지동인 사주
  - 일지가 비견과 겁재를 이루게 되면 비견과 겁재는 일지의 처 궁을 극하고 재성인 처가 일지 처 궁에 안주하기 어려우므로 본처와 해로하는데 어려움이 따르게 되어 부부풍파가 있게 되는 것으로 추단 통변하는 것이다.

• 타주에 비겁을 다 봉한 사주 (비겁 쟁재 사주)

- 타주 역시 비견과 겁재가 태과하면 재성인 처를 극하게 되므로 역시 본처와 해로하는데 어려움이 따르게 되어 부부풍파가 있게 되는 것으로 추단 통변하는 것이다.

• 연지나 월지가 일지를 상충, 상형, 상파, 원진, 고신을 이룬 사주

- 일지는 처 궁이므로 일지를 나쁜 살성이 흔들게 되면 본처와 해로하는데 어려움이 따르게 되는 것이다.
  윗대 조상의 노여움과 본인 전생의 잘못으로 인한 일이므로 조상을 잘 모시고 본인의 업을 닦고 노력과 인내가 필요하게 된다.

• 일지가 상관 도화 욕지인 사주

- 일지는 처 궁으로 일지 상관은 편재를 진생하나 정재 본처는 가생하므로 본처 정재보다 편재인 외간 여성을 좋아하여 본처와 해로하는데 어려움이 따르게 되어 부부풍파가 있게 되는 것으로 추단 통변하는 것이다.
  조선시대 같으면 본처를 몰아내고 첩이 안방을 차지하고 기세를 부리게 된다.
- 일지 도화와 욕지는 자기 자신의 바람기로 인하여 본처와 해로하는데 어려움이 따르게 되든지 처의 바람기로 부부풍파가 있게 되는 것으로 추단 통변하는 것이다.

• 비견과 겁재 다 봉에 식상과 관성이 없는 사주

- 식상이 없으면 비견과 겁재가 재성인 처를 직격탄으로 극 상하여 본처와 해로하는데 어려움이 따르게 되어 부부풍파가 있게 되는

것으로 추단 통변하는 것이다.

- 비견과 겁재가 재성인 처를 극 상하는데 관성이 없으면 비견과 겁재를 극 제할 수가 없으므로 본처와 해로하는데 어려움이 따르게 되어 부부풍파가 있게 되는 것으로 추단 통변하는 것이다.

• 재다 신약사주

- 일간은 허약한데 주변에 재성 여자가 난립한 형상으로 본처와 해로하는데 어려움이 따르게 되어 부부풍파가 있게 되는 것으로 추단 통변하는 것이다.

  보통 재다 신약사주는 공처가나 애처가로 생활하면 부부풍파를 면할 수가 있게 된다.

• 정재가 타 비견과 합하는 사주

- 정재 처가 다른 남자와 합하는 형상으로 부부풍파가 있게 되는 것으로 추단 통변하는 것이다.

• 재성이 타 지지와 합하는 사주

- 재성 처가 일지와 합이나 암합하지 않고 타 지지와 합이나 암합하게 되면 처가 다른 곳에 눈을 돌리게 되는 형상으로 부부풍파가 있게 되는 것으로 추단 통변하는 것이다.

  또한 여러 요인이 있겠으나 움직임과 지시, 나의 것과 남의 것, 오고 가고, 죽고 살고 등 여러 가지를 잘 살펴야 할 것이다.

  대운과 연운 역시 잘 살펴보게 되면 시기를 알 수가 있을 것으로 생각한다.

여명

• 시간에 상관이 투출한 사주

– 시간에 상관이 투출하면 상관은 편관 타 남자는 가극하나 정관 남편을 진극하여 본 남편 정관보다 편관인 외간 남자에게 마음이 가게 되어 본 남편과 해로하는데 어려움이 따르게 되어 부부풍파가 있게 되는 것으로 추단 통변하는 것이다. (진극과 가극은 본 필자의 기 저서 『추명명리학 강의』를 참고하면 될 것이다.

• 일지 상관인 사주

– 일지 상관은 배우자궁에 상관작용으로 인하여 남편 정관을 진극하게 되므로 본 남편과 해로하는데 어려움이 따르게 되어 부부풍파가 있게 되는 것으로 추단 통변하는 것이다.

• 일주 고란 살로 타주에 상관 다 봉한 사주

고란살은 60갑자 중에 甲寅, 乙巳, 丁巳, 戊申, 辛亥 일주이다.

– 甲寅일주는 일지寅중 丙火식신이 일지寅木에 장생을 얻어 타주 丁火상관과 합하여 火상관의 작용으로 인하여 辛金정관 남편을 진극하므로 본 남편과 해로하는데 어려움이 따르게 되어 부부풍파가 있게 되는 것으로 추단 통변하는 것이다.

– 乙巳일주는 일지巳중 丙火상관이 일지巳火에 건록을 얻어 丙火상관의 작용으로 인하여 庚金정관 남편을 진극하므로 본 남편과 해로하는데 어려움이 따르게 되어 부부풍파가 있게 되는 것으로 추단 통변하는 것이다.

–丁巳일주는 일지巳중 戊土상관이 일지巳火에 건록을 얻어 戊土상관의 작용으로 인하여 壬水정관 남편을 진극하므로 본 남편과 해로하는데

어려움이 따르게 되어 부부풍파가 있게 되는 것으로 추단 통변하는 것이다.

- 戊申일주는 일지申중 庚金식신이 일지申金에 건록을 얻어 타주 辛金상관과 金상관의 작용으로 인하여 乙木정관 남편을 진극하므로 본 남편과 해로하는데 어려움이 따르게 되어 부부풍파가 있게 되는 것으로 추단 통변하는 것이다.
- 辛亥일주는 일지亥중 壬水상관이 일지亥水에 건록을 얻어 壬水상관의 작용으로 인하여 丙火정관 남편을 진극하므로 본 남편과 해로하는데 어려움이 따르게 되어 부부풍파가 있게 되는 것으로 추단 통변하는 것이다.

• 일지와 월지 시지가 상충, 상형, 상파, 원진, 과숙을 이룬 사주

- 월 일 시는 남편과 자식 궁이므로 배우자궁의 흉성 작용으로 남편과 자식과 인연이 박하게 되므로 본 남편과 해로하는데 어려움이 따르게 되어 부부풍파가 있게 되는 것으로 추단 통변하는 것이다.

• 일주가 간여지동인 사주

- 일지가 비견과 겁재를 이루게 되면 비견과 겁재는 관성 남편이 배우자궁에 안주하기 어려우므로 본 남편과 해로하는데 어려움이 따르게 되어 부부풍파가 있게 되는 것으로 추단 통변하는 것이다.

• 타주에 비겁을 다 봉한 사주

- 비견과 겁재로 인하여 관성 남편의 다른 여자가 많이 따르는 형상이므로 남편의 외간 여자로 인하여 해로하는데 어려움이 따르게 되어 부부풍파가 있게 되는 것으로 추단 통변하는 것이다.

• 일지가 도화 욕지인 사주

– 일지 도화와 욕지는 자기 자신의 바람기로 인하여 본 남편과 해로하는데 어려움이 따르게 되든지 남편의 바람기로 부부풍파가 있게 되는 것으로 추단 통변하는 것이다.

• 비견과 겁재를 다 봉한 사주

– 비견과 겁재는 관성 남편의 여자가 많은 형상으로 본 남편과 해로하는데 어려움이 따르게 되어 부부풍파가 있게 되는 것으로 추단 통변하는 것이다.

• 식상 다 봉한 사주

– 식상을 다 봉하게 되면 상관작용으로 정관 남편을 극상하게 되므로 본 남편과 해로하는데 어려움이 따르게 되어 부부풍파가 있게 되는 것으로 추단 통변하는 것이다.

• 식상은 강하고 재성이 없고 관성은 있는 사주

– 재성이 없으므로 인하여 식상이 재성을 상생하지 못하고 관성 남편을 직격탄으로 극상하게 되어 본 남편과 해로하는데 어려움이 따르게 되어 부부풍파가 있게 되는 것으로 추단 통변하는 것이다.

• 정관이 타 비견과 합하는 사주

– 정관 남편이 다른 여자와 합하는 형상으로 부부풍파가 있게 되는 것으로 추단 통변하는 것이다.

• 관성이 다른 지지와 합하는 사주

- 관성 남편이 일지와 합이나 암합하지 않고 타 지지와 합이나 암합하게 되면 남편이 다른 곳에 눈을 돌리게 되는 형상으로 부부풍파가 있게 되는 것으로 추단 통변하는 것이다.

  또한 여러 요인이 있겠으나 움직임과 지시, 나의 것과 남의 것, 오고 가고, 죽고 살고 등 여러 가지를 잘 살펴야 할 것이다.

  대운과 연운 역시 잘 피게 되면 시기를 알 수가 있을 것으로 생각한다.

• 사별하는 사주

남명

남자는 육친으로 비겁과 재성을 위주로 처의 사항을 살피면 된다.
여러 요인이 있겠지만 대강 분류하면 비겁태과 양인, 재성백호, 재성 입묘, 재성의 사 묘 절, 식상 무, 관성 무, 고신, 재성 상충, 일시지 상충 등 중에 3가지 이상 해당하면 처를 사별하는 확률이 높게 된다.
그러나 비겁과 재성의 동태를 잘 살피고 본 필자의 이론인 **움직임**과 **내 것과 남의 것** 그리고 **지시, 오고 가고** 등을 잘 살펴서 분석하여 적용 대입하면 통변확률이 높게 될 것으로 확신한다.

• 비겁태과 양인

- 비견과 겁재 양인이 태과하면 재성인 처를 극 상하므로 처의 흉사가 된다.

  다른 여러 나쁜 요인과 합하여지고 비겁이나 재성이 움직이게 되면 처를 사별하게 되는 것이다.

• **재성백호**

– 백호는 피 혈광이므로 재성인 처가 흉성인 백호가 되면 처의 흉사가 된다.
다른 여러 나쁜 요인과 합하여지고 백호인 재성 처가 움직이게 되면 처를 사별하게 되는 것이다.

• **재성 입묘**

– 재성의 묘지는 처가 땅속에 들어가는 형상으로 재성 처가 묘지에 좌하면 처의 흉사가 된다.
다른 여러 나쁜 요인과 합하여지고 재성 처의 묘지가 움직이게 되면 처를 사별하게 되는 것이다.

• **재성의 사 묘 절**

– 재성 처가 12운성으로 사는 죽음, 묘는 땅속 묘지, 절은 끊어진다. 등의 의미로 처를 사별하게 되는 것이다.
다른 여러 나쁜 요인과 합하여지고 재성 처의 사, 묘, 절이 움직이게 되면 처를 사별하게 되는 것이다.

• **무 식상**

– 비견과 겁재는 재성인 처를 극 상하는데 식상이 없으면 비겁을 재성으로 통관하지 못하므로 비겁이 재성을 직격탄으로 극 상하게 된다.
다른 여러 나쁜 요인과 합하여지고 비겁이나 재성이 움직이게 되면 처를 사별하게 되는 것이다.

• **무 관성**

– 비견과 겁재는 재성인 처를 극 상하는데 관성이 없으면 비겁을 제압하지 못하므로 비겁이 재성을 극 상하게 된다.
다른 여러 나쁜 요인과 합하여지고 비겁이나 재성이 움직이게 되면 처를 사별하게 되는 것이다.

• **고신**

– 여자는 과숙 살이 남편한테 나쁜 영향을 미치게 되고 남자는 고신 살이 마누라한테 나쁜 영향을 미치게 된다.
다른 여러 나쁜 요인과 합하여지고 고신 살이 움직이게 되면 처를 사별하게 되는 것이다.

• **재성 상충**

– 재성인 처가 상충을 당하게 되면 재성인 처가 절지에 해당하므로 처의 흉사가 된다.
다른 여러 나쁜 요인과 합하여지고 상충이 움직이게 되면 처를 사별하게 되는 것이다.

• **일시지 상충**

– 일지와 시지는 처와 자식 궁으로 일시가 상충하면 처 궁을 극 상하므로 처의 흉사가 있게 된다.
다른 여러 나쁜 요인과 합하여지고 일시지 상충이 움직이게 되면 처를 사별하게 되는 것이다.

여명

여자는 육친으로 식상과 관성을 위주로 남편의 사항을 살피면 된다.
여러 요인이 있겠지만 대강 분류하면 식상태과, 관성백호, 관성 입묘, 관성의 사 묘 절, 재성 무, 인성 무, 과숙, 관성 상충, 일월지 상충 등 중에 3가지 이상 해당하면 남편을 사별하는 확률이 높게 된다.
그러나 식상과 관성의 동태를 잘 살피고 본 필자의 이론인 **움직임**과 **내 것과 남의 것** 그리고 **지시, 오고 가고** 등을 잘 살펴서 분석하여 적용 대입하면 통변확률이 높게 될 것으로 확신한다.

• 식상태과

– 식신과 상관이 태과하면 관성인 남편을 극 상하므로 남편의 흉사가 된다.
다른 여러 나쁜 요인과 합하여지고 식상이나 관성이 움직이게 되면 남편을 사별하게 되는 것이다.

• 관성백호

– 백호는 피 혈광이므로 관성인 남편이 흉성인 백호가 되면 남편의 흉사가 된다.
다른 여러 나쁜 요인과 합하여지고 백호인 관성 남편이 움직이게 되면 남편을 사별하게 되는 것이다.

• 관성 입묘

– 관성의 묘지는 남편이 땅속에 들어가는 형상으로 관성 남편이 묘지에 좌하면 남편의 흉사가 된다.
다른 여러 나쁜 요인과 합하여지고 관성 남편의 묘지가 움직이게 되면 남편을 사별하게 되는 것이다.

• **관성의 사 묘 절**

- 관성 남편이 12운성으로 사는 죽음, 묘는 땅속 묘지, 절은 끊어지는 등의 의미로 남편을 사별하게 되는 것이다.
  다른 여러 나쁜 요인과 합하여지고 관성 남편의 사, 묘, 절이 움직이게 되면 남편을 사별하게 되는 것이다.

• **무 재성**

- 식신과 상관은 관성인 남편을 극 상하는데 재성이 없으면 식상을 관성으로 통관하지 못하므로 식상이 관성을 직격탄으로 극 상하게 된다.
  다른 여러 나쁜 요인과 합하여지고 식상이나 관성이 움직이게 되면 남편을 사별하게 되는 것이다.

• **무 인성**

- 식신과 상관은 관성인 남편을 극 상하는데 인성이 없으면 식상을 제압하지 못하므로 식상이 관성을 극 상하게 된다.
  다른 여러 나쁜 요인과 합하여지고 식상이나 관성이 움직이게 되면 남편을 사별하게 되는 것이다.

• **과숙**

- 여자는 과숙 살이 남편한테 나쁜 영향을 미치게 되고 남자는 고신 살이 마누라한테 나쁜 영향을 미치게 된다.
  다른 여러 나쁜 요인과 합하여지고 과숙 살이 움직이게 되면 남편을 사별하게 되는 것이다.

• **관성 상충**

- 관성인 남편이 상충을 당하게 되면 관성 남편은 절지에 해당하므로 남편의 흉사가 된다.
  다른 여러 나쁜 요인과 합하여지고 상충이 움직이게 되면 남편을 사별하게 되는 것이다.

• **일월지 상충**

- 일지와 월지는 남편 궁으로 일월지가 상충하면 남편 궁을 극상하므로 남편의 흉사가 있게 된다.
  다른 여러 나쁜 요인과 합하여지고 일월지 상충이 움직이게 되면 남편을 사별하게 되는 것이다. 觀

13. 암이 생기는 경우

암(물혹)은 본 필자가 20여 년 전부터 적용하여 임상을 해본 결과 많은 확률이 있음을 본 필자는 확신하고 있다.

질병은 합과 살에서 발생하게 되는 것이다.

합이 좋다하지만 합이란 다른 오행이 서로 만나서 모이게 되면 질병을 만들게 되고 전염도 되는 것이다.

살이란 흉살로써 질병이 되는 것이다.

질병 수술은 충, 형, 파, 해에 많이 수술하게 된다.

따라서 천간과 지지 그리고 암합에서 **丙辛合水**를 물혹(암), 염증 등으로 확신한다.

확산 분열하려는 성질인 丙火(공기, 산소)와 단단하고 수축 응고하려는 성질인 辛金(매운 맛, 씨앗)이 서로 만나서 **丙辛合水**로 물혹(암)이 생기게 되는 것이다.

그러나 본 필자의 이론인 **움직임**과 **내 것과 남의 것** 그리고 **지시, 오고 가고** 등을 잘 살펴서 분석하여 적용 대입하면 통변확률이 높게 될 것으로 확신한다.

암이 생기는 사주와 대운은 다음과 같다.

※ 원진살과 귀문 살에서 암이 발생하게 된다

◇ 巳戌원진살과 귀문살 = 巳중丙火와 戌중辛金이 **丙辛合水**로 물혹(암)이 발생하게 된다.

◇ 丑午원진살과 귀문살 = 午중丙火와 丑중辛金이 **丙辛合水**로 물혹(암)이 발생하게 된다.

◇ 寅酉원진살과 귀문살 = 寅중丙火와 酉중辛金이 **丙辛合水**로
물혹(암)이 발생하게 된다.

※ 지지 합중에서 암이 발생하게 된다

◇ 卯戌합火 = 卯戌합은 丙火하여 戌중辛金과 **丙辛合水**로
물혹(암)이 발생하게 된다.

◇ 申巳합水 = 申巳합水 자체가 물혹(암)이 발생하게 된다.
申巳합水는 암보다 물혹의 발생이 많다.

※ 寅午戌삼합 중에서 암이 발생하게 된다

◇ 寅戌합 = 寅중丙火와 戌중辛金이 **丙辛合水**로
물혹(암)이 발생하게 된다.

◇ 午戌합 = 午중丙火와 戌중辛金이 **丙辛合水**로
물혹(암)이 발생하게 된다.

◇ 寅午합 = 寅午합으로 인하여 戌土를 불러오므로 寅午중丙火와
戌중辛金이 **丙辛合水**로 물혹(암)이 발생하게 된다.

※ 巳酉丑삼합 중에서 암이 발생하게 된다

◇ 巳酉합 = 巳중丙火와 酉중辛金이 **丙辛合水**로
물혹(암)이 발생하게 된다.

◇ 巳丑합 = 巳중丙火와 丑중辛金이 **丙辛合水**로
물혹(암)이 발생하게 된다.

◇ 酉丑합 = 酉丑합으로 인하여 巳火를 불러오므로 巳중丙火와
丑酉중辛金이 **丙辛合水**로 물혹(암)이 발생하게 된다.

※ 천간 합중에서 암이 발생하게 된다

◇ 丙辛합 = 천간丙火와 천간辛金이 **丙辛合水**로
물혹(암)이 발생하게 된다.

※ 60갑자 중에서 암이 발생하게 된다

◇ 丙戌간지 = 천간丙火와 지지 戌중辛金이 **丙辛合水**로
물혹(암)이 발생하게 된다.

◇ 辛巳간지 = 천간辛金과 지지 巳중丙火가 **丙辛合水**로
물혹(암)이 발생하게 된다.

◇ 丁丑간지 = 丁丑간지가 물혹(암)이 발생하는 확률이 높다는 것을
경험하였다.

※ 암이 발생할 소지가 많은 천간과 지지

사주와 대운이나 연운에서 주로 발생하게 된다.

◇ 천간은 丙火와 辛金이며
지지는 丑土, 寅木, 巳火, 午火, 酉金, 戌土 등은 대운과 연운에서
암이 생기게 될 확률이 있다. 觀

14. 결석과 담석 피부병이 생기는 경우

결석과 담석 피부병 역시 본 필자가 20여 년 전부터 적용하여 임상을 해본 결과 많은 확률이 있음을 본 필자는 확신하고 있다.
질병은 합과 살에서 발생하게 되는 것이다.
합이란 오행이 서로 만나서 모이게 되면 질병을 만들게 되고 살이란 흉살로써 질병이 되는 것이다.
질병수술은 충, 형, 파, 해에 많이 수술하게 된다.
천간과 지지 그리고 암합 등에 **乙庚合金**을 결석과 담석으로 보고 **甲己合土**를 피부병으로 보게 된다.
꽃인 乙木과 열매인 庚金이 서로 만나서 **乙庚合金**으로 단단하고 굳어져 나온 庚金(열매, 돌)이 결석과 담석이 되는 것이다.
甲木과 己土가 서로 만나서 **甲己合土**로 굳어진 戊土(피부)가 피부병이 되는 것이다.
그러나 본 필자의 이론인 **움직임**과 **내 것과 남의 것** 그리고 **지시, 오고 가고** 등을 잘 살펴서 분석하여 적용 대입하면 통변확률이 높게 될 것으로 확신한다.
결석과 담석 피부병이 생기는 사주와 대운은 다음과 같다.

※ 원진살과 귀문 살에서 결석과 담석이 발생하게 된다

◇ 卯申원진살과 귀문살 = 卯중乙木과 申중庚金이 **乙庚合金**으로 결석과 담석이 발생하게 된다.

※ 원진살과 귀문살에서 피부병이 발생하게 된다

◇ 寅未귀문 = 寅중甲木과 未중己土가 **甲己合土**로 피부병이 발생하게 된다.

※ 지합에서 결석과 담석이 발생하게 된다

◇ 辰酉합 = 辰중乙木과 酉중庚金이 **乙庚合金**으로 결석과 담석이 발생하게 된다.

※ 申子辰삼합 중에서 결석과 담석이 발생하게 된다

◇ 申辰합 = 申중庚金과 辰중乙木이 **乙庚合金**으로 결석과 담석이 발생하게 된다.

※ 寅午戌삼합 중에서 피부병이 발생하게 된다

◇ 寅午합 = 寅중甲木과 午중己土가 **甲己合土**로 피부병이 발생하게 된다.

※ 천간 합중에서 결석과 담석이 발생하게 된다

◇ 乙庚합 = 천간乙木과 천간庚金이 **乙庚合金**으로 결석과 담석이 발생하게 된다.

※ 천간 합중에서 피부병이 발생하게 된다

◇ 甲己합 = 천간甲木과 천간己土가 **甲己合土**로 피부병이 발생하게 된다.

※ 亥卯未삼합 중에 피부병이 발생하게 된다

◇ 亥未삼합 = 亥중甲木과 未중己土가 **甲己合土**로 피부병이 발생하게 된다.

◇ 卯未삼합 = 卯중甲木과 未중己土가 **甲己合土**로 피부병이 발생하게 된다.

※ 60갑자 중에서 결석과 담석이 발생하게 된다

◇ 庚辰간지 = 천간庚金과 지지 辰중乙木이 **乙庚合金**으로 결석과 담석이 발생하게 된다.

◇ 乙酉간지 = 천간乙木과 지지 酉중庚金이 **乙庚合金**으로 결석과 담석이 발생하게 된다.

◇ 乙巳간지 = 천간乙木과 지지 巳중庚金이 **乙庚合金**으로 결석과 담석이 발생하게 된다.

※ 60갑자 중에서 피부병이 발생하게 된다

◇ 甲午간지 = 천간甲木과 午중己土가 **甲己合土**로 피부병이 발생하게 된다.

◇ 己卯간지 = 천간己土와 지지 卯중乙木이 **甲己合土**로 피부병이 발생하게 된다.

◇ 己亥간지 = 천간己土와 지지 亥중甲木이 **甲己合土**로 피부병이 발생하게 된다.

※ 결석과 담석이 발생할 소지가 많은 천간과 지지

사주에서 대운이나 연운에서 주로 발생하게 된다.

◇ 천간은 乙木과 庚金이며

지지는 卯木, 辰土, 巳火, 未土, 申金, 酉金 등은 대운과 연운에서 결석과 담석이 생기게 될 확률이 있다.

※ 피부병이 발생할 소지가 많은 천간과 지지

◇ 천간은 甲木과 己土이며

지지는 丑土, 寅木, 卯木, 午火, 未土, 亥水 등은 대운과 연운에서 피부병이 생기게 될 확률이 있다. 觀

15. 심장질환이 발생할 수 있는 경우

심장질환은 오행 중에 火오행과 관련이 있으므로 **戊癸合火**가 심장질환이 된다.
심장질병 역시 본 필자가 20여 년 전부터 적용하여 임상을 해본 결과 많은 확률이 있음을 본 필자는 확신하고 있다.
질병은 합과 살에서 발생하게 되는 것이다.
합이란 오행이 서로 만나서 모이게 되면 질병을 만들게 되고 살이란 흉살로써 질병이 되는 것이다.
질병수술은 충, 형, 파, 해에 많이 수술하게 된다.
천간과 지지 합 그리고 암합 등으로 **戊癸合火**를 심장질환으로 본다.
그러나 본 필자의 이론인 **움직임**과 **내 것과 남의 것** 그리고 **지시, 오고 가고** 등을 잘 살펴서 분석하여 적용 대입하면 통변확률이 높게 될 것으로 확신한다.
심장질환이 생기는 사주와 대운은 다음과 같다.

※ 지지 합중에서 심장질환이 발생하게 된다

◇ 卯戌합火 = 卯戌합은 丙火하여 심장질병과 관련이 있게 되는 것이다.

※ 寅午戌삼합 중에서 심장질환이 발생하게 된다

◇ 寅午戌삼합 = 寅午戌삼합 火국으로 심장질환이 발생하게 된다.

◇ 寅戌합 = 寅戌합火로 심장질환이 발생하게 된다.

◇ 午戌합 = 午戌합火로 심장질환이 발생하게 된다.

◇ 寅午합 = 寅午합火로 심장질환이 발생하게 된다.

※ 巳酉丑삼합 중에서 심장질환이 발생하게 된다

◇ 巳丑합 = 巳중戊土와 丑중癸水가 **戊癸合火**로 심장질환이 발생하게 된다.

※ 천간 합중에서 심장질환이 발생하게 된다

◇ 戊癸合 = **戊癸合火**로 심장질환이 발생하게 된다.

※ 60갑자 중에서 심장질환이 발생하게 된다

◇ 戊辰간지 = 천간戊土와 지지 辰중癸水가 **戊癸合火**로 심장질환이 발생하게 된다.

◇ 戊子간지 = 천간戊土와 지지 子중癸水가 **戊癸合火**로 심장질환이 발생하게 된다.

◇ 癸巳간지 = 천간癸水와 지지 巳중戊土가 **戊癸合火**로 심장질환이 발생하게 된다.

◇ 癸亥간지 = 천간癸水와 지지 亥중戊土가 **戊癸合火**로 심장질환이 발생하게 된다.

※ 심장질환이 발생할 소지가 많은 천간과 지지

사주와 대운이나 연운에서 주로 발생하게 된다.

◇ 천간은 戊土와 癸水이며

지지는 子水, 丑土, 寅木, 辰土, 巳火, 午火, 申金, 戌土, 亥水 등은 대운과 연운에서 심장질환이 생기게 될 확률이 있다. 觀

16. 뇌졸중, 중풍이 발생할 수 있는 경우

뇌졸중과 중풍은 木오행으로 추단 통변하게 된다.
木오행의 태과불급으로 뇌졸중과 중풍질환으로 추단 통변하게 된다.
따라서 뇌졸중과 중풍질환은 오행 중에 木오행과 연관이 있으므로
丁壬合木이 뇌졸중과 중풍질환이 된다.
木오행이 태과하면 뇌졸중과 중풍질환을 많이 경험한 바 있다.
뇌졸중과 중풍질환 역시 본 필자가 20여 년 전부터 적용하여 임상을
해본 결과 많은 확률이 있음을 본 필자는 확신하고 있다.
모든 질병은 합과 살에서 발생하게 되는 것이다.
합이란 오행이 서로 만나서 모이게 되면 질병을 만들게 되고 살이란
흉살로써 질병이 되는 것이다.
질병수술은 충, 형, 파, 해에 많이 수술하게 된다.
천간과 지지 합 그리고 암합 丁壬合木이 뇌졸중과 중풍질환 등으로
보게 되고 木오행의 태과로 추단하게 된다.
그러나 본 필자의 이론인 **움직임**과 **내 것과 남의 것** 그리고 **지시, 오고
가고** 등을 잘 살펴서 분석하여 적용 대입하면 통변확률이 높게 될 것으로
확신한다.
뇌졸중과 중풍질환이 생기는 사주와 대운은 다음과 같다.

※ 亥卯未삼합에서 뇌졸중과 중풍이 발생하게 된다

◇ 亥卯未삼합 = 亥卯未삼합 木국은 뇌졸중과 중풍을 발생하게 한다.

※ 천간 합중에서 뇌졸중과 중풍이 발생하게 된다

◇ 丁壬합 = 丁壬合木이 뇌졸중과 중풍을 발생하게 한다.

※ 지지 합중에서 뇌졸중과 중풍이 발생하게 된다

◇ 寅亥합 = 寅亥합木으로 뇌졸중과 중풍이 발생하게 된다.

※ 60갑자 중에서 뇌졸중과 중풍이 발생하게 된다

◇ 壬午간지 = 천간壬水와 지지 午중丁火가 **丁壬合木**으로 뇌졸중과 중풍을 발생하게 한다.

◇ 丁亥간지 = 천간丁火와 지지 亥중壬水가 **丁壬合木**으로 뇌졸중과 중풍을 발생하게 한다.

◇ 壬戌간지 = 천간壬水와 지지 戌중丁火가 **丁壬合木**으로 뇌졸중과 중풍을 발생하게 한다.

※ 뇌졸중과 중풍이 발생할 소지가 많은 천간과 지지

사주와 대운이나 연운에서 주로 발생하게 된다.

◇ 천간은 丁火와 壬水이며

지지는 子水, 午火, 未土, 申金, 戌土, 亥水 등은 대운과 연운에서 뇌졸중과 중풍이 생기게 될 확률이 있다. 觀

17. 신경성과 정신질환이 있는 경우

현대인은 정신적으로 많이 피폐되어 있고 스트레스를 많이 받아서 정신적인 문제와 신경계통의 질병을 많이 가지고 아등바등 생활하고 있는 것이 현실이다.
생각을 많이 굴리고 머리를 많이 사용하다보니 양기인 火기가 머리 위로 올라가서 火기가 아래로 내려가지 않는 상태이다.
양기인 火기가 아래로 내려가지 않으니 자동적으로 음기인 水기가 상승하지 않는다.
음기인 水기는 상승하고 양기인 火기가 하강해야 신체의 이상적인 순환이 되는 것이다.
따라서 신체의 기가 순환되지 않아 손발이 차게 되고 머리에는 열기가 가득 찬 상태로 생활하게 된다.
현재 우리는 1984년부터 하원甲子의 시대로 음의 시대에 생활하고 있다.
음의 시대란 여성의 시대, 신의 시대, 종교의 시대, 물의 시대, 흑인의 시대, 지하의 시대, 정신적인 시대, 도교의 시대, 유교의 시대, 역술의 시대, 점술의 시대, 은둔의 시대, 아래의 시대 등이 된다.
신경성 및 정신질환을 앓는 사주는 귀문 살을 위주로 추단 통변한다.
귀문 살은 말 그대로 귀신 병 즉 빙의로 접신 되는 것이다.
어린이는 경기(놀람) 역시 귀문 살로 추단 통변하게 된다.
오행 중에는 木오행과 火오행을 신경 및 정신적인 분야로 본다.
따라서 木오행과 火오행의 태과 불급으로 신경성 및 정신적인 분야로 추단 통변하게 되는 것이다.

신경 예민, 신경쇠약, 신경과민, 우울증, 불면증, 노이로제, 스트레스, 짜증, 신경질, 조울증, 헛소리, 환청, 환상, 환시, 정신이상 등이 나타나게 된다. 귀문 살 역시 본 필자의 이론인 **움직임**과 **내 것과 남의 것** 그리고 **지시, 오고 가고** 등을 잘 살펴서 분석하여 적용 대입하면 통변확률이 높게 될 것으로 확신한다.

※ 귀문 살

귀문 살은 子酉귀문, 丑午귀문, 寅未귀문, 卯申귀문, 辰亥귀문, 巳戌귀문, 午丑귀문, 未寅귀문, 申卯귀문, 酉子귀문, 戌巳귀문, 亥辰귀문이다.

◇ 子가 酉를 사주나 대운 연운에서 견하게 되면 귀문 살이 성립되므로 신경성과 정신질환을 주의해야 한다.

◇ 丑이 午를 사주나 대운 연운에서 견하게 되면 귀문 살이 성립되므로 신경성과 정신질환을 주의해야 한다.

◇ 寅이 未를 사주나 대운 연운에서 견하게 되면 귀문 살이 성립되므로 신경성과 정신질환을 주의해야 한다.

◇ 卯가 申을 사주나 대운 연운에서 견하게 되면 귀문 살이 성립되므로 신경성과 정신질환을 주의해야 한다.

◇ 辰이 亥를 사주나 대운 연운에서 견하게 되면 귀문 살이 성립되므로 신경성과 정신질환을 주의해야 한다.

◇ 巳가 戌을 사주나 대운 연운에서 견하게 되면 귀문 살이 성립되므로 신경성과 정신질환을 주의해야 한다.

◇ 午가 丑을 사주나 대운 연운에서 견하게 되면 귀문 살이 성립되므로 신경성과 정신질환을 주의해야 한다.

◇ 未가 寅을 사주나 대운 연운에서 견하게 되면 귀문 살이 성립되므로 신경성과 정신질환을 주의해야 한다.

◇ 申이 卯를 사주나 대운 연운에서 견하게 되면 귀문 살이 성립되므로 신경성과 정신질환을 주의해야 한다.

◇ 酉가 子를 사주나 대운 연운에서 견하게 되면 귀문 살이 성립되므로 신경성과 정신질환을 주의해야 한다.

◇ 戌이 巳를 사주나 대운 연운에서 견하게 되면 귀문 살이 성립되므로 신경성과 정신질환을 주의해야 한다.

◇ 亥가 辰을 사주나 대운 연운에서 견하게 되면 귀문 살이 성립되므로 신경성과 정신질환을 주의해야 한다.

크게는 木오행과 火오행을 정신과 신경계통으로 분류하고
金오행과 水오행을 육체로 분류한다.
따라서 木오행과 火오행의 태과 불급으로 정신 신경계통으로
보게 된다. 觀

18. 화재와 화상, 비관이 있는 경우

화재와 화상 비관 등은 탕화 살과 독화살로 추단 통변하게 된다.

※ 탕화 살 : 寅, 午, 丑이 탕화 살이다

寅, 午, 丑 중 2자 이상 보게 되면 탕화 살이 성립된다.
따라서 화재, 화상, 비관, 자살, 총상, 파편, 음독자살,
약물중독, 알콜 중독, 니코틴 중독 등이 생기게 된다.

◇ 寅 = 寅, 午, 丑, 巳, 申 중에 사주나 대운 연운에서 2자 이상을 견하게 되면 탕화 살이 성립되므로 화재, 화상, 비관 등을 주의해야 한다.

◇ 午 = 寅, 午, 丑, 辰 중에 사주나 대운 연운에서 2자 이상을 견하게 되면 탕화 살이 성립되므로 화재, 화상, 비관 등을 주의해야 한다.

◇ 丑 = 寅, 午, 丑, 戌, 未 중에 사주나 대운 연운에서 2자 이상을 견하게 되면 탕화 살이 성립되므로 화재, 화상, 비관 등을 주의해야 한다.

※ 화재 살(독화살) : 독화살 역시 화재 화상으로 추단 통변한다

독화살 :

子	丑	寅	卯	辰	巳	午	未	申	酉	戌	亥
未	午	巳	辰	卯	寅	丑	子	亥	戌	酉	申

◇ 子가 未를 사주나 대운 연운에서 보게 되면 독화살로 화재 화상이 생기게 되므로 주의해야 한다.

◇ 丑이 午를 사주나 대운 연운에서 보게 되면 독화살로 화재 화상이 생기게 되므로 주의해야 한다.

◇ 寅이 巳를 사주나 대운 연운에서 보게 되면 독화살로 화재 화상이 생기게 되므로 주의해야 한다.

◇ 卯가 辰을 사주나 대운 연운에서 보게 되면 독화살로 화재 화상이 생기게 되므로 주의해야 한다.

◇ 辰이 卯를 사주나 대운 연운에서 보게 되면 독화살로 화재 화상이 생기게 되므로 주의해야 한다.

◇ 巳가 寅을 사주나 대운 연운에서 보게 되면 독화살로 화재 화상이 생기게 되므로 주의해야 한다.

◇ 午가 丑을 사주나 대운 연운에서 보게 되면 독화살로 화재 화상이 생기게 되므로 주의해야 한다.

◇ 未가 子를 사주나 대운 연운에서 보게 되면 독화살로 화재 화상이 생기게 되므로 주의해야 한다.

◇ 申이 亥를 사주나 대운 연운에서 보게 되면 독화살로 화재 화상이 생기게 되므로 주의해야 한다.

◇ 酉가 戌을 사주나 대운 연운에서 보게 되면 독화살로 화재 화상이 생기게 되므로 주의해야 한다.

◇ 戌이 酉를 사주나 대운 연운에서 보게 되면 독화살로 화재 화상이 생기게 되므로 주의해야 한다.

◇ 亥가 申을 사주나 대운 연운에서 보게 되면 독화살로 화재 화상이 생기게 되므로 주의해야 한다.

탕화 살과 독화살 역시 본 필자의 이론인 **움직임**과 **내 것과 남의 것** 그리고 **지시, 오고 가고** 등을 잘 살펴서 분석하여 적용 대입하면 통변확률이 높게 될 것으로 확신한다. 觀

19. 수액이 있는 경우

낙정 살과 부침 살(수액 살)이 물에 빠져 놀래게 되든지 물에 빠져 사망하는 경우가 있다.
따라서 수영장, 해수욕장, 풀장, 강가, 바닷가, 낚시, 래프팅 등은 피하는 것이 좋다.

※ 낙정 살 : 낙정 살은 일간을 기준하여 사주나 대운 연운 월운에서 보게 된다

◇ 甲과 己일간은 巳이다.
◇ 乙과 庚일간은 子이다.
◇ 丙과 辛일간은 申이다.
◇ 丁과 壬일간은 戌이다.
◇ 戊와 癸일간은 卯이다.
◇ 甲과 己일간이 사주나 대운 연운에서 지지巳를 보게 되면 낙정 살이 성립되므로 수액을 주의해야 한다.
◇ 乙과 庚일간이 사주나 대운 연운에서 지지子를 보게 되면 낙정 살이 성립되므로 수액을 주의해야 한다.
◇ 丙과 辛일간이 사주나 대운 연운에서 지지申을 보게 되면 낙정 살이 성립되므로 수액을 주의해야 한다.
◇ 丁과 壬일간이 사주나 대운 연운에서 지지戌을 보게 되면 낙정 살이 성립되므로 수액을 주의해야 한다.
◇ 戊와 癸일간이 사주나 대운 연운에서 지지卯를 보게 되면 낙정 살이 성립되므로 수액을 주의해야 한다.

낙정 살 역시 본 필자의 이론인 **움직임**과 **내 것과 남의 것** 그리고 **지시, 오고 가고** 등을 잘 살펴서 분석하여 적용 대입하면 통변확률이 높게 될 것으로 확신한다.

※ 부침 살 : 부침 살은 다음과 같다

子	丑	寅	卯	辰	巳	午	未	申	酉	戌	亥
戌	酉	申	未	午	巳	辰	卯	寅	丑	子	亥

◇ 子가 戌를 사주나 대운 연운에서 보게 되면 부침 살로 수액이 생기게 되므로 주의해야 한다.

◇ 丑이 酉를 사주나 대운 연운에서 보게 되면 부침 살로 수액이 생기게 되므로 주의해야 한다.

◇ 寅이 申을 사주나 대운 연운에서 보게 되면 부침 살로 수액이 생기게 되므로 주의해야 한다.

◇ 卯가 未를 사주나 대운 연운에서 보게 되면 부침 살로 수액이 생기게 되므로 주의해야 한다.

◇ 辰이 午를 사주나 대운 연운에서 보게 되면 부침 살로 수액이 생기게 되므로 주의해야 한다.

◇ 巳가 巳을 사주나 대운 연운에서 보게 되면 부침 살로 수액이 생기게 되므로 주의해야 한다.

◇ 午가 辰을 사주나 대운 연운에서 보게 되면 부침 살로 수액이 생기게 되므로 주의해야 한다.

◇ 未가 卯를 사주나 대운 연운에서 보게 되면 부침 살로 수액이 생기게 되므로 주의해야 한다.

◇ 申이 寅을 사주나 대운 연운에서 보게 되면 부침 살로 수액이 생기게 되므로 주의해야 한다.

◇ 酉가 丑을 사주나 대운 연운에서 보게 되면 부침 살로 수액이 생기게 되므로 주의해야 한다.

◇ 戌이 子를 사주나 대운 연운에서 보게 되면 부침 살로 수액이 생기게 되므로 주의해야 한다.

◇ 亥가 亥을 사주나 대운 연운에서 보게 되면 부침 살로 수액이 생기게 되므로 주의해야 한다.

부침 살 역시 본 필자의 이론인 **움직임**과 **내 것과 남의 것** 그리고 **지시, 오고 가고** 등을 잘 살펴서 분석하여 적용 대입하면 통변확률이 높게 될 것으로 확신한다. 觀

20. 골절, 디스크, 교통사고, 노상횡액 등이 있는 경우

골절과 디스크는 급각 살로 추단 통변한다.

※ 급각 살 : 급각 살은 골절, 상골, 디스크, 수족이상 등으로 추단 통변하게 된다

◇ 1월 2월 3월 출생자 = 지지 亥와 子자가 급각 살로 골절과 디스크 사고를 주의해야 한다.

◇ 4월 5월 6월 출생자 = 지지 卯와 未자가 급각 살로 골절과 디스크 사고를 주의해야 한다.

◇ 7월 8월 9월 출생자 = 지지 寅과 戌자가 급각 살로 골절과 디스크 사고를 주의해야 한다.

◇ 10월 11월 12월 출생자 = 지지 辰과 丑자가 급각 살로 골절과 디스크 사고를 주의해야 한다.

※ 교통사고와 노상횡액은

戊, 癸일간 甲寅시 출생사주 :

◇ 戊土일간이 甲寅시에 출생하면 집밖인 시주의 왕한 甲木편관 역마성이 戊土일간을 극 상하여 교통사고로 추단 통변하게 되는 것이다.

◇ 癸水일간이 甲寅시에 출생하면 집밖인 시주의 왕한 甲木상관 역마성이 癸水일간을 설기 태과하여 교통사고로 추단 통변하게 되는 것이다.

◇ 관살태과 역마 지살 사주는 일간을 극상태과로 교통사고로 추단 통변하게 되는 것이다.

◇ 식상태과 역마 지살 사주는 일간을 설기태과로 교통사고로 추단 통변하게 되는 것이다.

골절, 디스크, 교통사고, 노상횡액 등 역시 본 필자의 이론인 **움직임**과 **내 것과 남의 것** 그리고 **지시, 오고 가고** 등을 잘 살펴 분석하여 적용 대입하면 통변확률이 높게 될 것으로 확신한다. 觀

21. 입태 월과 무의식

입태 월이란 엄마의 자궁 속에 착상되는 그달을 입태 월이라 하게 된다.
입태 일이란 엄마의 자궁 속에 착상되는 그날을 입태 일이라 하게 된다.
본 저자는 입태 월을 무의식과 잠재의식으로 연관판단하고 사주통변에
추단 통변 적용한다.
무의식과 잠재의식은 잉태부터 자궁 속에서 자라는 시기로 출생까지로
생각한다.
다시 말하여 잉태하는 입태 월이 되는 것으로 입 태월을 감안하여
사주팔자가 아닌 5주 10자가 되는 것이다.
잉태하여 복중태아로 있을 시에 아이큐와 지능이 발달하고 성격이
형성되는 것이며 현대의학에서 태교를 심리학으로 검증된 사실을
사주팔자에 적용한 것이다.
본 필자가 심리학 서적을 보다가 느끼게 되어 사주팔자에 적용하여 보니
확률이 있다는 것을 피력하는 것이다.
입태 월과 입태 일이 엄마의 자궁 속에 착상할 순간시점으로 전생에서
이승으로 오는 찰나의 순간이 되는 것이다.
흔히 불교에서 이야기하는 윤회하는 시점이 되는 것으로 생각하면 될 것이다.
따라서 사주팔자에서 나타나지 않는 통변부분이 입태 월과 입태 일이 되는
것이다.
요즘은 자연분만이 아닌 제왕절개 수술로 자식을 출생하므로 입태 월과
입태 일의 적용이 어렵다.
그러나 제왕절개하더라도 임신한 달과 날을 부모가 알면 적용이 가능하게

될 것이다.

입태 월과 입태 일은 자연 분만한 사주에 적용가능하다.

※ **입태 월 찾는 방법**

입태 월은 사주출생한 달부터 순행으로 4칸을 짚어나가게 되면 입태 월이되는 것이다.

대강 산출하게 되면

1월 출생이면 전년도 4월이 입태 월이 된다.
2월 출생이면 전년도 5월이 입태 월이 된다.
3월 출생이면 전년도 6월이 입태 월이 된다.
4월 출생이면 전년도 7월이 입태 월이 된다.
5월 출생이면 전년도 8월이 입태 월이 된다.
6월 출생이면 전년도 9월이 입태 월이 된다.
7월 출생이면 전년도 10월이 입태 월이 된다.
8월 출생이면 전년도 11월이 입태 월이 된다.
9월 출생이면 전년도 12월이 입태 월이 된다.
10월 출생이면 당년도 1월이 입태 월이 된다.
11월 출생이면 당년도 2월이 입태 월이 된다.
12월 출생이면 당년도 3월이 입태 월이 된다.

정확하게 입태 월을 찾으려면 입태 일의 일수를 보아서 계산하면 정확하게 된다.

입태 일은 사주 일주와 일간 합과 일지 합으로 찾는다.

예) 甲子일주라면

천간甲己합과 지지子丑합이 되므로 己丑날이 입태 일이 되는 것이다.

예) 癸亥일주라면

천간 戊癸합과 지지 寅亥합이 되므로 戊寅날이 입태 일이 되는 것이다.

예) 甲戌일주라면

천간 甲己합과 지지 卯戌합이 되므로 己卯날이 입태 일이 되는 것이다.

예) 戊申일주라면

천간 戊癸합과 지지 申巳합이 되므로 癸巳날이 입태 일이 되는 것이다.

예) 庚寅일주라면

천간 乙庚합과 지지 寅亥합이 되므로 乙亥날이 입태 일이 되는 것이다.

입태 일의 계산은 출생한 일진에서 계산하면 틀림없다.

子일이나 午일 일지에 출생한 사주는 276일 동안 자궁 속에 있었다.
丑일이나 未일 일지에 출생한 사주는 266일 동안 자궁 속에 있었다.
寅일이나 申일 일지에 출생한 사주는 256일 동안 자궁 속에 있었다.
卯일이나 酉일 일지에 출생한 사주는 246일 동안 자궁 속에 있었다.
辰일이나 戌일 일지에 출생한 사주는 296일 동안 자궁 속에 있었다.
巳일이나 亥일 일지에 출생한 사주는 286일 동안 자궁 속에 있었다.

子,午일지 출생 사주는 276일

丑,未일지 출생 사주는 266일

寅,申일지 출생 사주는 256일

卯,酉일지 출생 사주는 246일

辰,戌일지 출생 사주는 296일

巳,亥일지 출생 사주는 286일

상기 내용을 보면 임신 기간은 짧게는 246일이며 길게는 296일이 된다. 출생 일지를 보아서 출생한 달에서 역으로 계산하게 되면 틀림없이 누구나 246일에서 296일이 된다. 觀

22. 결혼 2번 이상 하는 경우와 다른 육친관계

남명

◇ 장가를 여러 번 가는 경우

남자는 재성과 식상을 참고하여 추단 통변하게 된다.
재성은 마누라 또는 여자가 되므로 재성을 참고하게 되고
식상은 장모 또는 조모가 되므로 식상을 참고하게 되는 것이다.
상세한 내용은 본 저자의 기 저서인 『추명명리학 강의』를 참고하면 될 것이다.
재성이 태과하고 움직이면 처 또는 여자가 많은 형상으로 장가를 여러 번 가든지 외간 여자를 두게 된다.
식상이 태과하고 움직이면 장모가 여러 명의 형상으로 장가를 여러 번 가야 장모가 여러 분이 되는 것이다.
그렇지 않으면 장모가 두 분 이상인 집안에 결혼하게 된다.
또한 식상은 할머니가 되므로 조모가 두 분 이상인 경우가 된다.
그리고 재성은 부친형제가 되므로 부친의 이복형제인 경우가 된다.
따라서 식상과 재성의 태과불급과 움직임과 나의 것과 남의 것을 잘 살피게 되면 추단 통변이 가능할 것이다.
다른 육친관계도 역시 같은 방법으로 추단 통변하면 될 것이다.

◇ 이복형제가 있는 경우

비견과 겁재를 형제로 추단하고 비견과 겁재의 태과와 움직임과 나의 것과 남의 것을 잘 살피게 되면 추단 통변이 가능할 것이다.

◇ 어머니가 두 분 이상인 경우

어머니는 인성으로 추단하고 정인과 편인의 움직임과 나의 것과
남의 것을 잘 살피게 되면 추단 통변이 가능할 것이다.

여명

◇ 시집을 여러 번 가는 경우

여자는 관성과 식상 그리고 재성을 참고하여 추단 통변하게 된다.
관성은 남편 또는 남자가 되므로 관성을 참고하게 되고
재성은 시모 또는 친정부친이 되므로 재성을 참고하게 되는 것이다.
상세한 내용은 본 저자의 기 저서인 『추명명리학 강의』를 참고하면
될 것이다.
관성이 태과하고 움직이면 남편 또는 남자가 많은 형상으로 시집을
여러 번 가든지 외간 남자를 두게 된다.
재성이 태과하고 움직이면 시모가 여러 명의 형상으로 시집을 여러
번 가야 시모가 여러 분이 되는 것이다.
그렇지 않으면 시모가 두 분 이상인 집안에 결혼하게 된다.
또한 재성은 친정부친 또는 친정부친 형제가 되므로 친정부친 형제가
이복형제인 경우가 된다.
따라서 관성과 재성의 태과불급과 움직임과 나의 것과 남의 것을 잘
살피게 되면 추단 통변이 가능할 것이다.
식상이 태과하면 남편인 관성을 제극하므로 남편과 생활하기가
어려움이 따르게 되어 시집을 여러 번 가도 해로하기가 어려움이
따르는 것이다.
또한 식상은 친정할머니가 되므로 조모가 두 분 이상인 경우가 된다.

다른 육친관계도 역시 같은 방법으로 추단 통변하면 될 것이다.

◇ 이복형제가 있는 경우

비견과 겁재를 형제로 추단하고 비견과 겁재의 태과와 움직임과 나의 것과 남의 것을 잘 살피게 되면 추단 통변이 가능할 것이다.

◇ 어머니가 두 분 이상인 경우

어머니는 인성으로 추단하고 정인과 편인의 움직임과 나의 것과 남의 것을 잘 살피게 되면 추단 통변이 가능할 것이다.

이 항목에서는 예를 들지 않고 사주통변 예들은 본 저자의 기 저서인 『핵심통변』, 『핵심통변 상담실례』, 『핵심종합통변 上』, 『핵심종합통변 中』 들의 사주 예를 보게 되면 많은 도움이 될 것으로 생각한다. 觀

23. 매도 또는 매수 통변이론

매도 또는 매수는 사주의 인성과 재성의 사항과 움직임 그리고 각주를 참작하여 본 저자는 예상추단 통변하고 있다.

- 매도통변은 사주의 인성이 운과 합하여 재성으로 변하게 되면 매도 운으로 예상추단 통변하게 된다.
- 사주의 인성이 운과 합하여 변한 오행인 재성이 길신이면 매도성사가 순조롭게 되고
- 사주의 인성이 운과 합하여 변한 오행인 재성이 흉신이면 매도성사가 순조롭지 못하고 어려움이 따르게 된다.
- 매수통변은 사주의 재성이 운과 합하여 인성으로 변하게 되면 매수 운으로 예상추단 통변하게 된다.
- 사주의 재성이 운과 합하여 변한 오행인 인성이 길신이면 매수성사가 순조롭게 되고
  사주의 재성이 운과 합하여 변한 오행인 인성이 흉신이면 매수성사가 순조롭지 못하고 어려움이 따르게 된다.
- 사주의 길신인 인성이 움직이면 매도가 순조로울 것으로 예상추단 통변하게 된다.
- 사주의 흉신인 인성이 움직이면 매도 운이 되나 어려움이 따르는 것으로 예상추단 통변하게 된다.
- 사주의 길신인 재성이 움직이면 매수가 순조로울 것으로 예상추단 통변하게 된다.

- 사주의 흉신인 재성이 움직이면 매도 운이 되나 어려움이 따르는 것으로 예상추단 통변하게 된다.
- 거주 가옥의 매도 또는 매수는 월주의 사항과 움직임 등으로 추단 통변하게 된다.
- 거주 가옥 외의 부동산이나 사업장 등의 매도 또는 매수는 시주의 사항과 움직임 등으로 추단 통변하게 된다.
- 윗대로부터 상속이나 증여된 재산의 매도 또는 매수는 연주의 사항과 움직임 등으로 추단 통변하게 된다.
- 사주의 인성을 충 하면 매도 또는 매수하려는 생각을 가지게 된다.
- 월주를 충 하면 거주 가옥을 매도 또는 매수하려는 생각을 가지게 된다.
- 시주를 충 하면 거주 가옥 외의 부동산을 매도 또는 매수하려는 생각을 가지게 된다.

상기 항목 통변이론 외에 여러 이론분야가 있으나 통변에 필요한 여러 이론들은 좀 더 깊이 생각하고 배우고 익히고 습득하게 되면 깨우칠 수가 있을 것이다.
몇 가지의 원리를 알면 거기에서 더 알아가는 희열과 전율을 느낄 수가 있을 것으로 믿는다.
본 저자는 사주감정 상담함에 있어서 지금까지 쉽다고 생각하지 않고 있다.
항상 긴장하고 어려움 속에 사주 감정 상담하고 있는 것이 현실이다.
이 세상은 한 가지로 이루어진 것이 아니고 복잡다양하게 이루어진 것과 마찬가지로 오직 여러 이론을 믿고 익히고 습득해야 할 것으로 생각한다.
역학(易學)이란 바꾸고 바뀌어 새로워지는 학문이므로 통변의 어려움과 난해함이라 할 수가 있을 것이다.
수학적으로 '1+1=2' 이다 라고 정답이 나오면 얼마나 좋겠는가.

통변은 '1+1' 은 '2' 도 되고 '0' 도 되고 '3' 도 되어 많은 어려움이
따르게 되는 것이다.
항상 믿는 마음과 의지하고 자부심을 가지고 읽고 또 읽게 되면 학문의
발전이 있을 것으로 생각한다.
자기가 알고 있는 것 외는 부정하지 말고 일단은 익히고 난 연후에
필요하면 습득하고 마음에 들지 않으면 버릴 것은 버려도 되는 것이다.
자만심을 버리고 많은 노고와 열정만이 조금이나마 어려움을 벗어나는
지름길이라 생각한다.
본 저자의 이론 역시 100%가 될 수가 없다고 생각하나 조금 더 사주감정
상담확률을 높이고 자신의 학문 발전을 위함이라 생각하면 될 것이다.
본인의 생각과 노력 여하에 있다고 본 저자는 생각한다.
마음에 드는 서적을 깊이 있게 읽어 습득하고 깨우치면 될 것이나 그것이
여의하지 못하면 하나의 풀리지 않는 고리 매듭을 풀어주는 지도자의 학습
지도를 받으면 학문 발전이 크게 될 것이다.
실력을 갖춘 사람과 실력을 갖추지 않은 사람의 차이점은 결과가 나와
있어도 그 결과에 대한 이론 전개를 하느냐 못 하느냐의 차이점이라
생각한다.
부디 이 책과 인연 있는 역학인 여러분의 추명명리학에 발전이 있기를
바라는 마음이다.
다음은 상담실례 사주들이므로 이론을 근거하여 보게 되면
이해가 될 것이다. 觀

상담한 사주

24. 30대 남편 사별, 재혼 남편 역시 사별

甲	甲	癸	戊	여
戌	辰	亥	子	

午未

63	53	43	33	23	13	3
丙	丁	戊	己	庚	辛	壬
辰	巳	午	未	申	酉	戌

甲木일간 10월 출생으로 인성 격이다.
용신은 土재성으로 용신하고 희신은 火식상으로 한다.
지지 전부가 움직이어 각자의 길흉 작용은 제대로 하게 된다.
甲辰백호가 움직이어 고집과 주관이 강하고 辰亥원진 귀문이 움직이어 예민하며 辰戌土 편재가 움직이어 재물에 대한 집착이 강한 성격이다.
신경성질환과 심장질환을 주의해야 하고 디스크를 주의해야 한다.
재물에 집착이 강하나 동업이나 투기는 절대하지 않아야 재물을 보존하고 지킬 수가 있다.
직업으로 부동산 건축 전자관련 직업에 수익이 길하고 음식점으로는 닭고기 오리고기 등에 수익이 길하다.
결혼은 23세 庚申편관 대운 중에 결혼하였을 것이다.
남편은 2465번 辛巳생 뱀띠가 남편이 되었다.
사주 명조에서 일지辰土와 시지戌土가 움직이고 辰戌충이 성립한다.

움직임과 辰戌충으로 인하여 시지戌중 辛金정관 남편은 명조에서
움직이고 있는 일지辰土에 입묘하게 된다.
따라서 남편의 사고나 건강 문제는 항상 잠재되어 있다고 추단
통변하게 되는 것이다.
33세 己未정재 천을 귀인 대운은 남방 火운으로 진입하여 길운으로
작용한다.
연월간 戊癸합을 대운己土가 월간癸水 정인을 土克水한다.
따라서 연간戊土 편재가 묶이어 있던 戊癸합에서 풀려나와 연간戊土
편재가 활동하게 되어 재물관계는 길운으로 작용하게 되었다.
본 사주의 입태 월이 전년도 丑土월이 되고 연월지 亥子는 亥子丑방합으로
역시 丑土를 불러들이게 되어 丑土정재가 있는 것으로 보아야 한다.
입태 월 丑土는 과숙과 관살 남편의 묘지가 된다.
己未정재 천을 귀인 대운은 재물에는 길하게 작용하나 입태 월 丑土
과숙과 관살 남편의 묘지가 움직이고 丑未충하여 남편의 사고나
건강이상으로 추단 통변해야 하는 대운이다.
따라서 초혼의 남편인 2465번 辛巳생 뱀띠 남편을 30대에 사별하게
되었다. (사고로 예상함)
43세 戊午대운은 시지戌土 편재가 움직이어 재산에 길하게 작용하고
대운午火 상관은 움직인 시지戌土와 寅午戌삼합 火국하여 재산에 길하게
작용하여 재산증식 운이다.
시지戌土가 움직이면서 시지戌중 辛金정관 남편 역시 나오게 되므로
戊午대운 중에 재혼 운이다.
재혼남편은 2462번 甲申생 원숭이띠와 재혼하였다.
53세 丁巳대운 역시 시지戌土 편재가 움직이고 남방 火운으로 길하게
작용한다.

그러나 월주癸亥 인성과 丁癸충과 巳亥충으로 천지 충으로 인하여
문서와 재물로 인하여 골치가 아프게 된다.
움직인 시지戌중 辛金정관 남편은 명조에서 움직이고 있는 일지辰土에
역시 입묘하게 된다.
따라서 2462번 甲申생 원숭이띠 재혼남편 역시 사별하게 된 것이다.
대운이 길하다고 모든 것이 길하게 작용하는 것이 아니며 대운이 흉하다고
모든 것이 흉하게 작용하는 것이 아니다.
사주명조 육친과 육신에 따라서 길과 흉은 각각 나타나게 되는 것이다.
사주원국에서 길흉의 육친과 육신의 움직임이 있으면 대운과 연운에
따라서 그 육친과 육신의 길흉은 나타나게 되는 것이 본 저자의
추명명리의 기본 통변이론이다.
우리네 인생사는 잘나가는 가운데에서도 어려움이 있게 되는 것이
우리네 인생사가 아닌가 생각한다.
63세 丙辰대운 중 丙火식신 대운은 무난하나 辰土편재 대운은 辰습土
대운이며 水인성 격 입묘 운으로 흉 운이 될 것이다.
따라서 건강과 사고를 주의해야 할 것이다.
자식은 午未식상 공망과 시지戌중 丁火상관이 딸로써 첫 남편과
딸 2명이고 재혼 남편과 딸 1명을 두어 아들은 없다.
壬辰년은 시지戌土와 辰戌충으로 인하여 외부의 부동산(임야)관계 일로
추단 통변하며 월지亥水 편인이 움직이어 거주지 매매관계나 임야 매도로
6월 7월 10월 중에 매도 가능성이 있을 것으로 예상 추단한다. 觀

25. 앞전 사주 딸, 부친사망, 시부 이복형제, 학원 국어강사

壬 乙 乙 甲 여
午 亥 亥 寅

申酉

57 47 37 27 17 7
己 庚 辛 壬 癸 甲
巳 午 未 申 酉 戌

乙木일간 10월 출생으로 월지亥중 壬水정인이 시간에 투출하여 정인 격이다.
용신은 시지午火 식신으로 용신한다.
壬水정인과 木비겁이 왕하고 壬水정인 격이 지시한 시지午火 식신이
설기하고 조후하여 시지午火 식신은 일간 자신의 것으로 용신이 된다.
건강은 심장과 혈관질환을 주의해야 하겠다.
재산관계는 평생에 보증 금전거래 투기 동업은 절대하지 않아야 재산을
보존하고 지킬 수가 있게 된다.
壬水정인 격이고 壬水정인 격이 시지午火 식신 제자와 丁壬합하여
시지午火 식신 제자는 일간乙木 자기 자신의 것으로 가르치는 직업인
교사 강사 교수 등이 적당하다.
또한 전자, 컴퓨터, 부동산분야 역시 직업으로 수익이 길하다.
음식업인 경우 오리고기 닭고기 종류에 수익이 된다.

따라서 현재 학원 국어강사로 종사하고 있으니 천직이다.
남편은 7853번 庚戌생 개띠가 남편인연 띠로 사주에 나타난다.
7853번 庚戌생 개띠가 남편이 되었다.
추명명리로 추단하게 되면 7853번 庚戌생 개띠는 寅午戌삼합으로
제일 길한 남편인연 띠와 결혼하게 된 것이다.
본 사주는 무관사주이고 申酉관성 남편이 공 망으로 만혼이 이롭다.
27세 壬申대운 중에 결혼하였을 것 같으나 申酉관성 남편성이 공 망으로
결혼은 불가능하다.
37세 辛未대운은 대운辛金 편관남편 운이고 대운未土는 일월지亥水
남편 궁과 亥卯未삼합하여 결혼 운이다.
37세 辛未대운과 47세 庚午대운 57세 己巳대운은 火남방 길운으로
재산 발전과 안정되고 행복한 생활로 예상 추단한다.
부친은 움직인 연지寅중 戊土정재가 부친 성이 된다.
戊土정재 부친을 암장한 연지寅木이 움직이고 움직인 월일지亥水와
寅亥합하였다.
戊土정재 부친은 움직인 월일지亥水에 절지가 된다.
따라서 甲木대운 중에 부친이 일찍 사망하게 된 것이다.
앞전사주 모친은 남편을 일찍 사별로 나타나고 본 사주 역시 부친이
일찍 사망으로 나타나는 사주이다.
본 사주가 모친 두 분에 이복형제가 없으나 시부가 이복형제가 있다.
시아버지는 비견 겁재가 시부가 된다.
연지寅木 겁재와 월일지亥水가 움직이었으므로 연지寅중 甲木겁재와
월일지亥중 甲木겁재로 시아버지의 이복형제가 있는 가문이 시집이다.
17세 癸酉대운과 27세 壬申대운은 길운이 아니므로 마음과 뜻대로
이루기가 어려움이 있었겠다.
그러나 관인 운으로 학업에는 크게 지장이 없었을 것이다. 觀

26. 암 수술, 의류업, 구제품과 부동산 관련 길

癸　丁　丙　己　　여
卯　丑　寅　亥

53　43　33　23　12　3
壬　辛　庚　己　戊　丁
申　未　午　巳　辰　卯

丁火일간 1월 출생으로 연월지寅亥 합하고 월지寅木이 움직이어 정인 격이다.
용신은 일지丑土 식신이 움직이어 丑土식신으로 용신한다.
희신은 일지丑土중 辛金재성이며 水관성 운 역시 희신 작용하게 된다.
기신은 충 운으로 일지丑土 식신을 충 하는 未土식신과 연지亥水 정관을
충하는 巳火겁재 운이 기신 작용하게 되고 다른 오행은 무난하게 작용한다.
충 운인 申金정재가 월지寅木을 충 하게 되면 연지亥水가 일지丑土와
亥子丑으로 방합하여 길하게 작용하고 酉金편재가 시지卯木을 충하게
되면 일지丑土가 시지卯木의 극에서 벗어나 역시 길하게 작용한다.
따라서 申酉金 재성 운은 충 운이나 길하게 작용하게 되는 것이다.
일지丑土 식신이 움직이어 연지己土이고 연지己土는 연지亥水 정관
남편을 지시하였다.
따라서 연지亥水 정관 남편 천을 귀인은 丁火일간 자기 자신의 것이 되고
길신으로 남편과 행복한 생활이다.
오행은 연지亥水 정관 천을 귀인에서 시작하여 水생木 木생火 火생土

상생으로 이루어져 일지丑土 식신에 오행의 기운이 집결되었다.
남편은 36번 戊戌생 개띠가 남편이 되었다.
일지丑土가 움직이었고 월지寅木이 역시 움직이었으므로 丑寅합하여
자궁암으로 자궁을 제거하고 대장암 역시 수술하게 되었다.
월지寅木 정인이 움직이어 생각이 깊으면서 일지丑土 식신이 움직이어
배려하는 마음을 소유하고 있다.
일지丑土 식신 재고가 움직이어 재물에 대한 집착이 강하며 알뜰하고 일에
대하여 성실하고 재산은 가지고 지키면서 생활이다.
따라서 본 사주의 직업과 수입으로 가정생활에 일조하는 사주이다.
일지丑土가 움직이어 오래된 물건 취급과 부동산 관계 직업이 좋고
또한 귀금속이 좋으며 월지寅木이 움직이어 화원 의류 독서실 등의
직업과 인연이 있다.
따라서 의류판매를 하고 있으나 구제품의류 판매가 수익이 더 좋다.
33세 庚午대운 중 대운庚金 정재는 천간에서 火土金水로 상생하여 직업과
수익은 무난하고 대운午火 비견 역시 일지丑土 식신 길신을 火生土하여
직업과 수익은 무난하다.
43세 辛未대운 중 대운辛金 편재는 일지丑土 식신 재고 길신이 움직이어
재물에 무난하게 작용하나 대운未土 식신은 일지丑土 식신 길신을
충하여 未土대운은 흉하게 작용한다.
통변원인은 丑未충하면 일지丑중 辛金편재가 未중丁火에 火克金으로
손상을 받게 되어 장사에 어려움과 수입 역시 어려움이 따르게 된다.
53세 壬申대운은 연지亥水 정관 남편 천을 귀인 길신이 움직이어
남편 사업발전으로 재산증식이 될 것으로 예상 추단한다.
또한 관청관계인 경매 입찰 역시 도움이 될 것으로 예상 추단한다.
壬辰년에 매매성사 운이며 경매입찰의 낙찰로 인하여 재산도움이
될 것이다. 觀

27. 전 염색회사 대표, 현 숙박업, 재산 유

壬	壬	庚	戊	남
寅	辰	申	子	

61	51	41	31	21	11	1
丁	丙	乙	甲	癸	壬	辛
卯	寅	丑	子	亥	戌	酉

壬水일간 7월 출생으로 월지申중 庚金편인이 월간에 투출하여 편인 격이다.
용신은 시지寅木 식신으로 용신한다.
희신은 火재성이 희신 역할하게 된다.
연월일지가 申子辰삼합하여 움직이어 시간壬水이며 시간壬水는
시지寅木 식신을 지시하였다.
시지寅木 식신이 움직이었고 시지寅木 식신 용신은 일간壬水 자기 자신의
것이 된다.
따라서 시지寅木 식신 용신과 시지寅중 丙火편재 역시 따라 움직이어
길신역할을 제대로 하게 된다.
오행의 기운은 지지 전부가 움직이어 길흉의 역할은 제대로 나타나게 되고
金生水 水生木으로 오행 상생하여 시지寅木 식신에 집결하여 재물에는
괜찮은 사주가 된다.
재산은 남부럽지 않게 가지고 생활하는 사주로 추단한다.
활달하면서 고집과 주관이 강하면서 배려하는 성격과 예민한 성격이며

위장질환과 신경성질환 골절을 주의해야 한다.

전자 전기 화학 섬유 물류 숙박업 등의 직업이 길하다.

처는 9435번 庚寅생 범띠, 91101번 甲午생 말띠 중에 처 인연 띠이다.

9435번 庚寅생 범띠가 처가 되었다.

丑시인지 寅시인지 확실하지 않다하나 庚寅생 범띠가 처이므로 辛丑시 출생이 아니고 壬寅시 출생이 틀림없다.

41세 乙丑대운은 길운이 아니므로 직업상 사업 손재 수입부족 등으로 어려움이 따르는 대운이다.

51세 丙寅대운은 시지寅木 식신 용신이 움직이어 길하게 작용하고 丙火편재 길신이 역시 움직이어 재산증식 대운이다.

61세 丁卯대운 역시 동방木 대운이고 木火길신 대운으로 재산에 길하게 작용하게 된다.

그러나 월지申金 편인과 卯申원진 귀문하여 매매 또는 계약관계의 어려움으로 신경이 쓰이게 된다.

壬辰년은 월지申金 편인이 움직이어 매매 또는 계약의 일이 되나 월지申金 편인은 길신이 아니므로 매매 또는 계약에 어려움이 따르게 되어 매매 또는 계약 성사가 불가능하게 될 것으로 예상 추단한다.

癸巳년은 일지辰土 편관과 연지子水 겁재가 움직이고 巳火편재 천을 귀인이 일지辰土와 辰巳합한다.

따라서 巳火편재 천을 귀인이 나에게 오는 형상으로 매도 또는 계약으로 현금이 생기게 될 것으로 예상 추단한다. 觀

28. 자궁 제거, 갑상선 수술, 부부관계

癸 丙 己 戊 여
巳 戌 未 戌

61 51 41 31 21 11 1
壬 癸 甲 乙 丙 丁 戊
子 丑 寅 卯 辰 巳 午

丙火일간 6월 출생으로 월지未중 己土상관이 월간에 투출하고 식상태과로 진 상관 격이다.
용신은 진 상관 격에 木인성으로 행운 용신한다.
상관태과 사주로 土식상을 설기하는 金재성 역시 길운으로 작용하게 된다.
고집과 주관이 강하여 타인에게 잘 현혹되지 않고 보수적이고 예민한 성격이다.
일지戌土 식신이 움직이었고 시지巳火 비견 역시 움직이어
일시지巳戌 귀문 원진이 작용하게 된다.
따라서 암을 특히 조심해야 한다.
암과 戌未형살이 일간 자기 자신의 형살로 수술 역시 있게 되는 사주이다.
(자궁 제거, 갑상선 수술함)
입 태월 酉金월 정재 천을 귀인 길신으로 직업을 가지게 되고 허약한 시간癸水 정관 남편을 상생하게 된다.
따라서 돼지고기 종류의 음식점하고 있다.

남편은 9218번 丙申생 원숭이띠가 남편이다.
그러나 제살태과로 시간癸水 정관 남편과 갈등 풍파가 있는 사주이다.
시간癸水 정관 남편의 입장에서 보면 火재성과 土관살태과로 역시
부부관계는 어려움이 따르게 된다.
시간癸水 정관 남편은 시지巳火 비견 지살 망신에 좌하고 시지巳중
戊土와 자좌 戊癸합으로 인하여 남편은 타 여성과 연분이 생기는 사주이다.
그러나 본 사주가 보수적인 성격으로 남편과 어려움이 많은 중에도
그나마 참고 이해하면서 가정생활이다.
시간癸水 정관 남편은 시지巳火 지살 망신에 좌하여 운수업계통에 직업을
가지고 있다.
남편의 건강과 사고는 특히 조심해야 할 것으로 추단한다.
31세 乙卯정인 대운과 41세 甲寅편인 대운은 길신 운으로 안정된 생활이다.
51세 癸丑대운은 丑戌未삼형을 이루게 되나 시지巳火와 입 태월인 酉金과
巳酉丑삼합 金국을 이루어 재산증식 운이 된다.
그러나 癸丑대운 중에 남편의 사고와 건강은 많이 조심해야 할 것으로
예상 추단한다. 觀

29. 사주 길, 신문사 기자

戊	癸	乙	癸	여
午	卯	丑	亥	

59	49	39	29	9	9
辛	庚	己	戊	丁	丙
未	午	巳	辰	卯	寅

癸水일간 12월 출생으로 여명에 시간戊土가 일간과 戊癸합으로 정관격이다.
용신은 시간戊土 정관으로 용신한다.
기신은 충 운이 된다.
사주가 일지卯木 식신이 움직이어 월간乙木이고 월간乙木은 월지丑土 편관을 지시하고 월지丑土 편관이 움직이어 연간癸水이고 연간癸水는 연지亥水 겁재를 지시하고 연지亥水 겁재가 움직이어 시간戊土 정관이고 시간戊土 정관은 시지午火 편재를 지시하였다.
따라서 기어가 맞물려 잘 돌아가는 형상으로 주류하여 길한 사주이다.
태풍과 폭우가 몰아치면 다른 나무는 뿌리째 뽑혀 천길 절벽 아래로 떨어지게 되나 보편적으로 이런 사주는 가지만 꺾이든지 흔들리고 마는 장점이 있다.
성격 역시 원만하고 대인관계 역시 원만하나 金의 출현이 없으므로 결단력이 조금 부족한 면이 있으나 총명영리하다.

대장 기관지 맹장염 디스크 물혹(암)을 조금 주의해야 한다.
그러나 대운의 흐름이 길하여 건강에는 별 문제가 없을 것이다.
시주戊午 재관이 일간과 합하여 재물과 명예 역시 따르게 된다.
결혼은 癸巳년 甲午년 乙未년 중에 결혼할 것으로 예상 추단한다.
남편인연 띠는 7968번 癸亥생 돼지띠, 73103번 己未생 양띠,
7854번 戊午생 말띠 중에 남편인연 띠가 될 것이다.
인연 띠 중에 73103번 己未생 양띠, 7854번 戊午생 말띠가 길한 띠가 된다.
남편의 직업은 의사, 법조계 남편이 될 것으로 예상 추단한다.
70세 이전 辛未대운까지 火재성 길운으로 직장안정과 진급이며 재물
역시 가지고 안정된 생활이 될 것으로 예상 추단한다.
壬辰년은 연지亥水 겁재 지살이 움직이어 직업상 바쁘게 활동한다.
癸巳년은 월지丑土 편관이 움직이고 대운巳火 정재 천을 귀인 길신이
남편 궁인 월지丑土 편관과 巳丑합하여 재물 운과 결혼 운으로 예상 추단
한다.
甲午년은 일지卯木 식신이 움직이고 대운甲木 상관은 대운午중
己土편관과 甲己합土로 인하여 역시 결혼 운으로 예상 추단한다.
직업은 의사나 약사로 추단하였으나 신문사 기자로 근무 중이다. 觀

30. 壬辰년 행정고시 합격

丙	乙	丁	丙	남
子	丑	酉	寅	

57	47	37	27	17	7
癸	壬	辛	庚	己	戊
卯	寅	丑	子	亥	戌

乙木일간 8월 출생으로 총명영리하면서 배려하는 성격이다.
격은 월지 편관 격이다.
용신은 지지로 水인성이며 희신은 寅木비견으로 한다.
조후용신으로 火식상으로 필요한 사주이다.
본 사주는 억부용신과 조후용신으로 겸용하는 사주가 된다.
건강은 물혹(암)을 주의하고 신경성질병 수액을 조심해야 한다.
재물에 집착하지 말고 전문직으로 생활하면 재물은 무난하게 된다.
17세~36세 水대운까지 길운으로 목적은 달성할 것으로 추단한다.
37세~46세까지 직장생활은 길하나 건강이나 구설을 주의해야 할 것이다.
47세~67세까지 운이 길하므로 명예와 재물은 발전하게 될 것이다.
2011년 辛卯년 겨울에 모친이 상담한 사주로 사회학 사범대 휴학 중으로 행정고시 준비하고 있었다.
그다음 해인 壬辰년에 행정고시 합격 예상하였던 것처럼 합격하였다.
壬辰년은 시지 子水편인 천을 귀인이 움직이게 되어 길운으로 작용하여 합격하게 되는 것이다.

결혼은 戊戌년이나 己亥년 중에 丁卯생 토끼띠, 丙寅생 범띠, 己巳생 뱀띠 중에 처 띠가 될 것이다. 觀

31. 남편 사별

壬　丙　庚　戊　　여
辰　辰　申　午

子丑　　子丑

55　45　35　25　15　5
甲　乙　丙　丁　戊　己
寅　卯　辰　巳　午　未

丙火일간 7월 출생으로 활발하면서 재물에 연연하는 성격이며 성격 조절을 잘하는 성품이다.
편재 격으로 7월에는 열매를 여물게 익혀야하므로 火용신하고 木인성을 희신으로 작용하게 된다.
45세 乙卯대운과 55세 甲寅대운 중에 매매 계약관계로 재산증식이 될 것이다.
대운의 흐름이 65세 이전까지 木인성 대운으로 흘러 무난한 생활이다.
직업은 금융계통이나 무역 경리가 맞는 직업이다.
건강으로 결석과 담석을 주의해야하며 간 계통이 약하므로 음주는 삼가는 것이 좋을 것이다.
도로변이나 물가주변 계곡주변에 거주하거나 투자하면 재산도움이 된다.
재물은 가지게 될 것으로 예상 추단하게 된다.
남편은 82103번 己未생 양띠가 남편이다.

1살 연하 남편을 만나게 된 것은 월지申중 壬水편관이 시간으로 투출하여 1살 연하의 남편을 만나게 된 것이다.
또한 일지辰土 식신과 시지辰土 식신으로 辰중 癸水정관을 암장하였기 때문이다.
양 일시지 辰土식신 과숙이고 시간 壬水편관은 시지辰土 자좌 묘지에 앉았으며 辰土식신 과숙이 움직이고 있다.
子水정관 남편이 공망으로 남편 액화는 생기게 되는 사주이다.
따라서 남편과 이별이나 사별이 있는 사주로 남편과 평생해로하기 어려운 사주로 판단하게 된다.
본 사주는 82103번 己未생 양띠 남편보다 3살 연상인 87번 乙卯생 토끼띠가 오히려 좋은 띠가 된다.
사주가 이러면 좋은 띠를 만나지 못하게 되는 것이 사주 현실이다.
운은 길하여 생활은 이상 없으나 결점으로 남편은 좋지 못하게 된다.
대운이 좋다고 해서 모든 것이 좋은 것이 아니다. 觀

32. 처 비행기 추락사고로 사별

癸 丁 丙 辛 남
卯 丑 申 丑

申酉

55 45 35 25 15 5
庚 辛 壬 癸 甲 乙
寅 卯 辰 巳 午 未

丁火일간 7월 출생으로 고집과 주관 자존심이 강하면서 철저한 성격이다.
金재성이 강하므로 재성 격이다.
용신은 木인성을 용신하고 水관성을 희신하게 된다.
丁火는 어두운 밤이 되어야 본연의 빛을 발휘하게 되므로 酉시~丑시 사이를 좋아하게 된다.
木인성은 일간丁火에 기름 역할하고 水관성의 어두움을 따르게 된다.
辰土상관 대운과 辛金편재 대운은 길운이 되지 못하게 작용하게 된다.
辛金대운은 연일지丑土가 움직이어 역시 길운이 되지 못한다.
卯木편인 대운은 그나마 조금 순조로운 대운이 될 것이다.
庚寅대운은 월지申金과 寅申상충으로 寅木정인을 쪼개어 劈甲引丁(벽갑인정)으로 오히려 길하게 작용하게 된다.
매매관계로 이익이 생기게 될 것이며 사업이나 수입이 길할 것이다.
처는 8319번 甲辰생 용띠가 처이다.

처는 월지申金 정재가 처이다.

처는 활동적이고 외국 출입이 있게 된다.

일지丑土 식신이 움직이었으므로 申金정재 처 묘지가 움직인 것이다.

또한 申酉재성이 공망으로 처의 액화는 따르게 되는 사주가 된다.

辛金대운은 다시 일지丑土 처의 묘지가 움직이어 처의 액화가 생기게 된다.

월지申金 정재 처는 역마성이고 월간丙火로 인해 비행기 추락사고로 사별하게 되었다.

월지申金 정재 처의 월간에 丙火 비행기는 연간辛金과 丙辛합으로 비행기는 바다와 연관이 있다. 觀

33. 이혼, 주점

辛 壬 辛 丙 여
亥 寅 丑 申

68	58	48	38	28	18	8
甲	乙	丙	丁	戊	己	庚
午	未	申	酉	戌	亥	子

壬水일간 12월 출생으로 배려하면서 대인관계 융화를 잘하면서 활달한 성격이다.
월간辛金 정인 격으로 지혜가 있고 생각이 깊은 성격으로 나타난다.
용신은 일지寅木 식신이 용신이다.
희신은 연간丙火 편재가 억부 용신이나 조후용신 병약용신으로 희신 작용하게 된다.
단점은 연간丙火 편재가 월간辛金과 丙辛합하는 것이 결점으로 나타나게 된다.
물혹(암)을 특히 조심해야하고 사고나 수술을 주의해야 한다.
결석이나 담석 또한 주의해야 할 것이다. 따라서 물혹을 수술하였다.
재물은 가지게 되나 매매 계약 시에 사기 당함을 조심해야 하고 남을 믿지 않는 것이 좋으며 보증이나 금전대차 절대하지 않아야 재산을 지킬 수가 있게 된다.
사거리나 도로변에 거주하거나 투자 또는 사업체하면 재산 도움이 된다.

직업은 일시지 寅亥합木이 길한 작용으로 유흥업이나 철학 사찰 전자 전기 분야에 길하다.
음식점으로는 산 밑에 닭고기나 오리고기 종류가 돈이 될 것이다.
마시는 술은 水오행에 속하나 인체에 들어가면 火오행으로 바뀌게 되는 것으로 본다.
따라서 주점업을 하고 있는 것이 맞는 직업이다.
남편은 87번 丁酉생 1살 연하가 남편이 되었다.
남편은 월지丑중 己土정관이 남편으로 도움이 되지 않는다.
월지丑중 己土정관 남편보다 일지寅중 戊土편관 친구 같은 남편이 오히려 좋을 것으로 추단한다.
일지寅木 식신이 움직이어 연간丙火는 연지申金 편인을 지시하여 연일지 寅申충이 성립하게 된다.
또한 월일지 丑寅합으로 연일지 寅申충이 성립하게 된다.
따라서 궁합이 잘 맞지 않으면 인연 띠를 만나도 평생해로 못하는 사주가 된다.
48세 丙申대운 중에 이혼하였던 것으로 본다.
59세 乙未대운과 69세 甲午 대운까지 길운으로 사업과 수입이 길하며 생활은 편하고 건강 또한 양호하게 될 것으로 예상 추단한다.
48세 丙申대운 중 丙火편재 대운은 일지寅木 식신이 움직이어 길하게 작용하여 수입이 길하다.
59세 이전 申金편인 대운은 매매 계약관계로 사기 당함을 특히 조심해야 한다.
또한 사고 관재구설 건강을 특히 주의해야 할 것이다.
2014년 甲午년 59세는 길운으로 사업발전과 수익증대하게 된다.
아랫사람이나 직원으로 인해 수입이 증대하게 된다.

그러나 화재나 화상은 특히 주의해야 할 것으로 예상 추단한다.

甲午년은 일지寅木 식신이 움직이면 寅중 戊土편관이 나오게 된다.

甲午년 甲木식신은 午중己土 정관과 甲己합으로 남자를 만나게 될 것이다.

앞전 저서에서 설명했지만 여자는 식상과 관성이 합하게 되면 남자 만나게 될 확률이 많게 된다.

또한 식상과 인성이 합하게 되면 남자 만나게 될 확률이 많게 된다.

甲午년 午중己土 정관은 월지丑중 己土정관 남편보다 좋은 남자를 만나게 될 것이다.

만나게 될 남자는 8971번 甲午생 말띠나 8862번 癸巳생 뱀띠가 될 것으로 예상 추단한다.

이중에 甲午생 말띠가 더 좋은 남자 띠가 된다.

자식은 일지寅중 甲木이 아들자식이다.

乙未대운과 甲午대운은 남방 火운으로 나이 들어서 재산 가지고 편한 생활이 될 것이다. 觀

34. 己亥대운 중 약사 남편 사별

乙 甲 乙 辛　여
丑 子 未 卯

55 45 35 25 15 5
辛 庚 己 戊 丁 丙
丑 子 亥 戌 酉 申

甲木일간 6월 출생으로 고집이나 주관은 있겠으나 생각은 깊으며 예민한 성격이다.
용신은 연간辛金 정관으로 용신한다.
시지丑土에 뿌리하고 6월에서 가을金으로 진기하므로 여명에 연간辛金 정관을 용신하게 된 것이다.
격은 월간乙木 양인 격이다.
월지未土가 움직이어 시간乙木이며 시간乙木은 시지丑土를 지시하고 시지丑土가 역시 움직이어 연간辛金 정관 남편을 지시하고 있다.
연간辛金 정관 남편은 연지卯木 절지에 앉은 것이 최대 흠이 된다.
따라서 남편과 평생해로하기 어려운 사주가 된다.
일반적으로 이런 사주는 잉꼬부부가 많은 것을 보고 경험하였으며 서로 잘 싸우는 부부는 오히려 사별하지 않는 것을 많이 경험하였다.
본 사주에서 사별하게 된 것은 연간辛金 정관 남편이 좌한 연지卯木 절지가 움직이었으며 시지丑土 관성 남편 묘 고가 움직이고 시지丑土

관고와 월지未土가 상충으로 시지丑土 관성 남편의 묘 고가 열린
원인이다.
따라서 움직임과 지시와 좌한 육신을 잘 살펴보면 될 것이다.
앞전 출판한 저서 중에서 말하였지만 어느 육신이든 움직이게 되면 길흉은 나타나게 되는 것이다.
사람 역시 움직이어야 좋은 일도 생기게 되고 나쁜 일도 생기게 되는 것이다.
세상의 이치와 사주팔자를 대입적용하게 되면 무언가 깨달음이 생길 것으로 생각한다.
己亥대운 중에 사별하게 된 것은 시지丑土 관성 남편의 묘 고와
월지未土가 움직인 원인이다.
남편인 연간辛金 정관은 연지卯木 현침에 좌하여 남편직업은 의약분야 직업으로 약사 남편이 맞는 직업이다. 觀

35. 첫 남편 이혼 후 사별, 癸卯생과 재혼

戊 戊 丁 己 여
午 子 卯 酉

午未 寅卯

57 47 37 27 17 7
癸 壬 辛 庚 己 戊
酉 申 未 午 巳 辰

戊土일간 2월 절기 출생으로 지지에 子午卯酉 전 도화 성을 갖추었다.
격은 월지卯木 정관 격이다.
용신은 월지卯木 정관 격 자체를 용신으로 한다.
희신은 연월지 卯酉충으로 통관시키는 水재성과 火인성이 희신으로 작용한다.
본 사주는 卯酉충이 결점으로 나타난다.
여성은 관성이 중요하므로 木관성 용신을 보호하는 水재성과 火인성을 희신으로 잡게 된다.
화려함을 좋아하면서 활달하면서 예민하고 철저한 성격이다.
시지午火 인수 도화가 움직이어 끼가 다분히 많으면서 일시지 子午 충으로 한 사람한테 오래가지 못하고 실증을 잘 느끼게 된다.
오행을 전부 갖추었으나 子午卯酉 도화 성을 전부 갖추어 여성 사주로는 좋지 못한 사주로 모 아니면 도가 된다.

己巳대운은 시지午火 인수 도화가 움직이어 많은 남자를 만나고 헤어지게 되었다.
그러나 巳火편인 운이 길하여 공부는 조금 되었을 것이나 巳酉합으로 크게는 좋지 못하게 된다.
庚午대운은 연지酉金이 움직이어 子酉귀문 원진이 발동하게 되어 자기 본마음이 아닌 행동이나 신 기운의 침범으로 신기가 나타나게 된다.
또한 대운午火 도화로 인하여 바람이 나게 된다.
따라서 庚午대운은 연지酉金 상관이 움직이어 庚午대운 중에 원국 년 월지 卯酉충이 확실하게 일어나게 되어 첫 남편인 4937번 丙午생 말띠 남편과 이혼한 후에 전 남편은 사망하게 되었다.
사망하게 원인은 연지酉金 상관이 움직이면 월지卯木 정관 남편은 움직인 酉金에 절지가 된 원인이다.
해당 육친 사망은 사 묘 절지에 많이 사망한다고 앞전 저서 중에 여러 차례 피력한 바가 있다.
4371번 癸卯생 토끼띠 남편과 재혼하여 딸 한 명을 두고 살고 있다.
아무리 희신 남방 길운으로 작용해도 움직임을 보면 부분적으로 나쁜 것도 나타나게 되고 좋은 것도 나타나게 되는 것이 인생사이다.
통변이란 묘미가 여기에 있는 것이다. 여러 차례 지면을 통해 말했지만 움직임과 오고 가고 죽고 살고 내 것과 남을 것을 잘 분별하면 통변의 한 단계를 높일 수가 있는 것이다.
辛未대운은 午未합으로 일시지 子午충을 해소하여 길한 운으로 작용하게 되고 卯未합으로 인해 직장이나 가정생활은 안정되게 된다.
壬申대운은 흉 운으로 작용하게 될 것이다.
일지子水 정재가 움직이어 일시지 子午충이 발동하게 되어 재물손해나 관재구설을 조심해야 할 것으로 예상 추단한다.

또한 월지卯木 정관 남편과 卯申원진 귀문 살을 이루어 남편과 갈등이 생기게 될 것으로 예상한다.
壬申대운 중에 乙未년은 월지卯木 정관 남편성이 움직이어 乙未년 未土에 입묘하게 된다. 따라서 남편의 사고나 건강을 조심해야 한다.
丁酉년이나 辛丑년 역시 남편의 건강이나 사고를 역시 주의해야 한다.
본 사주의 결점은 남편과 결점이 있는 사주이며 신기가 많은 사주와 대운이다. 觀

36. 공인중개사업, 건축회사 근무, 이혼

甲	丙	甲	癸	남
午	申	寅	卯	

56	46	36	26	16	6
戊	己	庚	辛	壬	癸
申	酉	戌	亥	子	丑

丙火일간 1월 출생으로 총명영리하고 생각이 깊으면서 급한 성격이다.
월지寅중 甲木이 투출하여 편인격이다.
용신은 일지申金 편재가 되며 희신은 濕土식상이 길하게 작용한다.
본 사주는 濕土식상이 없는 것이 크나큰 결점이 된다.
濕土식상은 일지申金 편재를 보호하여 재물과 가정을 지키게 된다.
대장질환이나 기관지를 주의해야 하며 사고나 수술이 있을 수가 있다.
또한 화재나 화상 디스크 심혈관 풍 등을 특히 조심해야 할 것이다.
재물은 사거리나 도로변에 거주하거나 투자 또는 사업체하면 도움이
될 것이다. 속성속패 사주이므로 남을 믿으면 손재가 크게 되므로
보증이나 금전거래 투기 등은 절대하지 않아야 할 것이다.
직업은 토건이나 부동산 기계 등에 인연이 좋은 것으로 나타난다.
직장생활은 어려운 사주로 공인중개 업을 20여 년 하다가 50세에
건축 산업기사 자격증을 취득하여 건축회사에 근무 중이다.
처는 5226번 丁未생 양띠가 처 인연 띠이다.

그러나 월일지 寅申상충이 움직이고 있으며 연일지 卯申원진 귀문 역시 움직이고 있다.
따라서 본 사주는 초혼의 처와는 해로하기가 어려운 사주로 이혼하고 51번 癸卯생 토끼띠가 재혼 처이다.
庚戌대운은 일지申金 편재가 움직이므로 수입과 사업은 길하며 대운 戊土는 대운이 서방金운으로 움직인 일지申金과 申戌합하여 사업과 수입은 어려움이 없으나 寅午戌삼합 火국하여 지출이 많게 된다.
또한 寅午戌삼합 火국하여 일지申金 편재 처를 극하게 되므로 처와 이혼하게 되었다.
己酉대운은 서방金운으로 길하게 작용하나 시지 午火탕화살과 재살이 움직이어 화재나 화상 관재구설을 조심해야 하는 대운이다.
따라서 己酉대운 중에 재혼 처와 다툼 중에 거주APT 실수 방화로 인해 구속되게 되었다.
그러나 己酉대운은 서방金운으로 길하게 작용하여 다행히 집행유예로 석방되었다.
사주팔자나 대운 연운을 볼 적에 움직임을 잘 살피게 되면 사주나 운의 통변이 가능하게 될 것이다.
또한 내 것과 남의 것, 오고 가고, 죽고 살고를 잘 살피면 될 것이다.
사람이나 사주팔자 역시 움직이어야 길과 흉이 나타나게 되는 것이다.
戊申대운은 안정된 생활이 될 것이나 건강이나 사고를 조심해야 할 것으로 예상 추단한다.
甲午년과 乙未년은 마음과 뜻대로 되지 않아 답답한 해가 된다.
丙申년 1년은 길한 중에 사고나 건강 화재를 주의해야 할 것이다.
丁酉년은 다시 공인중개사 업을 다시 시작하게 될 것으로 예상 추단하게 된다.
누구나 사주팔자 내 비중이 큰 장점과 단점은 확실히 나타나게 되는 것이다. 觀

37. 교사, 종격사주

丙 癸 壬 丁 남
辰 卯 寅 未

61 51 41 31 21 11 1
乙 丙 丁 戊 己 庚 辛
未 申 酉 戌 亥 子 丑

癸水일간 1월 출생으로 월지寅중 丙火가 시간에 투출하여 정재 격이다.
용신은 상관생재로 火재성으로 용신하며 木식상이 희신이다.
일반적으로 신약사주로 보면 金인성과 水비겁이 용신으로 잡을 수가 있으나 본 사주는 상관생재로 木식상과 火재성으로 종하는 사주이다.
월간壬水 겁재는 丁壬합木으로 변하고 월지寅木 상관으로 설기되었다.
木식상과 火재성으로 종하는데 꺼리는 金인성 오행이 없다.
따라서 木식상과 火재성으로 종하는 사주로 판단한다.
남을 배려하면서 활발한 성격이면서 예민한 성격이다.
직업으로 木식상 제자가 움직이어 火재성이 되므로 제자로 돈을 버는 사주이다. 따라서 교사가 틀림없다.
대운을 보면 16세부터 41세까지는 水운으로 木식상을 상생하여 길운으로 교사로서 안정생활이다.
41세 丁酉대운 중에 酉金편인 대운에 문서나 관재구설만 주의하면 81세까지 길운으로 이상 없이 건강하고 생활 역시 잘 지내게 될 것이다.

교감 승진은 戊戌년이나 己亥년 중에 교감 승진하게 될 것이다.
처는 2243번 庚戌생 개띠가 처 인연 띠가 사주에 나타나므로 庚戌생 개띠가 처가 되었다. 처의 조언을 특히 들어주면 도움이 된다.
시간丙火 정재 처의 직업 역시 시지辰土 식신이 움직이어 개인 학원의 원장이다.
일부 역학인 저서 중에 종하는 사주는 생각할 필요가 없다하지만 분명히 말하는데 종하는 사주와 외격 사주는 소수이지만 있는 것이 틀림없다.
1~2년 전에 제왕절개 날과 시를 택일해주었는데 대운을 감안하여 종격으로 잡아준 예가 있다. 뒤에 전화가 와서 가까운데 이름을 지으려니 사주가 잘못되었다고 야단치더라는 것이다.
부산진구에 있는 모 철학관 원장은 종격을 무시하는 것으로 생각한다.
출산 예정일이 결정되면 당년 당월은 결정되며 대운이 결정되어 있으므로 살아가는 대운에 따라 사주를 만들어주는 것이 마땅하다.
사주가 나빠서 이름을 못 지어주겠다고 욕을 많이 하더라는 것이다. 觀

38. 甲午년에 교수된다

丁 癸 丙 癸 남
亥 未 辰 丑

64	54	44	34	24	14	4
己	庚	辛	壬	癸	甲	乙
酉	戌	亥	子	丑	寅	卯

癸水일간 3월 출생으로 월지辰土 정관이 움직이어 재관잡기격 중 월지정관 격이다.
용신은 시지亥水 겁재를 용신하며 金인성이 희신 작용한다.
일지未중 丁火가 움직이어 시지亥水 겁재를 지시하고 시지亥水는 일지未土와 亥未합하여 시지亥水 겁재는 본 사주 일간의 필요한 오행인 나의 것이 되는 것이다.
따라서 시지亥水 겁재를 용신하게 된 것이다.
용신은 일간 나의 것과 다른 육친인 남의 것을 잘 구별해야 한다.
용신의 운인데도 길한 운이 나타나지 않는 것은 남의 용신을 찾은 원인도 있다.
흉신 운인데도 흉이 나타나지 않고 길운인데도 길함이 나타나지 않는 원인은 여러 원인이 있지만 움직임을 잘 살피지 않은 것으로 본 필자의 임상 경험에서 터득한 것이다.
사주팔자와 대운 연운 월운 일운을 감정함에 있어서 움직임과 내 것과 남의 것, 오고 가고, 죽고 살고, 지시 등을 잘 살피면 상담 감정함에 있어서 한 단계 높일 수가 있을 것으로 본 필자는 확신한다.

자만하지 말고 아집을 버리고 항상 수긍하면서 공부하면 될 것이다.

확률이 적으면 버릴 것은 버리고 받아들일 것은 받아들여 익혀도 늦지 않을 것이다.

甲午년 8월 달에 서울에서 전화상담한 사주로 甲午년 내에 교수가 된다고 상담한 사주이다.

甲午년 내에 교수가 된다고 상담한 원인은 시지亥水 용신 길운이 움직이므로 용신 길운이 되는 것이다.

甲午년 음력 12월 24일 출근하기 전 아침에 본 사주인데 영국 케임브리지대학에 교수 합격되었다고 보람 있는 전화를 받았다.

이런 것으로 희열을 느끼고 보람을 느끼게 되는 것이다.

시지亥水가 용신 역마이므로 해외인 영국 케임브리지대학에 교수 합격되었다.

74세 戊申 대운까지 길운으로 작용하여 직장과 생활은 발전의 운이다.

처는 9432번 辛亥생 돼지띠가 본 사주에 나타나 있으므로 처가 된 것이다. 觀

39. 우체국 집배원, 남편 사별

戊 丁 丁 戊 여
申 未 巳 戌

68	58	48	38	28	18	8
庚	辛	壬	癸	甲	乙	丙
戌	亥	子	丑	寅	卯	辰

丁火일간 4월 출생으로 주관이나 고집이 강하나 예민하면서 배려하고 베풀면서 활발한 성격이다.
월지巳중 戊土가 시간에 투출하여 상관 격이다.
용신은 상관생재로 시지申金 정재로 용신하며 희신은 水관성과 土식상으로 한다.
상관생재 격인 시지申金 정재는 역마성이고 일시지 일간과 未申합이며 시지申중에 壬水정관을 암장하였으며 시지申金 정재가 움직이었다.
따라서 직업은 활동적인 직업으로 영업이나 유통분야에 인연으로 우체국 집배원이 맞는 직업이다.
연월巳戌 원진귀문이 움직이어 일지와 합하여 연월巳戌 원진귀문은 일간丁火인 일간의 것이 되므로 물혹(암)이 잠재되어 있는 사주이다.
남편은 7636번 戊戌생 개띠가 남편이다.
7636번 戊戌생 개띠 남편보다 7637번 丁酉생 닭띠가 남편 띠로 더 좋은 띠이다.

그러나 어느 띠를 만나도 시상 상관 격이며 상관이 왕하고 일지未土
과숙이 움직이어 사별이나 이혼으로 남편과 해로하지 못하는 사주가 된다.
28세 甲寅대운은 木정인 운으로 흉 운이며 또한 시지申金 정재와
寅申상충으로 나쁜 운이 된다.
따라서 甲寅대운 중에 7636번 戊戌생 개띠 남편을 30대 중에 사별하게
된 것이다.
대운은 38세 癸丑대운은 水길운으로 작용하게 되므로 직장인 우체국
집배원으로 근무 시작하게 되었다.
48세 壬子대운은 시지申金 정재 길신이 움직이어 역시 길운으로 작용하여
안정된 생활과 재산을 모을 수가 있었다.
58세 辛亥대운은 연지戌土가 움직이게 되어 연월巳戌 원진귀문이 다시
움직이게 된다.
따라서 신경성을 조심해야하며 암을 역시 주의해야 할 것으로 예상한다.
辛亥대운 중 亥水대운은 일신상 많은 변화 운으로 이사나 주거변동이 생
기게 될 것으로 예상 추단한다.
물가주변이나 계곡주변이 될 것이다.
일지未土와 亥水정관 남자 천을 귀인이 亥未합으로 남자가 생기게 될
것으로 예상 추단한다.
68세 庚戌대운과 78세 己酉대운은 길운으로 노년에 안정된 생활과
건강한 생활이 될 것이다.
본 사주의 장점은 38세 이후 대운이 길한 것이 장점이며 단점은 상관이
강하고 과숙이 움직이어 남편과 해로하지 못하는 것이 단점이다.
어느 사주든지 평범한 사주가 있는 반면 장점과 단점이 있으므로 잘
찾아서 사주를 감정상담하면 좋을 것이다.
누구든지 오복을 다 주지 않는 것이 인간 세상이다.

대운이 길운 중에도 연운이 나쁜 해도 있으므로 잘 참작하면 될 것이며
나쁜 살이 있어도 그 나쁜 살이 움직이어야 그 나쁨이 작용을 하게 된다.
길한 오행 육신도 움직이지 않으면 그 길함이 나타나지 않는 것이다.
따라서 용신과 희신 그리고 기신으로 길흉을 판단할 적에 움직임과
일간 것인지 다른 육신의 것인지를 잘 판단하면 사주 감정 상담함에
있어서 실력을 한 단계 높이게 될 것이다.
용신을 잘못 판단한 경우도 있지만 움직임과 내 것과 남의 것, 오고 가고,
죽고 살고를 잘 살피면 좋을 것이다. 觀

40. 치과원장, 부부 갈등

己 壬 己 戊　여
酉 午 未 申

51 41 31 21 11 1
癸 甲 乙 丙 丁 戊
丑 寅 卯 辰 巳 午

壬水일간 6월 출생으로 완고하면서 보수적인 성격이다.
격은 월지未 중 己土가 월간에 투출하여 정관 격이나 정관과 편관이 혼잡하여 관살혼잡 격이다.
용신은 관살혼잡 격에 金인성으로 용신하고 희신은 천간 木식상과 지지 습토가 된다.
본 사주에 지지가 시지酉金이 연지로 이동하여 시지에서 午未申酉 차례로 되었으며 아주 좋은 사주가 되었을 것인데 안타까운 사주이다.
용 되려다가 이무기가 된 형상이다.
직업은 午未申을 갖추고 午未申 현침 살이 전부 움직이어 치과의사가 천직이다.
41세 甲寅대운은 길운으로 병원수입은 길하게 작용한다.
그러나 寅木대운은 연지申金 편인을 상충하여 매매 문서관계 특히 조심해야 할 것이다.
51세 癸丑대운은 부부간에 변화가 생기게 될 것으로 예상 추단하나 생활은 어려움 없이 편하게 될 것이다.

남편은 7968번 乙巳생 뱀띠가 남편이다.

남편 역시 현침 살이 움직이어 의약분야인 약사 자격을 가지고 있다.

예상하건데 자식 중에 의약분야에 진출할 것으로 추단한다.

관살혼잡 사주로써 남편은 마음에 들지 않고 불만을 가지고 있다. 觀

41. 어망사업, 종격

丙　丁　庚　己　　남
午　未　午　未

51　41　31　21　11　1
甲　乙　丙　丁　戊　己
子　丑　寅　卯　辰　巳

丁火일간 5월 출생으로 火기가 많으므로 급한 성격이면서 대인관계 융화를 잘하는 성격이다.
격은 종강 격이면서 염상 격으로 한다.
용신은 종강격인 火비겁으로 용신하며 희신은 土식상과 木인성으로 한다.
종강 격과 염상 격에 꺼리는 水관성이 없으므로 종격으로 보게 된 것이다.
월급생활은 어려움이 따르게 되어 자영업으로 진출하는 사주이다.
대장관계 질병을 조심해야 하고 기관지나 폐가 약하므로 조심해야 한다.
골절이나 디스크 역시 주의해야 할 것으로 판단한다.
31세 丙寅대운은 종격에 木火간지를 만나 사업과 수입은 길한 작용 대운이다.
또한 매매 계약관계나 이전 등은 길하게 작용하게 된다.
41세 乙丑대운 중 乙木대운은 연일지未土 식신 길신이 움직이어 길하게 작용하고 丑土대운은 연일지未土를 충 하나 어려움 없이 사업 진행이다.
그러나 丑土대운 중에 화재나 사고는 조심해야 할 것이다.
51세 甲子대운은 甲木정인 대운은 길하게 작용하나 子水대운은 종격에 기신작용으로 사업 확장이나 신규는 하지 않는 것이 좋을 것이며 재산 유지하는 것이 양생의 방법이다.

또한 건강이나 손재 사고를 특히 조심해야 한다.

종격은 운의 길흉 고저가 확실하게 나타나는 것이 특징이다.

본 사주는 속성속패의 사주이므로 남을 믿지 말고 보증이나 금전거래 투기 동업은 절대하지 않는 것이 재산을 지키는 방법이다.

처는 3251번 辛酉생 닭띠가 처이다. 그러나 부부간에 어려움이 따르니 이해하고 참아야 할 것이다. 觀

42. 수산물 취급, 일찍 이혼

壬 戊 壬 丙 여
戊 午 辰 申

61	51	41	31	21	11	1
乙	丙	丁	戊	己	庚	辛
酉	戌	亥	子	丑	寅	卯

戊土일간 3월 출생으로 주관이나 고집이 강하면서 대인관계 융화를 잘하는 성격이다.
격은 申辰합에서 월간壬水 편재 격이다.
용신은 월간壬水 편재 격인 월간壬水 편재를 용신하고 金식상을 희신으로 한다.
본 사주는 일지午火 정인이 움직이어 월 시간壬水 편재이며 시간壬水 편재는 시지戌土 비견을 지시하고 시지戌土 비견은 일지午火 인수와 午戌반합하였다.
따라서 지지 오행 전부가 움직이고 지시하여 간지는 戊土일간 자신의 것이 되므로 각 오행의 길흉은 다 나타나게 된다.
직업은 연지申金 식신 역마에서 투출한 壬水편재로 수산시장에서 장사하는 사람이다.
31세 戊子대운과 41세 丁亥대운은 북방 水대운으로 장사 길로 나서게 되어 재산을 가지게 되었다.

그러나 월지辰土 비견과 시지戌土 비견이 움직이어 형제로 인하여 손재가 따랐을 것이다.

51세 丙戌대운은 매매 계약관계로 관재구설이나 말씽을 조심해야 한다.

그러나 본 사주가 맞물려 돌아가는 기아와 같으므로 큰 액화는 없을 것으로 추단한다.

61세 乙酉대운과 71세 甲申대운 역시 길운으로 장사 수입은 번창하고 건강하게 생활할 것으로 예상 추단한다.

81세 癸未대운은 월지辰土가 움지이면 壬水편재 용신이 입묘하게 되어 91세 이전에 건강에 이상이 오게 되어 수명과 연관이 될 것이다.

남편은 5221번 甲午생 말띠가 남편이다.

월지辰 중 乙木정관 남편은 각 지지의 움직임과 지시 그리고 합으로 인하여 월지辰와 시지戌土는 서로 辰戌충하게 되어 월지辰 중 乙木정관 남편은 戌중 辛金한테 乙辛충 당하게 되어 손상 받게 된다.

또한 乙木정관 남편은 월지辰土 비견 과숙에 암장되었다.

따라서 결혼 후 2~3년 만에 남편과 헤어지고 독신으로 생활이며 자영업으로 재산은 가지는 사주이다.

일시지 午戌합으로 인하여 寅午戌삼합으로 寅木편관이 있는 것으로 보아야 한다.

년 월지 申辰합으로 인하여 申子辰삼합으로 子水정재가 있는 것으로 보아야 한다.

따라서 寅申충 子午충 辰戌충이 이루어지게 된다.

丙申년과 丁酉년은 길하게 작용하므로 매매관계 성사가 될 것이며 장사 수입 역시 길하게 작용할 것이다.

본 사주의 단점은 부부간에 평생해로 못하는 사주이며

장점은 운이 길하여 자영업으로 재산은 가지는 사주이다.

본 사주와 관계없는 이야기지만 기 저서에서도 언급하였으나 모퉁이 합이 육합이나 삼합 방합보다 이론과 임상 결과 합의 결속력과 영향력이 강하다고 본 필자는 생각한다.
모퉁이 합은 丑寅합 辰巳합 未申합 戌亥합이다.

丑寅합 :
丑중 己土와 寅중 甲木이 서로 甲己합이며
丑중 辛金과 寅중 丙火가 서로 丙辛합이며
丑중 癸水와 寅중 戊土가 서로 戊癸합이다.

辰巳합 :
巳중 戊土와 辰중 癸水가 서로 戊癸합이며
辰중 乙木과 巳중 庚金이 서로 乙庚합이다.

未申합 :
未중 乙木과 申중 庚金이 서로 乙庚합이며
未중 丁火와 申중 壬水가 서로 丁壬합이다.

戌亥합 :
戌중 丁火와 亥중 壬水가 서로 丁壬합이다.

본 필자는 변화는 오행은 삼합 국과 방합이 강하고 서로 당기는 힘은 모퉁이 합이 더 강하다고 본다.
부분적으로 통변에 필요한 요소에 따라 대입하면 될 것이다. 觀

43. 남편 사별, 음식업

辛 庚 壬 壬 여
巳 子 子 寅
辰巳 辰巳 공망

57 47 37 27 17 7
丙 丁 戊 己 庚 辛
午 未 申 酉 戌 亥

庚金일간 11월 동짓달 추운 겨울 출생으로 상관 격으로 남을 잘 믿지 않으면서 주관이 강한 성격이다.
격은 金水상관 격이다.
용신은 연지寅木 편재를 용신한다. 희신은 火관성과 土인성이다.
남편은 2415번 己亥생 돼지띠가 남편이다.
본 사주의 결점은 金水상관 격에 시지巳火 편관이 공 망으로 남편과 평생해로 못하는 사주이다.
27세 己酉대운과 37세 戊申대운은 서방 金비겁 대운은 흉 운으로 작용한다.
27세 己酉대운은 시지巳火 편관은 대운酉金에 사지에 임하게 된다.
37세 戊申대운은 시지巳火 편관과 연지寅木 편재가 움직이게 된다.
따라서 시지巳중 丙火편관은 대운申金에 병지에 임하고 시지巳火 편관이 의지하고 있는 연지寅木을 寅申상충하게 되었다.

따라서 己酉대운이나 戊申대운 중에 남편과 사별하게 된 것이다.
47세 丁未대운은 길운으로 작용하여 음식업으로 재산은 모으게 된다.
57세 丙午대운은 월일지와 子午상충 할 것 같으나 움직인 시지巳火와 연지寅木과 반 삼합이나 반 방합하게 된다.
따라서 길운으로 작용하게 될 것이다. 觀

44. 운길, 재산 유, 이혼

乙 戊 丁 庚 여
卯 申 亥 子

寅卯

63	53	43	33	23	13	3
庚	辛	壬	癸	甲	乙	丙
辰	巳	午	未	申	酉	戌

戊土일간 10월 출생으로 예민하고 철저하고 확실한 성격이다.
용신은 겨울에 한랭하여 월간丁火 정인으로 용신한다.
희신은 木관성이 희신 작용하게 된다.
격은 시주乙木 정관 격이다.
월간丁火 정인이 월지亥水 편재에 좌하고 시주乙卯 정관이 木生火
상생하지 않을 것 같으나 각각 합으로 인하여 상생하게 된다.
시주乙卯 정관이 丁火를 피우기가 어렵다하나 천간에 水재성이 없는 것이
다행이므로 월간丁火 정인으로 용신하게 된 것이다.
신경성질병을 조심해야 하며 결석이나 담석을 주의해야 한다.
남편은 8318번 丙申생 원숭이띠가 남편이다.
남편과 성격상 맞지 않게 되며 寅卯공망의 움직임 작용으로 배우자와
평생해로 못하는 사주이므로 이혼하게 된 것이다.
시주乙卯 움직임 작용과 丁火길신으로 인하여 따뜻함을 원하는 의류

판매업을 하고 있다.

木오행과 火오행을 의류로 보게 된다.

卯木을 음식업종으로는 닭고기 업종으로 기 저서 중에 분류하였으므로 참고하면 될 것이다.

33세 癸未대운은 남방火운으로 진행하게 되어 길운으로 작용한다.

43세 壬午대운은 연지子水 정재가 움직인다.

子午충 하나 溫水生木 木生火로 돌아가게 되어 장사 전선으로 나가게 되어 수입증대하게 되는 것이다.

53세 辛巳대운은 남방火운이 길한 운이므로 장사수입은 좋게 된다.

63세 庚辰대운은 일지辛金 식신이 움직이어 신경성질병이나 결석과 담석을 조심해야 할 것이다.

그러나 동방木 운으로 진입하여 큰 어려움 없이 지나게 될 것이다.

73세 己卯대운과 83세 戊寅대운 역시 동방木 운으로 어려움 없이 무난할 것이다.

寅대운 중에 건강이나 사고를 주의해야 한다.

대운이 길하므로 재산은 가지고 생활할 것이다. 觀

45. 종살 격

乙 己 甲 癸 여
亥 亥 子 卯

55 45 35 25 15 5
庚 己 戊 丁 丙 乙
午 巳 辰 卯 寅 丑

己土일간 11월 출생으로 재물에 연연하면서 여리면서 마음에 갈등이 있는 성격이다.
격은 월지子중 癸水가 연간에 투출하여 편재 격이다.
그러나 일간己土는 추운 동짓달에 태어났으며 의지할 火인성이 없으므로 水종재 격에서 木종살 격으로 변하게 된다.
용신은 종살 격인 木관성으로 용신하고 희신은 水재성이며 한랭하여 火인성 역시 희신으로 작용하게 된다.
본 사주의 결점은 火인성이 없는 것이 결점이 된다.
따라서 운은 木火운이 길하게 작용하게 된다.
15세 丙寅대운과 25세 丁卯대운은 木火대운으로 길하게 작용하였다.
35세 戊辰대운 일시지 亥水가 움직이어 38세에 늦게 결혼하였다.
여명에 己亥일주 丁亥일주 乙巳일주 辛巳일주 癸巳일주에 관성이 사주에 투출되었으면 부부간에 평생해로하기가 어려움이 따르는 일주이다.
본 사주는 丁亥일주에 관살이 투출하여 종살 격이나 늦게 결혼하는 마땅하다.

남편은 2136번 戊戌생 개띠가 남편과 결혼하게 되었다.

45세 己巳대운은 일시지 亥水와 巳亥충하나 甲木정관이 火운을 만나 무방하여 매매관계로 이익이 따르게 될 것이다.

55세 庚午대운 역시 월지子水와 子午충하고 대운庚金은 월간甲木 정관을 甲庚충하여 남편의 건강이나 사고를 주의해야 할 것이다.

그러나 본인은 남방火운으로 진행하여 어려움 없이 안정된 생활이 될 것으로 예산 추단한다.

65세 辛未대운 역시 길한 운으로 작용하게 된다.

乙未년에 매매 운으로 매도한 후에 새로운 좋은 물건을 매수할 것으로 예상 추단한다.

결석이나 담석을 조심해야 할 것으로 생각한다.

본인이 아니면 남편 그리고 자식 중에 의약분야 직업에 종사하는 사주이다. 觀

46. 甲己합화土격, 癸巳년에 임용고사 합격한다

甲 己 戊 己　여
戊 酉 辰 巳

45 35 25 15 5
癸 壬 辛 庚 己
酉 申 未 午 巳

己土일간 3월 출생으로 고집이나 주관이 강하면서 완고한 성격이다.
甲己합화土격으로 용신은 土비겁을 용신하고 火인성을 희신으로 한다.
金식상 역시 土기가 두터우므로 무난하게 작용하게 된다.
그러나 천간庚金 상관은 기신 작용하게 된다. (강한 庚金인 경우이다)
甲己합화土격을 이룬 시간甲木을 甲庚상충하기 때문에 기신이 된다.
5세 己巳대운은 甲己합화土격에 순응하여 학업성적이 좋았겠으며
15세 庚午대운 중 庚金상관은 학업성적에 조금은 지장이 따랐겠으며
마음과 뜻대로 되지 않았겠다.
그러나 庚金상관이 午火편인을 달고 와서 큰 무리는 없을 것이다.
25세 辛未대운은 일지酉金 식신이 움직이고 남방火운으로 길하게
작용하는 대운이다.
본 사주는 壬辰년 초에 전화상담한 사주로 辛未대운 중 癸巳년에
임용고시에 합격한다고 하였던 바 역시 癸巳년에 합격하였다고 뒤에
전화통보를 받았다.

庚午대운에 합격하지 못한 것은 甲己합화土격에 약한 庚金이나 뜻대로 되지 않아 낙방하게 된 것이다.

같은 金이라도 辛金과 庚金의 차이점이라 하겠다.

직업으로 교단이 맞는 천직이다.

연월지辰巳가 합하면서 연일지巳酉가 합하게 된다.

巳火정인 학문이 酉金식신 제자가 일주와 합하는 형상이기 때문이다.

왜 辛未대운에 합격한 것인가? 일지 酉金제자가 움직이기 때문이다.

癸巳년은 월지辰土 겁재가 움직이면 길하고 연운癸水는 기신이나 월간戊土와 戊癸합하여 무방하며 연운지巳火 인수는 길하게 작용하여 辛未대운 중 癸巳년에 합격한다고 통변 추단한 것이다.

결혼은 29세나 30세 중에 결혼할 것으로 예상하며 남편인연 띠는 1살 연하인 5771번 庚午생 말띠, 5665번 丙寅생 범띠, 53번 戊辰생 용띠 중에 남편인연 띠가 될 것이다.

자식은 아들보다 딸이 될 것이며 아들은 어려움이 있게 될 것이다.

그러나 자식은 본인의 사주와 남편의 사주를 다 같이 보아야 알 수가 있다.

결석이나 담석을 주의해야 하겠으며 물혹(암)을 조심해야 한다.

35세 壬申대운과 45세 癸酉대운은 교사를 천직으로 생각하고 재물은 연연하지 않아야 한다.

55세 甲戌대운은 길운으로 직장안정이며 건강하고 편안한 생활이 될 것이다. 觀

47. 사별, 야구르트 배달

戊 己 丁 戊 여
辰 丑 巳 戌

辰巳

52 42 32 22 12 2
辛 壬 癸 甲 乙 丙
亥 子 丑 寅 卯 辰

己土일간 4월 출생으로 火인성과 土비겁이 많으므로 고집과 주관이 강하면서 예민한 성격이다.
그러나 생각이 깊으면서 남한테 배려하고 베푸는 성격이다.
용신은 월일지巳丑중 金식상을 용신하고 濕土와 水재성이 희신 작용하게 된다.
격은 월주丁巳 인성 격이다.
물혹 암 두통 간계통의 질병과 신경성을 조심해야 한다.
32세 癸丑대운은 시지 辰濕土와 일지 丑濕土가 움직이어 생활은 지장이 없으며 무난한 생활이었다.
42세 壬子대운 역시 희신 水운을 만나 무난한 생활이 되었다.
52세 辛亥대운 역시 희신 水운으로 진행하고 일지 丑濕土가 움직이어 길하게 작용하나 辛亥대운은 월지巳火 격을 상충하여 가정적으로 나쁘게 작용한다.

巳亥상충하게 되면 亥중 甲木정관은 巳중 庚金상관과 甲庚상충한다.
따라서 亥중 甲木정관 남편의 일이 생기게 되어 亥水는 역마이므로 남편은 작업장 현장에서 癸巳년에 사고로 사망하게 된 것이다.
본 사주 남편은 시지辰土 중 乙木편관이다.
그러나 辰巳공망이며 辰土공망 속에 乙木편관 남편이며 辰土공망이 움직이었다.
또한 乙木편관 남편의 묘지인 연지戌土가 역시 움직이었다.
따라서 남편과 평생해로 못하는 기운이 많은 사주이다.
癸巳년은 시지辰土가 움직이면 辰중 乙木편관 남편이 역시 움직이어 나오게 되는 것이다.
사망한 남편은 62번 癸巳생 남편이다.
본 사주는 68번 丙申생 원숭이띠 남편이나 1살 연하인 65번 己亥생 돼지띠 남편을 만났으면 사별하는 불상사는 조금 면했을 것인데 좋은 띠 남편을 못 만나는 사주이다.
나쁜 살이나 육신의 움직임과 공 망의 작용이 크게 작용한 사주이다.
본 사주는 선 몽이나 예감 육감이 잘 맞게 된다. 觀

48. 어린이집 원장, 乙未년에 매도된다

戊 丙 己 庚 여
戌 申 卯 戌

54	44	34	24	14	4
癸	甲	乙	丙	丁	戊
酉	戌	亥	子	丑	寅

丙火일간이 2월 출생으로 예민하면서 고집이나 주관 그리고 자존심이 강하면서 배려하는 성격이다.
격은 월지卯木 정인 격이다.
용신은 월지卯木 정인으로 용신한다.
희신은 水관성이 희신 역할하게 된다.
물혹(암)을 조심해야 하며 수액과 골절 디스크 신경성질병 등을 주의해야 할 것이다.
본 사주는 일지申金 편재 역마가 움직이어 전업주부보다 자영업으로 경제활동으로 재산 증식하는 사주이다.
물가주변이나 계곡주변 도로변에 사업체나 거주하든지 투자하면 재산이익이 될 것이다. 광고 홍보하면 사업은 잘되는 사주이다.
24세 丙子대운은 溫水生木하여 길하게 작용하고 즐거운 생활이며 이 대운 중에 결혼하였을 것이다.
34세 乙亥대운 역시 월지卯木 정인이 움직이어 길한 운으로 매매 계약 등에 좋으며 亥水편관은 길하게 작용하여 어려움 없이 편한 운이다.
44세 甲戌대운 중 49세 전 甲木편인 운은 월지卯木 정인이 역시
움직이어 길하게 작용하나 44세 전 乙亥대운보다 부족한 운이 된다.
따라서 부족한 가운데 만족하고 과욕하면 어려움이 따르게 될 것으로
예상 추단한다.
44세 甲戌대운 중 47세 丙申년과 48세 丁酉년 49세 戊戌년은 자중하고
신중해야 할 것으로 예상 하게 되며 50세 己亥년과 51세 庚子년은
무난하고 안정되게 된다.
52세 辛丑년은 좋은 운이 아니며 53세 壬寅년과 54세 癸卯년 55세
甲辰년은 길한 운으로 재산증식과 명예상승이 될 것이다.
직업으로 상관이 강하고 인성이 용신으로 가르치는 직업인 어린이집
원장이 사주에 맞는 직업이다.
남편은 82103번 庚戌생 개띠가 남편인연 띠로 사주에 있으므로 庚戌생
개띠가 남편이 되었다.
그러나 水관성 남편은 희신 역할하나 사주에 성격상 맞지 않는 것은
본인 사주이며 주말부부가 좋으며 이혼은 없는 사주이다.
46세 乙未년은 월지卯木 정인 용신이 움직이어 매매 계약관계 성사가
되며 음력 7월 8월이나 10월에 매매성사가 될 것이다.
또한 乙未년에 월지卯木 도화가 움직이고 일지 申金과 未申합으로 인하여
일지申金 중 壬水가 未土중 丁火와 합하는 상으로 남편이 유부녀나
유흥가 여성과 가까이 되든지 아니면 본인 자신이 남자와 가까이
될 것으로 예상 추단한다. 觀

49. 운길, 사업가

戊	丁	丁	己	남
申	未	卯	卯	

72	62	52	42	32	22	12	2
己	庚	辛	壬	癸	甲	乙	丙
未	申	酉	戌	亥	子	丑	寅

丁火일간 2월 출생으로 배려하면서 생각이 깊고 화려함을 좋아하는 성격이다.
격은 상관생재 격이다.
용신은 시지申金 정재로 용신한다.
연월지 卯木편인에서 시작하여 木生火 火生土 土生金으로 상생하는 사주구성으로 되어있으며 오행의 기운은 시지申金 정재에 기운이 집결되어 있다.
따라서 2월에 申金 정재는 허약하나 상생의 기운을 받아서 申金정재는 오히려 건왕하게 되었다.
운의 길흉작용은 따르겠으나 일반적으로 사주팔자 재물그릇은 크다고 보아야 한다.
전체 대운을 보면 水金운으로 진행하여 길운으로 타고난 사주이다.
사주도 좋으며 대운 역시 잘 타고난 사주로 보면 무리가 없겠다.
따라서 본 사주는 용신 희신 기신을 따지기보다 충 운이 제일 흉 운으로 작용하게 된다.

대운酉金 운만 빼면 충 운이 지나오지 않았다.

그러나 酉金대운은 용신 운으로 크게 흉하게 작용하지 않았으나

문서관계나 재물관계로 관재구설이나 손재만 조금 나타났을 것이다.

앞으로 건강하게 장수하면서 넉넉한 생활이 될 것으로 예상 추단한다.

처는 7294번 壬午생 말띠가 부인이다. 부인과 평생해로하는 사주다. 觀

50. 남편 사별, 치킨 수입 길

乙 庚 丙 丁 여
酉 戌 午 酉

60 50 40 30 20 10
壬 辛 庚 己 戊 丁
子 亥 戌 酉 申 未

庚金일간 5월 출생으로 고집이나 주관이 강하면서 스스로 성격 조절을 잘하는 성격이다.
용신은 행운 용신으로 水식상으로 용신한다.
申酉戌로 방합한 申중 壬水와 입 태 월에 申중 壬水가 있다.
격은 火관살혼잡 격이다.
허약한 시간乙木 정재 재산은 水운이 되어야 기능을 발휘하게 된다.
일간庚金도 왕하고 火관살도 역시 강한 사주이다.
물혹 암 결석 담석 화재 화상을 특히 조심해야 할 것이다.
50세 辛亥대운부터 65세 壬子대운까지 길한 운으로 장사나 수입은 어려움 없이 좋게 작용하게 될 것이다.
본 사주에서 움직인 육신은 연시지 酉金겁재 양인과 월일지 午火 정관과 戌土편인이 움직이었다.
따라서 움직인 酉金겁재 양인으로 인해 재산손해는 항상 조심해야 한다.
또한 일지戌土 火관고가 움직이어 남편의 건강이나 사고 역시 많이 주의해야 한다.

남편은 2915번 己亥생 돼지띠가 남편이다.

왕신 입묘는 좋지 못하는 법이므로 남편을 사별하게 되었다.

戊土 관고가 움직이지 않았다면 남편 사별은 면하였을 것이다.

본인의 기 저서 중에 움직임을 설명하였으므로 참고하면 될 것이다.

움직인 오행 육신은 길흉을 제대로 발휘하게 되는 것이다. 觀

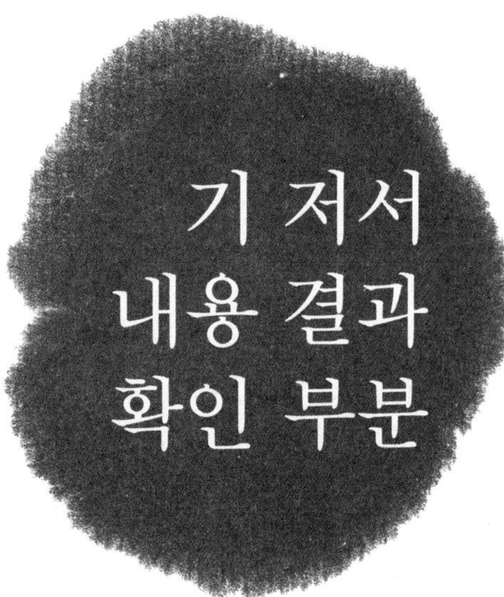

기 저서 내용 결과 확인 부분

51. 종강 격, 부산대학 법학 중, 30세 이전에 목적 달성하라

戊 戊 戊 己　남
午 午 辰 巳

48 38 28 18 8
癸 甲 乙 丙 丁
亥 子 丑 寅 卯

己丑년 연말에 모친이 딸을 상담한 후 아들을 상담한 사주이다.
戊土일간 3월 출생으로 사주 전부 火土형상을 이루어 형상을 따르는 종강 격 사주이다.
용신은 土비겁이며 희신은 천간과 지지 火인성과 金식상이 길운으로 작용한다.
천간 기신은 木관성과 水재성 운이고 지지 기신은 水재성 운이 흉 운으로 작용하게 된다.
戊土일간 일시지 午중己土 겁재 양인이 투출하고 월주戊辰 백호를 더하여 공부에 집착과 남에게 지기를 싫어하고 고집과 자존심이 강한 성격이다.
신장과 방광 생식기계통 결석 담석을 조심해야 하고 수액을 특히 조심해야 한다.
본 사주는 재물과 여자를 목석으로 생각하고 재물과 여자를 집착하고 연연하고 탐하지 않아야 명예와 재산손실이 없게 된다.

학과나 직업은 일시지 午중己土 겁재 양인이 투출하고 월주戊辰 백호 그리고 전생과 무의식을 감안하면 토건 전자 의대 법대에 인연이 있을 것으로 추단한다.
현재 丙寅대운 중 대운천간 丙火편인은 길운으로 작용하고 대운지지 寅木편관은 寅午합과 木생火 길운으로 작용하게 된다.

○ 아들이 토건 전자 의대 법대에 다닙니까?
● 부산대학교 법학을 공부하고 있습니다.
앞으로 아들이 원하는 대로 잘되겠습니까?
○ 30살 이전에 아들이 원하는 것을 이루게 되겠습니다.
부탁하건데 꼭 30살 이전에 이루도록 노력해야 합니다.
● 30살 넘으면 운이 없습니까?
○ 큰 목적달성은 30살 이전에 이루게 되면 그 뒤에는 무난하게 되는 것입니다.

28세 乙丑대운 중 대운천간 乙木정관은 丑土를 동주하고 辰土비견이 움직이므로 무방하나 그때 연운에 따라 길흉작용이 나타나게 된다.
대운지지 丑土겁재는 무난하게 작용하게 된다.
38세 甲子대운 중 대운천간 甲木편관은 흉 운으로 작용하게 되고 대운지지 子水정재 역시 흉 운으로 작용하게 된다.
따라서 대운간지가 흉 운으로 직장과 명예에 크나큰 문제가 발생하게 될 것으로 예상 추단하며 금전이나 여자를 절대 가까이 하지 않아야 한다.
대운지지 子水정재 대운 중에 사고와 건강 액화를 특별히 조심해야 할 것으로 예상 우려하며 모친과 처의 액화가 있을 것으로 예상한다.
48세 癸亥대운 대운천간 癸水정재는 기신 운이며 천간 군겁 쟁재가 일어나게 되고 대운지지 亥水편재 절지로 대운간지 전부 흉 운으로 작용한다.

따라서 38세 甲子대운부터 길운이 없으므로 신중하고 자중하면서 연운의 길흉 따라 진퇴로 생활해야 할 것으로 추단한다.
결혼은 빨리하면 29세 丁酉년 30세 戊戌년 중에 결혼할 것으로 예상 추단한다.
처 인연 띠는 7969번 辛未생 양띠, 77번 癸酉생 닭띠 중에 처 인연배필 띠가 될 것으로 예상 추단한다.
명리학으로 남편 인연 띠를 적용하게 되면
辛未생 양띠는 火인성 길신의 진신인 未土천을 귀인 그리고 무의식과 전생 인연으로 辛未생 양띠를 응하게 된 것이다.
癸酉생 닭띠는 癸水정재는 일간과 戊癸합과 연지와 巳酉합으로 癸酉생 닭띠를 응하게 된 것이다.
상기 두 띠 辛未생 양띠나 癸酉생 닭띠는 처 인연배필로 좋은 띠가 된다.
그러나 28세 乙丑대운과 38세 甲子대운 중 연운에 따라 배우자와 풍파 액화가 없기를 기원하는 마음이다.
본 사주와 대운을 참작하면 처와 풍파나 액화는 있을 것으로 예상 추단한다.
처의 동태는 월지辰중 癸水정재가 있으나 월간戊土와 시간戊土를 처의 사항으로 추단한다.
처는 자궁과 결석 담석을 조심해야 하고 수액을 역시 조심해야 한다.
사주는 종강사주로 깔끔하나 대운의 흐름이 여의하지 못한 것이 결점이 되어 안타까움이다.
사주가 종 하든지 형상을 따르는 사주는 길흉화복의 기복이 심한 것이 장단점이 되는 것이다.
종과 형상의 사주는 굵고 짧게 사는 사람으로 생각하면 된다.
부친은 월지辰중 癸水정재가 있으나 월간戊土를 부친의 사항으로 역시 상황 추단한다.

월간戊土 부친은 월주戊辰 백호이며 辰巳합과 巳午합으로 생살지권을 가진 경찰관이 전직이다.

확인부분 :
丙寅대운 중 甲午년에 부산대
로스쿨에 합격하게 된 것은
丙寅대운 길한 중에 甲午년은 甲木은 午火사지에 좌하여
연간己土와 甲己합土로 변한 원인이다. 觀

52. 검찰청 직원

己 丁 己 乙 남
酉 丑 卯 未

64 54 44 34 24 14 4
壬 癸 甲 乙 丙 丁 戊
申 酉 戌 亥 子 丑 寅

丁火일간 2월에 월지乙木 투출하여 편인격이면서
상관생재를 하고자 하는 사주이다.
용신은 乙木편인이며 편인용편인격이 된다.
월간己土 시간己土가 일지丑土와 연지未土에 뿌리를 내리고 있어서
식신이 왕하여 상관의 성질을 가지게 된다.
사주 자체가 卯未합과 酉丑합으로 연월이 동맹하고
일시가 동맹하여 반으로 쪼개어진 형상을 이루고 있다.
이러면 몸에 결점이 있게 되는 것을 경험한 바 있었다.
丁火일간은 丑습土에 앉아 설기가 심하고 상관이 태과하여 신약하게 되었다.
봄 2월에 솟아나오려는 乙木편인을 卯酉충으로 자르고 있으니
卯未 준 삼합한 木인성을 용신하며 水관성을 희신으로 한다.
재성金이 기신이 되므로 재물과 여자는 목석같이 보아야 하며
卯酉충이 사주자체에서 움직이고 있는 연고이다.
직장에 충실히 근무하여야 어려움을 겪지 아니한다.

자영업은 하지 않는 것이 이로울 것이다.
시지 酉金편재 재살과 卯木편인 재살이 움직이고 있으니 평생 관재구설을 조심하여야 한다.
子水대운 중 癸亥년에 亥卯未삼합 木국 정인을 이루어 구 4급(현7급) 검찰사무직에 합격하게 되었다.
卯木인성 재살이 움직이어있으니 본인이 생살지권을 가지지 아니하면 자신이 재살의 영향을 받아 구속되는 일이 생기게 된다.
대운과 세운이 길하여 공직에 진출하게 되었다 하겠다.
34세 대운 乙亥편인과 정관운에 亥卯未삼합 木국하여 木인성 용신이 건왕하게 되어 직장에서 인정받고 진급하여 편안한 생활이며 최 길운이라 하겠다.
卯木편인과 乙木편인은 본 사주의 것이며 타인의 것이 아니므로 亥卯未삼합 木국한 인성이 아주 길신 작용이 된다.
그러나 44세 甲戌대운은 정인과 상관 운에 대운천간 甲木인수는 상관戊土에 좌하고 월간己土와 甲己합土로 상관으로 변하게 된다.
木인성의 역할보다 상관의 작용을 하게 되어 흉운 역할을 하게 된다.
戌대운 중 辛巳년에 辛金편재는 乙木편인 용신을 충 극하고 巳火겁재는 巳酉丑삼합 金국 재성으로 돌아가서 월지 卯木을 극하게 된다.
辛巳년에 시지酉金 재살이 움직이게 되어서 금전 문제로 구속되어 직장 또한 파직 당하게 되었다.
辛巳년초에 올해 여자와 돈 문제로 어려움을 많이 겪을 수가 있으니 조심하라고 신신당부하였으나 나쁜 운의 기운은 어쩔 수 없는 것인가 생각한다.
사주팔자에 있는 오행이나 육신 살 등 단점이나 장점은 항상 잠재되어 있는 것이라서 운이 흉할 때나 운이 좋을 때에 나타나는 확률이 높다는 것이다.
하나의 사주에서 비중이 크게 차지하는 장점과 결점을 찾아서 통변하게 되면 확률이 높다 하겠다.
44세 甲戌대운 10년간 흉 운에 연운마저 辛巳년을 맞이하여
재성인 금전문제로 구속 되었으며 巳火겁재 친구가 도움이 될 것 같으나 巳酉丑金국 재성으로 배신하게 되어 친구와 금전문제가 발생하게 된다는 것이다.
현재 법무사업을 하고 있으나 어려움을 많이 겪고 있으며 앞으로
癸水대운 중 庚寅 辛卯 壬辰년이 되어야 어려움이 풀릴 것으로 예상한다.

재살에 대하여 잠깐 남기고자 한다.
재살은 삼합국에서 주로 관살이나 재성에 재살이 해당하며 재살의 육신이 기신이 되면 그 육신의 기신작용이 배가 된다.
그 육신에 재살이 붙지 아니하였을 때에는 육신자체의 기운만 나타나게 되며 기신 운이라도 관재구설은 당하지 않게 된다.
또한 재살의 육신이 길신이 되면 그 육신의 길신 작용이 배가 되고
인성이면 법조계 공부 법조계 시험 등에 길한 기운이 많이 나타나게 된다는 것이다.
재살이 어느 육신에 붙는가에 따라서 통변은 다르게 된다는 것이다.
상기 사주와 같이 卯木편인이 재살에 해당하여
당시 고졸이지만 구 4급 검찰사무직에 합격하였으며
당시 대운 또한 감안하고 상기정황 등을 미루어 직업을 추리 판단하게 된 것이다.
대운지지 酉金편재 대운은 용신乙木이 酉金절지에 임하고

乙木용신의 뿌리인 卯木을 卯酉충하게 되어 건강에 문제가
클 것으로 추단하게 된다.
이 대운에 큰 불상사가 없기를 바라고 바라는 마음이다.
큰 불상사를 면하려면 소 인형에 닭의 피를 묻혀서
집에서 북쪽으로 가서 강물에 떠내려 보내게 되면
조금이나 면흉하는 방법이라 하겠다.

확인부분 :

酉金편재 재살 대운 중에 또 다시 돈 문제로 구속되었다. 觀

53. 병원장, 부모 재산 덕 있다, 본처 이혼, 처는 나이가 많이 난다

丙 壬 辛 乙 남
午 申 巳 巳

54 44 34 24 14 4
乙 丙 丁 戊 己 庚
亥 子 丑 寅 卯 辰

己丑년에 모친이 내담한 사주이다.
壬水일간 4월 출생으로 월지巳중 丙火편재가 시간에 투출하여 편재 격이다.
용신은 일지申金 편인으로 용신한다.
습土관성 운이 희신 작용하게 된다.
편재 격으로 월급 생활보다 자영업을 원하게 되는 사주이다.
壬申자생일주로 총명영리하나 재다 신약으로 주관이 약한 것이 흠으로 나타난다.
건강은 申巳형살 움직임으로 사고와 수술을 주의해야하며 월주辛巳가 丙辛합水하여 일지申金과 申巳합형으로 움직이어 암 골절 역시 주의해야 한다.
시지午火 탕화의 움직임으로 화재를 주의해야 하고 본인과 가족 중에 화상은 주의해야 할 것이다.
직업은 일지申金 편인 현침이 움직이고 시지午火 정재 현침이 움직이어 의사직업이 맞는 사주이다.

재산은 월지巳火 편재 천을 귀인이 움직이어 일지申金과 申巳합하여
나에게로 오게 되고 월간辛金 인수 월덕 귀인이며 시지午火 정재는
월간辛金의 천을 귀인이다.
따라서 부모의 재산을 받게 되며 재산의 덕이 있는 사주이다.
처는 19101번 壬子생 쥐띠, 19번 癸丑생 소띠, 1232번 辛亥생 돼지띠
중에 처 인연배필 띠이다.
인연배필 띠 중에 19번 癸丑생 소띠가 제일 무난한 띠이다.
시지午火 정재 도화가 움직이었으므로 나이 차이가 많이 어린 배우자로
추단한 것이다.
그러나 부부간은 시지午火 정재 도화의 움직임과 재성태과로 초혼의
처와는 평생해로하기가 어려운 사주이다.
따라서 초혼의 처와는 丁丑대운 중에 이혼하고 나이 차이가 더욱 많이
나는 1238번 甲寅생 범띠와 재혼하여 생활하고 있다.
재혼 처는 시지午火 정재 현침으로 전문의 의사이다.
44세 丙子대운은 대운丙火 편재 천을 귀인이 子水겁재 양인에 좌하여 손재
운이며 申金용신 또한 대운子水에 절지가 되므로 손재가 따르는 대운이다.
따라서 子水겁재 대운 중에 변화의 계기가 생기게 될 것으로 예상 추단한다.
54세 乙亥대운은 壬水일간의 건록으로 다 같은 북방水 운이라도
상생대운으로 손재는 당하지 않으며 수입과 안정된 생활이 된다.
그러나 사고를 주의해야 하고 암을 조심해야 할 것이며 금전대차와 동업
투기는 절대하지 않아야 할 것으로 예상 추단한다.

확인부분 :
丙子대운 중 변화의 계기로 예상하게 된 것은
丙子대운 중 庚寅년에 병원 화해신청으로 변화하게 되었다.
庚寅년은 일지申金 편인이 움직이어 문서 변화의 시기가 되는 것이다. 觀

54. 부친의 건강, 캐디

戊	己	丁	壬	여
辰	亥	未	戌	

43	33	23	13	3
壬	癸	甲	乙	丙
寅	卯	辰	巳	午

본 사주는 모친이 딸 이름을 개명하러 와서 상담한 사주이다.
己土일간 6월 여름 출생으로 일지 未중丁火 투출하여 편인 격이다.
격은 편인 격이 되나 일지亥水 정재에서 투출한 연간壬水가 丁壬으로 합하여 편인 격으로 사용하기가 어려움이 따르게 되어 일지亥水 정재로 정재 격으로 한다.
이렇게 편인이 정재와 합하게 되면 자기의 생각은 남자와 돈벌이를 목적으로 하는 경우가 많게 된다.
용신은 水재성으로 용신한다.
월지未土 중에서 투출한 丁火편인이 일지亥水에서 투출한 壬水정재와 丁壬으로 합하고 己土일간은 일지 亥중甲木 정관과 합하게 된다.
따라서 공부보다는 재물과 남자에 먼저 마음이 가게 되는 사주이다.
또한 재물에 집착과 연연하게 되고 돈을 모으려는 생각과 지출을 잘하지 않는 경향이 있다.
대운 또한 丙午와 乙巳대운으로 지나오게 되어 공부는 많이 하지 않았겠으며 학생시기에 공부를 잘하지 않았을 것으로 추단한다.
일시지 辰亥귀문 원진이 움직이고 있어서 영리하기는 하나
그 영리함은 재물과 노는데 머리를 굴리게 되었다고 생각한다.
직업은 일지亥水는 未戌土 화개와 亥未 戌亥합하여 움직이고 연지戌土
화개를 지시하고 있다.
따라서 예체능 계통에 인연이 있을 것으로 추단한다.
신경이 예민하고 까다롭고 흑백논리가 강한 성격으로 신경성 질병을
평생에 주의해야 한다.
또한 33세 癸卯대운 중에 자궁질환을 매우 주의해야 하며 상골을
주의해야 할 것으로 생각한다.
재산을 가지게 되는 사주이나 지키기가 힘든 점이 있으므로
재산은 임야(낮은 산)나 물가 땅에 간수해야하며 현금은 가지고 있지
않는 것이 이롭다.
알뜰하고 야물다는 소리를 좀 듣는 것이 재물을 지키는데 도움이 되겠다.
따라서 보증 금전대차 동업은 평생에 일체하지 않아야 한다.
본 사주가 가족 중에 부친의 액화가 있는 사주로 통변하게 되며 형제
역시 액화가 있었을 것으로 생각한다.
23세 이전 乙巳대운은 乙木편관 도화남자이며 대운巳火 인수 망신
역마 운으로 일지亥水 지살 겁살과 巳亥충하여 亥중甲木 정관이 튀어나와
일간己土와 甲己합한다.
따라서 가출하게 되었다고 보며 일찍이 남자와 사귄 경험이 있었을
것으로 추단한다.
연간壬水와 월간丁火가 丁壬합木 관성으로 亥未와 戌亥로 일주와 합하게
되므로 일찍이 남자와 연애이며 남자와 관계되는 직업을 가지게 되었다고
추단한다.

23세 甲辰대운에 직업전선에 나갔을 것으로 생각하며 辰土는 亥水정재의 묘 고지가 되므로 금전에 애착을 가지게 되며 알뜰하게 생활하여 돈을 좀 가지게 되었으나 지출 또한 많았을 것으로 추단한다.

결혼은 29세 30세에 원숭이띠나 1살 연하인 돼지띠 동갑인 개띠 중에 인연배필이 될 것으로 예상한다.

18癸亥생 돼지띠 12庚申생 원숭이띠 99壬戌생 개띠 중에서 남편 배필인연으로 예상한다.

癸亥생 돼지띠는 일지 亥중甲木 정관이 있으므로 甲木정관의 장생지인 亥水돼지띠로 癸亥생을 응하게 된 것이다.(70점)

庚申생 원숭이띠는 일지 亥중壬水가 甲木남편을 대신하여 壬水가 연간에 투출하여 壬水의 장생지인 申金원숭이띠 천을 귀인을 응하게 된 것이다.(60점)

壬戌생 개띠는 일지 亥중壬水가 연간에 투출하여 壬水는 戌土에 좌하고 辰亥원진을 辰戌충으로 해소하고 지시 신의 사항으로 壬戌생 개띠를 응하게 된 것이다.(50점)

33세 癸卯대운에 부부간에 화목하고 재산 좀 가지고 즐겁게 생활할 것으로 생각한다.

丁壬으로 합한 기신丁火를 대운癸水가 丁癸충하면 묶여있던 壬水정재가 풀려나게 되므로 癸水편재 대운 중에 재산을 좀 가지게 된다.

癸水편재 운으로 자영업 역시 잘되게 된다.

그러나 43세 이전 癸卯대운 중에 남편의 건강과 사고는 주의해야 될 것으로 예상한다.

43세 壬寅대운 역시 재산가지고 자영업하면서 남편발전이며 부부간에 아름다움이 있겠다.

● 딸이 이름을 바꿔 달라고 하는데 현재 이름이 안 좋습니까?

○ 이름을 감정해본 결과 본 이름은 철학관에서 작명하지 않고 집에서 누군가가 지은 이름인 것 같습니다.

이름이 여러 가지로 잘 맞지를 않습니다.

개명하도록 하는 것이 좋겠습니다.

개명은 지금 바로 되지는 않으니 내일모레까지 작명되는 대로 연락드리겠습니다.

● 예, 잘 좀 지어주세요.

○ 따님의 직업이 예능하고 있습니까?

● 골프장에서 일하고 있습니다.

○ 직업은 사주대로 잘 택한 것 같습니다.

(丁火는 깃발 土는 산 亥水와辰土는 웅덩이 亥未중 날아온 卯木은 골프공으로 캐디가 맞는 직업으로 본다.

또한 壬水정재 행동신이 연지戌土 화개를 지시한 원인이 된다.)

○ 따님이 장녀입니까?

● 예, 큰딸입니다.

○ 따님의 사주에서 부친(상담인의 남편)이 안 계시던지 건강이 좋지 않는 걸로 보입니다. 어떻습니까?

● 조금 전에 말을 하던데 아버지에 대한 것도 나옵니까?

아버지(상담인의 남편)가 위암에 걸려서 위를 전부 절제하고 호스로 음식물을 공급하고 있습니다.

아무래도 오래 살지 못할 것 같은 생각이 듭니다.

좀더 살았으면 합니다.

○ 본인과 남편의 사주를 봐야 대답을 할 수가 있으나 따님의 사주로 보아서 2011辛卯년 2012壬辰년에는 위험할 것으로 생각합니다.

그러나 조금 전에 이야기하였지만 따님은 운이 좋아서 잘살게 될 것입니다.

● 그렇잖아도 저거 아버지가 돌아가시기 전에 딸을 결혼시키려고 생각하고 있었습니다.

29살이나 30살에 결혼한다고 하던데 내년에 결혼이 되면 좋겠습니다.

○ 내년 29살에 개띠보다는 돼지띠 원숭이띠 중에 결혼하면 좋겠습니다.

따님은 돈을 여물게 하여야 돈을 지킬 수가 있는 사주입니다.

33세 이후로 재물에 어려움 없이 잘 살 것으로 봅니다.

28세부터 33세 이전에 손재수가 있으니 돈 관리 잘하라고 주의시키는 것이 좋겠습니다.

● 돈을 벌기는 좀 버는 것 같은데 너무 많이 지출하는 것 같습니다.

己丑년 올해 월지未土와 丑未충하고 丑戌未삼형을 이루어 비겁들이 발동하게 되어 친구 간에 구설을 주의해야 한다.
土충과 형으로 지지戊己土가 나와 水재성을 극하여 탈재하게 되며 손재와 실물이 있게 될 것으로 예상하니 주의해야 한다.
다음은 상기사주 모친의 사주이다.

확인부분 :
29세 庚寅년에 庚申생 원숭이띠와 결혼할 것으로 예상하게 된 것은
29세 庚寅년은 寅木정관이 일지亥水 배우자궁과 寅亥합으로 결혼 운이며
남편은 9212번 庚申생 원숭이띠와 결혼하게 되었다.

己丑년에 손재와 실물로 예상하게 된 것은
연월지丑戌未 삼형과 월지 건土인 未土비견이 움직이어 연간壬水
정재를 극한 원인이다.
따라서 사물함에 둔 현금과 귀금속을 도둑맞게 된 것이다. 觀

55. 근丑년 소방공무원에 합격한다

庚　甲　丁　丁　남
午　戌　未　巳

43　33　23　13　3
壬　癸　甲　乙　丙
寅　卯　辰　巳　午

본 사주는 본인이 戊子년에 상담한 사주이다.
甲木일간 6월 출생으로 월지 未중丁火 투출하여 상관 격이며
상관 태과하여 상관생재로 순세함이 이로우므로 상관생재로 종재 격이다.
용신은 土재성으로 용신한다.
甲木일간 뿌리가 전혀 없는 상태이다.
甲木일간 6월에 火식상 태과하여 제살태과 사주가 되었다.
6월 여름의 甲木일간은 火식상으로 열매를 여물게 하고
土재성으로 庚金열매를 도우고 자양하면 甲木일간의 소임을 다하게
되는 것이다.
6월 여름의 甲木은 果木(과목)의 용도로 사용하게 된다.
따라서 생활용신과 통관용신을 종합하여 土재성을 용신한다.
태 월이 전년도 亥월되어 水인성을 기다려 水행운용신으로
잡으려 하였으나 水인성은 사주에 극전과 분란만 일으키게 되어
태 월 亥水편인을 용신으로 잡지 못하겠다.
억부용신만 고집하게 되면 오류가 발생할 소지가 많은 사주라 하겠다.

추명명리는 용신을 아무리 찾아보아도 용신이라는 것이 확실하게 결정하기가 어려운 것이 사실이다.
일부사주는 실제로 용신 찾기가 어려움이 따르는 것이 추명명리의 난해함이며 통변 역시 어려운 과제라 생각하겠다.
성격은 丁火상관 격으로 영리하면서 불의를 참지 못하고 조급한 성격을 가지고 있다.
사주팔자를 추단하기 위하여 크게 분류한다면 용신과 통변 그리고 격국의 어려움이 많은 학문이라 본 필자는 항상 생각하게 된다.
피부는 붉은색과 청색이 혼합되어 검은색이 나타나게 된다.
학과는 전기 또는 토건을 전공하였으리라 추단한다.
丁巳식상 고란과 丁未홍염 戊土편재 화개가 움직이어 있어서 할머니 두 분에 부친 이복형제가 있을 것으로 추단한다.
조모나 자식 없는 백부나 작은아버지 제사를 잘 모셔드리면 본 사주에 도움이 되겠다.
또한 앞으로 장모 두 분이 될 것으로 예상 추단한다.
23세 이전 丙午대운과 乙巳대운 남방 火식상 운은 길운이 되어서 안정되게 공부가 되었겠다.
23세 이후 甲辰대운 辰습土 재성 운을 만나 庚金편관을 생하게 되어 직장을 가지게 되었던 것으로 추단한다.

○ 결혼하였어요?
● 아직 안 했습니다.

辰土편재 대운에 결혼한 것으로 보았는데 시작 처음부터 빗나가게 되어 불안한 마음을 가지게 된다.
보통 시작 첫 말이 빗나가게 되면 부담을 느끼게 되는 것이다.

간혹 손님이 아닌데요.

하면서 빳빳하게 굴게 되는 손님을 만나게 되면 철학관을 집어치우고 어디 조용한 산속이라도 도피해서 자연이나 벗 삼아 공부나 할까하는 생각을 본 필자는 가끔씩 하게 된다.

한 10년 이내에는 꼭 가게 될 것으로 필자사주로 예측한다.

결혼은 33세 己丑년이나 34세 庚寅년에 己未생양띠 壬戌생개띠 辛酉생닭띠 중에 배우자로 맞이할 것으로 예상한다.

93己未생 양띠 69壬戌생 개띠 5-辛酉생 닭띠 중에 처 배필인연으로 예상한다.

己未생 양띠는 일간甲木의 정재己土와 甲己합과 未土정재 천을 귀인으로 己未생 양띠를 응하게 된 것이다.

壬戌생 개띠는 巳戌원진이 되나 일지戌土가 움직이어 있으므로 壬戌생 개띠를 응하게 된 것이다.

辛酉생 닭띠는 지시신의 영향으로 연지巳火와 巳酉합과 연간丁火의 酉金천을 귀인으로 전생인연이나 윗대조상이 점지하게 되는 띠로 辛酉생 닭띠를 응하게 된 것이다.

戊子년 32세 천간戊土 편재는 무방하나 지지 子水인수 운은 흉 운으로 작용하게 되어 마음과 뜻대로 이루기가 어려움이 따르게 되겠다.

● 제가 소방공무원 시험에 응시하는데 올해 소방공무원 시험에 합격되겠습니까?

○ 올해는 소방공무원 시험에 합격하겠다고 말하기가 좀 어렵습니다.

● 포스코 건설에서 그만두고 열심히 공부하였는데 작년에도 실수하여 떨어졌는데 언제 합격되겠습니까?

○ 내년(己丑년)은 연운이 길하므로 수도권이나 영남지방에서 합격될 것으로 봅니다.

열심히 공부하면 합격되겠습니다.

노란 속옷을 입고가거나 노란 손수건을 가지고 시험에 응시하면 합격에 도움이 될 것입니다.

내년을 넘기지 않아야 하겠습니다.

● 꼭 노란 손수건을 가지고 가도록 하겠습니다.

합격 불합격을 분류하게 되면

1) 어느 정도 실력은 있으나 운이 부족하여 불합격하는 경우

2) 어느 정도 실력은 부족하나 운이 좋아서 합격하는 경우

3) 실력도 있고 운도 좋아 합격하는 경우

4) 실력도 없고 운도 없어서 불합격하는 경우

등으로 분류하여 본다.

본 사주는 내년 33세이지만 아직 辰土대운과 연운己丑년으로
대운과 연운이 길하므로 합격으로 추단하게 된 것이다.
癸卯대운과 壬寅대운은 水木火土로 상생하여 자영업하지 말고 직장생활로
안정된 운이 되겠다.
그러나 친구나 동료의 일에 연관되는 일은 없어야 하겠다.
본 사주 삼재인 亥子년에는 계약 업무 상사의 갈등과 말썽을 주의해야 한다.
가족 중에 화재와 질병을 주의하여야 한다.
건강은 신경성질병과 물혹을 특히 주의하며 상골 디스크 역시 평생에
주의해야 한다.
앞으로 재물에는 어려움이 없을 것으로 예상한다.

확인부분 :

己丑년에 소방공무원 합격예상하게 된 것은 제살태과 격에 己丑년은 己丑습土가 태과한 火상관을 설기하여 시간庚金 편관을 보호하게 된 것이다. 觀

56. 은행근무, 辛卯년에 결혼예상, 운길

丁 癸 癸 甲 여
巳 酉 酉 子

40 30 20 10
己 庚 辛 壬
巳 午 未 申

癸水일간 8월 절기 출생으로 월지酉金 편인 격이다.
용신 시간丁火 편재로 용신한다.
희신은 木식상과 건土관성으로 희신한다.
재물에 집착이 강하고 총명영리하면서 예민하고 깔끔하면서 정확한 성격이다.
재산은 사거리나 도로변 남향이나 동남향 동향에 거주하든지 부동산에 투자하면 재산증식에 도움이 된다.
그러나 보증 금전거래 투기는 절대하지 않아야 재산손실을 보지 않게 된다.
시지巳火 정재가 일지酉金과 巳酉합하면서 시지巳중 丙火정재와 시지巳중 戊土정관의 합으로 재산관리나 금융에 직업인연이 있다.
따라서 제1금융에 근무 중이다.
결혼은 未土편관 대운 중 28세 辛卯년이나 29세 壬辰년 30세 癸巳년 중에 결혼할 것으로 예상 추단한다.
辛卯년은 일월지酉金 배우자 궁이 움직이고 卯木천을 귀인으로 辛卯년에 결혼할 것으로 예상하게 된 것이다.
壬辰년은 辰土정관이 일지酉金 배우자 궁과 辰酉합으로 壬辰년에
결혼할 것으로 예상하게 된 것이다.
癸巳년은 巳火정재 천을 귀인이 일지酉金 배우자 궁과 巳酉합으로
癸巳년에 결혼할 것으로 예상하게 된 것이다.
남편인연 띠는 9437번 甲子생 쥐띠, 99번 壬戌생 개띠, 9762번 庚申생
원숭이띠 중에 남편 인연 띠가 될 것으로 예상한다.
상기 띠 중에 99번 壬戌생 개띠가 제일 길한 띠가 된다.
辛未대운 중 未土편관 대운은 남방 운으로 巳午未방합하여 직장생활에
길하게 작용하고 결혼도 하게 될 것으로 예상한다.
따라서 未土편관 대운 중 辛卯년, 癸巳년, 甲午년 중에 진급하게
될 것으로 예상한다.
庚午대운 역시 남방 운으로 진급 운이고 재산의 발전으로 아름다운 운이다.
己巳대운은 巳火정재 길신 천을 귀인이 일지와 巳酉합으로 나에게
도달하므로 명예발전이고 재산증식 운이 될 것으로 예상 추단한다.

확인부분 :
辛卯년에 결혼으로 예상하게 된 것은
월일지酉金 배우자궁이 움직이어 결혼 운으로 예상하게 된 것이다.
99번 壬戌생 개띠가 남편이 되었다. 觀

57. 고분자 섬유학교수, 처와 자식의 액화 주의

壬 癸 丙 丁 남
戊 亥 午 酉

55 45 35 25 15 5
庚 辛 壬 癸 甲 乙
子 丑 寅 卯 辰 巳

癸水일간 午월 출생으로 월지午중 丙丁재성이 투출하여 재성 격이다.
용신은 일지亥水가 움직이어 亥중壬水 겁재로 용신한다.
희신은 金인성과 습土관성으로 희신한다.
시주壬戌 백호가 일주와 합과 일주가 간여지동으로 집착과 주관이나
강하면서 여린 성격이다.
건강으로 대장 기관지 치질 맹장염 등을 주의해야 한다.
직업은 입 태월이 申월과 酉월 절기인 백로에 출생으로 金인성의 보탬과
일지亥水가 움직이어 일지亥중 甲木상관 역시 움직이게 된다.
또한 시지戌土 정관이 움직이고 일지亥水와 戌亥합이다.
따라서 金인성 지식과 甲木상관 제자 그리고 시지戌土 정관 직업으로
교단에 인연이 있다.
따라서 현 고분자 섬유학교수로 재직 중이다.
처는 4935번 己亥생 돼지띠, 46101번 癸卯생 토끼띠,
연상으로 46101번 甲午생 말띠 중에 있다.

연상으로 46101번 甲午생 말띠가 처가 되었다.
연상으로 46101번 甲午생 말띠가 처가 된 것은 월지午火 편재가 움직이어 연주丁酉로 연상의 처가 된 것이다.
45세 辛丑대운은 연지酉金 편인 희신이 움직이고 巳酉丑합金으로 희신 작용하여 명예와 문서에 길하게 작용한다.
그러나 辛丑대운은 본인한테 길하게 작용하나 시지戌土 정관과 재성의 묘지가 역시 움직이므로 辛丑대운 중에 처 또는 자식의 사고나 근심이 따를 것으로 예상 추단한다.
55세 庚子대운 역시 연지酉金 편인 희신이 움직이고 일간癸水의 건록 용신으로 명예와 문서에 길하게 작용한다.
辛卯년은 연지酉金 편인과 시지戌土 정관이 움직이므로 직장안정이고 명예발전과 문서로 재산이득이 될 것으로 예상 추단한다.
그러나 연지酉金은 관성과 재성의 사지가 움직이고 시지戌土는 관성과 재성의 묘지가 움직이므로 처 또는 자식의 근심과 액화를 주의해야 할 것으로 예상 추단한다.
壬辰년 역시 시지戌土 관고와 재고를 辰戌충하고 일지亥水가 움직이면 관성과 재성의 절지가 움직인다.
따라서 처 또는 자식의 사고와 건강을 주의해야 할 것이다.

확인부분 :

辛卯년에 자식의 액화로 예상하게 된 것은

1. 사주 내에서 시지戌土 정관 묘지가 움직이고 움직인 丁火는 연지酉金을 지시하였다.

2. 庚金대운은 연지酉金이 움직인다.
연지酉金은 丙火정재와 戊土정관의 사지가 움직인다.

따라서 丙火정재와 戊土정관의 일이 발생하게 된다.

3. 辛卯년은 시지戊土 정관이 움직이고 연지酉金 역시 움직인다.
   丙火정재 처와 戊土정관 아들은 연지酉金 사지에 임하게 되고
   시지戊土 묘지에 임하게 된다.

따라서 辛卯년에 아들이 여자 문제로 자살하게 되었다.
丙火정재 처와 戊土정관 아들 중에 액화를 예상하였으나 처인가 아들인가 구별하기에는 한계가 따른다.
본 필자가 기 저서인 『핵심통변』중에 강조한 바와 같이 움직인 육친은 12운성 사 묘 절에 움직인 육친의 액화 확률이 높게 된다. 觀

58. 외국인 처, 조선소 근무,
도장감리사 합격한다, 이복형제

己	己	丙	戊	남
巳	未	辰	申	
			寅卯	

45	35	25	15	5
辛	庚	己	戊	丁
酉	申	未	午	巳

己土일간 3월 출생으로 巳午未한 시지巳중 丙火인수가 월간에 투출하여 정인 격이다.
용신은 연지申金 상관으로 용신한다.
희신은 연월 申辰중 水재성이 희신 작용한다.
오행의 기운이 火生土 土生金으로 상생을 이루어 연지申金 용신을 충하는 寅木정관 운이 기신 작용하고 타 오행은 무난하다.
또한 움직임으로 주류하는 사주이므로 충 운이 기신 작용하게 된다.
己未일주이며 土태과하여 보수적이고 고집과 주관이 강하다.
위장과 당뇨 결석 담석 등을 주의해야 하고 수액을 역시 주의해야 한다.
火정인이 움직이고 연지申金 상관 용신으로 가르치는 직업에 인연이 있으며 연지申金 역마 지살로 기계금속 선박 자동차에 인연이 있다.
따라서 도장분야 지식인으로 조선업체에 현재 근무 중이다.

처는 1235번 戊申생 원숭이띠, 1451번 壬子생 쥐띠와 인연이 있다.
1235번 戊申생 원숭이띠와 1451번 壬子생 쥐띠는 좋은 인연배필 띠이다.
그러나 21살 아주 연하인 외국인 처로 1232번 己巳생 뱀띠가 배우자
인연 띠도 나타므로 처가 되었다.
외국인과 결혼하게 된 것은 연지申金 역마 지살 중에 壬水정재를 암장하여
외국인과 결혼하게 된 것이다.
많이 어린 여성과 결혼하게 된 것은 일지 배우자 궁이 움직이어
시지巳火를 지시하여 21살 연하인 1232번 己巳생 뱀띠가 처가 된 것이다.
나이 차이가 많이 어린 처가 아니었으면 움직임의 사항과 연지申중
壬水정재로 연상의 여성과 인연이 있는 사주이다.
결혼은 42세 己丑년에 외국인 己巳생 뱀띠와 결혼하였다.
35세 庚申대운은 용신에 부합하여 길운 작용으로 직장안정과 재산발전
운이며 성가 운이다.
庚申대운 중 辛卯년에 도장감리사에 최종 합격할 것으로 예상한다.
庚申대운은 연지申金이 움직이면 연지申중 壬水정재 처가 나오게 된다.
己丑년은 일지 배우자 궁의 움직임으로 결혼하게 된 것이다.
45세 辛酉대운 역시 식신 길운으로 재산발전과 직장안정 운이다.
자식은 15번 庚寅생 범띠, 1454번 辛卯생 토끼띠, 18번 丙申생 원숭이띠
중에 자식 띠가 될 것으로 예상 추단한다.
따라서 庚寅년, 辛卯년, 丙申년 중에 자식 운으로 예상하게 된 것이다.
가족관계는 월지辰土와 일지未土 시지巳火가 전부 움직이었다.
巳未합과 움직임으로 월간丙火 정인 모친이 월지辰土 겁재 형제를
생산하고 일지未중 丁火편인 모친이 己土비견 형제를 생산하고
시지巳중 丙火정인 모친이 역시 己土비견 형제를 생산한다.
따라서 모친 두 분에 이복형제가 있다.

壬辰년에 직장관계 일로 외국출국이 있을 것으로 예상 추단한다.

확인부분 :

도장감리사에 최종합격 예상하게 된 것은

庚申대운은 길운으로 연지申金 용신이 움직이고

辛卯년은 卯未합으로 도장감리사에 최종합격하게 된 것이다. 觀

59. 현 약사, 의전 원한다, 辛卯년에 의대 치대 한의대에 합격한다

壬	丁	辛	辛	남
寅	未	卯	酉	

48	38	28	18	8
丙	丁	戊	己	庚
戌	亥	子	丑	寅

본 사주는 庚寅년에 모친과 동행하여 상담한 사주이다.

丁火일간 2월 출생으로 월지卯木 편인이 일지와 卯未합하고 시지寅木을 더하여 인성 격이다.

용신은 시간壬水 정관으로 용신한다.

연월지 卯酉충을 통관 해소하는 水관성으로 용신하고 金재성은 희신 작용한다.

丁火일간은 木인성과 입 태월이 午월로 불 약하고 丁火는 어두움을 좋아하여 金水가 길운 작용하게 된다.

기신은 丙火겁재와 巳午未火가 기신 작용하게 된다.

丁未일주 홍염으로 인기가 있으면서 화려함을 좋아하고 寅未귀문으로 학문에 총명영리하고 예민하다.

상골과 디스크를 주의해야 하고 신경성질병을 주의해야 한다.

직업은 일지未土와 월지卯木 현침이 일지와 亥卯未합으로 인하여 의료분야에 인연이 있다.

연지酉金 역시 침과 바늘로 한의학 역시 인연이 있다.
따라서 Y대학교 화공을 전공하고 현재 약사 근무하고 있다.
그러나 일지未土와 월지卯木 현침이 일지와 亥卯未합 작용으로 의전을 원하게 될 것으로 예상 추단한다.
내년 辛卯년 역시 현침의 작용과 연지酉金 편재 용신이 움직이어 치대 역시 인연이 있어서 응시 합격할 것으로 예상 추단한다.
영남지방 대학보다 서울이나 경기지역, 호남지역 대학에 응시하면 좋을 것이다.
己丑대운 식신은 金재성 희신이 받아 주어서 희신 작용으로 학업에 진전이다.
戊子대운 중 戊土상관 대운은 시지寅木 정인이 움직이어 학문에 연관이 있다.
子水대운은 희신 작용하고 연월지 卯酉충을 통관 해소하여 길하게 작용한다.
丁亥대운은 일지未土 현침이 움직이어 의료계 병원으로 직업 진출하며
亥水정관 천을 귀인이고 卯酉충을 통관 해소하므로 명예에 길하게
작용할 것으로 예상한다.
결혼은 32세 壬辰년, 34세 甲午년, 36세 丙申년 중에 결혼할 것으로 예상한다.
공망 작용으로 늦게 결혼이 될 것이며 자식 또한 늦게 두게 될 것으로 예상한다.
처 인연배필 띠는 연상으로 7743번 己未생 양띠와 인연이 있으며
7851번 辛酉생 닭띠, 77번 甲子생 쥐띠 중에 인연배필 띠가 될 것이다.
77번 甲子생 쥐띠 처를 만나면 좋을 것이다.

확인부분 :
辛卯년 치과대학 합격 예상하게 된 것은
연지酉金 정재 길신이 움직이고 辛卯현침이 길신 작용으로 몇 개의 치대에 합격하였으나 본 사주는 전라도가 길지이므로 전라도 조선치대에 입학 등록하였다. 觀

60. 辛卯년 결혼예상, 자동차회사 본사 연구원

戊	丙	戊	壬	남
子	寅	申	戌	

49	39	29	19	9
癸	壬	辛	庚	己
丑	子	亥	戌	酉

丙火일간 7월 출생으로 월지申중 壬水편관이 연관에 투출하였으나 일지寅중 戊土가 월간에 투출하여 연간壬水 편관을 극하여 편관 격은 부족하고 土多하여 戊土식신 격에서 상관 격이다.
용신은 일지寅木 편인으로 용신한다.
일지寅木 편인은 戊土를 극하고 7월 子시출생으로 신약하여 일지寅木 편인이 丙火일간을 도우므로 용신작용하며 희신은 일지寅木 편인 용신과 寅申충을 통관 해소하는 지지水 관성이 희신 작용한다.
성격은 활달하면서 보수적이고 예민한 성격이다.
지지 子寅申戌이 전부 움직이므로 지지 각각의 길흉작용은 하게 된다.
따라서 수술과 골절이 있으므로 사고를 특히 주의해야 하며 두통과 물혹(암)을 주의해야 한다.
직업은 일지寅木이 움직이어 월지申金 편재 역마를 지시하여 자동차나 선박에 직업인연이고 상관은 기획 연구가 된다.
일주가 지시한 申金역마는 자동차 선박 물류 무역 영업 등으로 통변 추단한다.
따라서 모 자동차회사 본사 연구원으로 근무 중이다.

결혼은 29세 辛金정재 대운 중 辛卯년이나 壬辰년 중에 결혼할 것으로 예상 추단한다.
辛卯년은 일간丙火는 연운辛金 정재 처와 丙辛합하고 卯木정인 도화로 결혼할 것으로 예상 추단한다.
壬辰년은 시지子水 정관과 월지申金 편재가 움직이어 시지子水 정관 자식과 월지申金 편재 여자와 申子辰삼합을 이루어 결혼으로 예상 추단한다.
처 인연배필 띠는 6177번 甲子생 쥐띠, 6844번 丁卯생 토끼띠 중에 처 인연배필 띠가 될 것으로 예상 추단한다.
6177번 甲子생 쥐띠는 일지寅木이 움직이어 시지子水와 寅申충을 해소하는 6177번 甲子생 쥐띠를 응하게 된 것이다.
6844번 丁卯생 토끼띠는 卯木도화가 연지戌과 卯戌합으로 6844번 丁卯생 토끼띠를 응하게 된 것이다.
29세 辛亥대운은 대운亥水 편관 천을 귀인이 寅亥합木하여 일월지 寅申충을 해소하여 직장안정과 진급 운이며 재산발전 운이다.
대운亥水가 겁살이지만 寅亥합木하여 통관하므로 크나큰 어려움은 없겠으나 亥水편관 겁살로 사고와 건강 재산손실은 주의해야 할 것으로 예상 추단한다.
39세 壬子대운은 시지子水가 움직이어 寅申충을 통관하므로 역시 길하게 작용하여 직장안정과 생활안정 운이다.
49세 癸丑대운은 천간癸水 정관 대운은 시간戊土 식신이지만 상관 작용하므로 상관 견관하게 되어 흉하게 작용하므로 직장보존을 잘해야 할 것으로 예상 추단한다.

확인부분 :

辛卯년에 결혼할 것으로 예상하게 된 것은

*** 辛卯년에 일간丙火는 辛金정재와 丙辛합하고 卯木정인 도화(혼인신고 문서)로 결혼하게 된 것이다.**

*** 6177번 甲子생 쥐띠와 역시 결혼하였다. 觀**

61. 辛卯년 壬辰년 중 건강위험 예상, 경찰관

壬 辛 己 丙 남
辰 卯 亥 申

56 46 36 26 16 6
乙 甲 癸 壬 辛 庚
巳 辰 卯 寅 丑 子

辛金일간 10월 출생으로 월지亥중 壬水상관이 시간에 투출하여 상관 격이다.
용신은 金水상관 격에 상관생재로 木재성으로 용신한다.
연간丙火 정관은 조후 용신한다.
상관 격은 木재성이나 土인성으로 용신하면 무리가 없게 된다.
金水상관 격으로 청렴결백하고 타인에게 뒤떨어지는 것을 싫어하며
卯申귀문 원진 움직임으로 까다로운 성격이다.
卯申귀문 원진 움직임으로 신경성질병과 결석 담석을 주의해야 하고
연간丙火가 일간辛金과 丙辛합으로 인하여 암을 특히 주의해야 한다.
金水상관 격에 연간丙火 정관이 길신으로 공직에 인연이며 시주壬辰
괴강은 일주와 卯辰방합으로 생살지권인 법조계에 인연이 있다.
처는 32번 壬寅생 범띠, 3369번 甲辰생 용띠, 3477번 丁酉생 닭띠 중에
있다.
32번 壬寅생 범띠가 처가 되었다.
3369번 甲辰생 용띠, 3477번 丁酉생 닭띠보다 32번 壬寅생 범띠는

寅木정재 길신 천을 귀인으로 길한 인연배필 띠이다.
처의 조언과 충고를 들어주면 직업이나 생활에 도움이 된다.
26세 壬寅대운과 36세 癸卯대운은 동방木 길신대운으로 직장안정이며
생활발전이다.
46세 甲辰대운 일간辛金은 대운辰土 묘지에 임하고 시지辰土가 움직이며
일지卯木 절지가 역시 움직인다.
따라서 甲辰대운 중에 건강을 대단히 주의해야 한다.
56세 己巳대운 일간辛金은 대운巳火 사지에 임하고 월지亥水와
巳亥충으로 인하여 월지亥水가 움직이어 연간丙火 정관 길신은 亥水
절지에 임하게 된다.
辛卯년은 일주辛卯와 천지간 복음이며 일지卯木 절지가 움직이고
일간辛金은 대운卯木 절지에 임하게 된다.
따라서 辛卯년은 건강이 대단히 위험할 것으로 예상 추단한다.
壬辰년은 일간辛金이 연운辰土 묘지에 임하게 된다.
따라서 辛卯년과 壬辰년 중에 건강이 대단히 위험할 것으로 예상 추단한다.

확인부분 :
辛卯년에 생명이 대단히 위험할 것으로 예상하게 된 것은
辛卯년은 일주辛卯와 천지간 복음이며 일지卯木 절지가 움직이고
일간辛金은 연운卯木 절지에 임하게 되어 사망하였다.
사망일은 辛卯년 丁酉월 丁卯일이었다.
丁酉월은 연운과 일지와 卯酉충으로 일지卯木은 酉월에 절지가 되기
때문이다.
丁卯일은 酉월과 卯酉충이었다. 觀

62. 공무원, 운길

甲 戊 庚 壬 남
寅 子 戌 戌

52 42 32 22 12 2
丙 乙 甲 癸 壬 辛
辰 卯 寅 丑 子 亥

戊土일간 9월 출생으로 시간에 甲木편관이 寅木건록에 좌하여 편관 격이다.
용신은 편관 격인 시간甲木 편관으로 용신한다.
천간 火인성과 水재성이 희신 작용하며 지지 水재성이 희신 작용한다.
본 사주는 지지전부 움직이어 각각 길흉작용하게 된다.
또한 월지戌土와 일지子水 사이에 亥水를 공협하고 일지子水와 시지寅木 사이에 丑土를 공협하였다.
따라서 연지戌土에서 시지寅木까지 戌亥子丑寅으로 연주를 이루었다.
성격은 일간戊土와 연월지戌土로 인하여 보수적이면서 고집과 주관 자존심이 강한 성격이다.
일간戊土는 일지子水와 간지로 戊癸합으로 재물에 대하여 집착과 연연하게 된다.
그러나 시간甲木이 시지寅木 건록에 좌하여 일간戊土를 조절하므로 보수적임과 재물에 대한 집착은 잘 조절하는 성격이다.
건강은 월지戌土 겁각이 움직이어 상골 디스크를 주의해야 하고 물혹과 암을 조금 주의해야 한다.
직업으로 격과 용신인 시간甲木은 시지寅木 건록에 좌하여 공무원직업 확률이 높다.
따라서 현재 공무원이다.
처 인연 띠는 8194번 丁卯생 토끼띠, 8869번 壬戌생 개띠, 82번 庚申생 원숭이띠 중에 처 인연 띠가 된다.
명리학으로 풀이하면 8194번 丁卯생 토끼띠는 연주壬戌과 丁壬합과 卯戌합 천지 합으로 8194번 丁卯생 토끼띠를 응하게 된 것이다.
8869번 壬戌생 개띠는 배우자궁인 일지子水가 움직이어 연지戌土를 지시하여 8869번 壬戌생 개띠를 응하게 된 것이다.
82번 庚申생 원숭이띠 역시 일지子水가 연간으로 움직이어 2살 연상인 82번 庚申생 원숭이띠를 응하게 된 것이다.
결혼은 30세 辛卯년이나 31세 壬辰년 중에 결혼 운이다.
처와는 평생 무난하게 해로 할 것으로 예상 추단한다.
32세 이전대운이 亥子丑북방 水길운으로 직장안정 운이다.
32세 甲寅대운은 격과 용신에 부합하여 직장안정과 생활안정이며 진급운으로 예상 추단한다.
42세 乙卯대운 역시 격과 용신에 부합하여 길하게 작용하나 월지戌土 비견과 합하여 진급과정에서 경쟁자가 심할 것으로 추단 예상한다.
재산손실을 주의해야 할 것이며 특히 잡기로 인하여 구설을 조심해야 할 것으로 예상 추단한다.
乙卯대운을 무사히 넘기면 52세 丙辰대운 정년퇴직까지 무난 안정될 것으로 예상 추단한다.

확인부분 :

辛卯년에 2살 연상인 82번 庚申생 원숭이띠와 결혼할 것으로 예상하게 된 것은

1. 辛卯년은 辛金상관(생식기)이 卯木도화에 좌하고 卯木정관 도화 자식 운으로 결혼하게 되었다.
2. 2살 연상인 82번 庚申생 원숭이띠와 결혼하게 된 것은 배우자궁인 일지子水 정재가 연간으로 움직인 원인이다. 觀

63. 종강 격, 공무원, 辛卯년 정년퇴직, 모친 두 분

壬 癸 乙 癸 남
子 酉 丑 巳

63	53	43	33	23	13	3
戊	己	庚	辛	壬	癸	甲
午	未	申	酉	戌	亥	子

앞전 사주의 남편이다.
癸水일간 12월 출생으로 연월일지 巳酉丑삼합 金국하여 종강 격이다.
용신은 종강 격에 金水로 용신한다.
월간 乙木식신은 월지丑土에 좌하고 巳酉丑삼합 金국하여 사용할 수가 없고 연지巳火 정재는 巳酉丑삼합 金국하고 월지丑土에서 투출한 연간癸水가 개두하여 역시 사용하기가 어렵다.
또한 연지 巳火생丑土, 丑土생酉金, 酉金생癸水로 水로 오행의 기운이 집결하였다.
따라서 金水종강 격이며 金水로 용신한다.
오행이 주류상생으로 이루어져 기신오행이 별무하며 午火충 운이 기신 작용한다.
일시지子酉 귀문이 움직이어 총명영리하고 예민하고 철저하고 까다로우며 일지와 巳酉丑삼합으로 인하여 상하 대인관계는 원만하고 융화를 잘하는 성격이다.

월지丑土 겁각이 움직이고 일지와 합하여 상골 디스크를 주의해야 하고 巳酉丑삼합으로 인하여 암을 주의하며 심혈관질병을 주의해야 한다.
계곡주변 낮은 임야에 투자하면 재산이득이 될 것이다.
재물에 집착하지 말고 전문지식으로 생활하면 재산은 무난하게 가지게 되나 보증 금전거래 투기 동업은 평생 절대하지 않아야 재산손실을 당하지 않게 된다.
직업은 시지子水 건록이 일간으로 움직이어 공직에 인연이 있다.
처는 앞전사주로 1127번 丁酉생 닭띠가 처이며 길한 부부인연 띠이다.
53세 이전 庚申대운까지 격과 용신에 부합하고 일지酉金 편인 길신이 움직이어 직장에서 진급이며 재산발전이다.
53세 己未대운은 월지丑土가 움직이어 무방하고 未土편관 대운은 丑未충하여 큰 발전은 없었을 것으로 예상 추단한다.
辛卯년 59세는 일지酉金 편인 길신이 움직이어 길하나 卯酉충으로 관재구설 말썽은 주의해야 할 것이다.
壬辰년 60세와 癸巳년 61세는 시지子水 길신이 움직이어 길하게 작용하여 사업과 수입은 무난할 것으로 예상 추단한다.
63세 戊午대운은 연지巳火가 움직이어 무방하나 대운午火 편재 흉신이 시지子水 길신을 子午충하면 재산손실과 관재구설 건강을 주의해야 할 것으로 예상 추단한다.

모친 두 분에 이복형제가 있는 사주이다.
1) 월지丑土가 움직이어 월지丑중 辛金편인이 연간癸水 비견을 생산하고
2) 일지酉중 辛金편인이 일간癸水와 시간壬水 겁재를 생산한다.
3) 일주와 巳酉丑삼합 金국을 이루었다. (『사주첩경』 2권 부분)

따라서 모친 두 분에 이복형제가 있는 사주이다.
부부가 같이 한 장소에서 일하게 될 것으로 예상 추단한다.

확인부분 :
부부가 같이 한 장소에서 일하게 될 것으로 예상하게 된 것은
癸水일간의 재물은 연지巳火 정재이고
연지巳火 정재 처의 재물은 酉丑중 辛金정재가 처의 재물이다.
巳酉丑삼합하여 각각의 재물은 한곳에서 만들어지게 되는 것이다.
따라서 辛卯년 서울에서 처와 같이 공인중개사 개업하였다. 觀

64. 행정공무원, 자식이 난하다

乙 辛 丙 庚 여
酉 未 戌 申

戌亥 子丑

46 36 26 16 6
辛 壬 癸 甲 乙
巳 午 未 申 酉

辛金일간 9월 출생으로 일간辛金과 丙辛합한 월간丙火 정관 격이다.
용신은 정관 격인 월간丙火 정관으로 용신한다.
일지未土 편인이 움직이어 보수적인 성격과 酉金건록을 지시하여
주관 고집이 강하면서 정관과 합하여 정직하고 확실한 성격이다.
시지酉金 도화를 지시하여 몸매와 얼굴은 아름답게 생겼다.
건강으로 물혹과 암을 많이 주의해야 하며 수술 상골 갑상선 두통 등을
주의해야 한다.
재산은 남향이나 동남향의 임야에 투자하면 재산이득이 될 것이다.
그러나 보증과 금전거래와 투기는 평생 삼가해야 재산을 보존할 수가
있으며 재산에 관재구설을 면할 수가 있다.
고중에 재산이므로 알뜰하고 성실하여 재산은 가지게 된다.
일지未土 편인이 움직이어 시지酉金 건록을 지시하고 시지酉金 건록이
움직이고 일간辛金은 월간丙火 정관과 합하여 공직에 직업인연이 있다.

또한 연지申金과 일지未土 현침이 움직이어 의료분야 역시 직업인연이 있다.
현재 행정공무원 재직 중이다.
결혼은 辛卯년이나 癸巳년 중에 결혼할 것으로 예상 추단한다.
남편인연 띠는 2살 연하인 2799번 壬戌생 개띠, 2687번 乙卯생 토끼띠,
1살 연하인 21번 辛酉생 닭띠 중에 남편 인연 띠가 된다.
명리학으로 남편인연 띠를 적용하게 되면
2799번 壬戌생 개띠는 일간辛金이 월간丙火 정관과 합하여 월지戌土로
壬戌생 개띠를 응하게 되고, 또한 일주가 움직이고 지시로 인하여
2살 연하인 壬戌생 개띠를 응하게 된 것이다.
2687번 乙卯생 토끼띠는 원진 띠이지만 허약한 乙木재성의 卯木 건록으로
乙卯생 토끼띠를 응하게 된 것이다.
21번 辛酉생 닭띠는 일주가 움직이고 지시로 인하여 시지酉金으로
1살 연하인 辛酉생 닭띠를 응하게 된 것이다.
남편 인연 띠 중에 2살 연하인 2799번 壬戌생 개띠와 1살 연하인
21번 辛酉생 닭띠 중에 남편 인연 띠 확률이 높을 것으로 예상 추단한다.
자식은 결혼 후에 부부 다 같이 사주를 참고해야 하나 亥子水 식상이
공망으로 자식출산에 어려움이 있을 것으로 예상 추단한다.
만약 자식출생에 어려움이 따르게 되면 친정할머니 또는
시증조할머니 제사를 정성껏 모시게 되면 자식출산에 도움이 될 것이다.
용왕이나 칠성기도하게 되면 자식이 생기는데 도움이 될 것으로 예상한다.
사주팔자나 사람은 인연 따라 오고 가는 것으로 산사람이나 고인이라도
필요한 오행육신을 찾아 구하게 되면 도움이 되는 것이다.
26세 癸未대운은 남방火 길운으로 진입하여 조상의 음덕으로
공직 진출이며 생활은 무난 안정이다.

36세 壬午대운은 연지申金 겁재가 움직이어 직장에서 보직과 진급에
경쟁자가 심하게 될 것으로 예상하나 남방火 길운이며 월간丙火 정관 격과
용신이 午火에 뿌리를 얻어 직장안정과 진급으로 예상 추단한다.
46세 辛巳대운은 월지戌土와 시지酉金이 움직이게 되나 월주丙戌과
丙辛합과 巳戌원진 귀문을 이루게 된다.
따라서 동료로 인해 직장에 갈등이 생기게 되나 인내하여 직장퇴직은
하지 않는 것이 이로울 것이며 신경성질병과 스트레스를 조심해야 할
것으로 예상 추단한다.
그러나 남방火 길운으로 지혜롭게 처신하면 큰 어려움은 없을 것으로
예상 추단한다.

확인부분 :

**辛卯년 2살 연하인 2799번 壬戌생 개띠와 결혼할 것으로 예상하게 된 것은
여명에 배우자궁인 월주丙戌과 辛卯년은 丙辛합과 卯戌합으로 천지 합으로
결혼하게 된 것이다.
2살 연하인 2799번 壬戌생 개띠와 결혼하게 된 것은
일지未土가 시주로 움직이어 2살 연하인 2799번 壬戌생 개띠와
결혼하게 되었다.** 觀

65. 공무원 퇴직, 辛卯년 공인중개사 개업 예상

癸 庚 庚 丁 여
未 申 戌 酉

58 48 38 28 18 8
丙 乙 甲 癸 壬 辛
辰 卯 寅 丑 子 亥

庚金일간 9월 출생으로 월지戌중丁火가 시간에 투출하여 정관 격이며
연상관성 격이다.
용신은 정관 격인 丁火정관으로 용신한다.
木재성이 희신 작용한다.
일지申金이 움직이어 월지戌土를 지시하고 월지戌土가 움직이어
연지酉金을 지시하고 연지酉金이 움직이어 다시 월일간庚金이다.
또한 申酉戌방합하였다.
따라서 申酉戌未지지가 전부 움직이었으므로 각 오행육신 길흉작용은
각각 하게 된다.
庚金일간 申酉戌방합과 未申합으로 합다하여 대인관계가 원만하며
庚申일주 간여지동과 酉金양인으로 남아적이며 정확하고 주관과 고집이
강한 성격이다.
월지戌土 겁각이 움직이고 戌未형하여 골절 디스크 수술을 평생에
조심해야 할 것이다.

또한 일시지未申이 움직이어 乙庚합하므로 결석 담석 역시 주의해야 한다.
남향의 낮은 임야에 투자하면 재산증식이 될 것으로 예상 추단한다.
재산을 보존하려면 평생 보증 금전거래 투기 동업은 절대 삼가해야 할 것이다.
일지와 申酉戌방합한 일지申金 건록이 움직이고 월지戌土 편인 역시 움직이어 정관 격을 이루어 공직에 인연이 있다.
따라서 공무원직업이다.
남편 띠는 2249번 乙未생 양띠, 2687번 丁酉생 닭띠, 21번 甲午생 말띠 중에 남편이다.
상기 인연 띠 중에서 21번 甲午생 말띠가 제일 길한 띠이다.
그러나 癸巳생 뱀띠가 남편이므로 본 사주의 부부인연 띠는 아니나
본 사주 남편의 사주에서 1127번 丁酉생 닭띠가 처이므로 부부가 되었다.
48세 乙卯대운은 연지酉金과 卯酉충과 월지戌土와 卯戌합, 일지申金과 卯申원진 귀문, 시지未土와 卯未합으로 각각 충과 합 원진하게 된다.
그러나 합 충 원진 귀문 등 여러 사항들이 일어나지만 연지酉金과 卯酉충, 일지申金과 卯申원진 귀문보다 월주庚戌과 乙庚합 卯戌합 천지간 합이며 시지未土가 움직이므로 卯未합을 먼저 하게 된다.
본 필자는 움직이는 시지未土에 卯未합을 먼저 하는 것으로 보게 되며 상하체가 천지 합하는 월주와 역시 합을 하게 된다.
따라서 48세 乙卯정재 대운은 木生火로 丁火정관 격을 생하여 재물과 매매 계약에 길하게 작용한다.
辛卯년(55세)은 월지戌土 편인이 움직이어 매매 계약 등으로 재물에 길하게 작용하며 卯木정재는 木생火로 역시 길하게 작용한다.
따라서 공인중개사 개업을 하게 될 것으로 예상 추단한다.
壬辰년(56세)은 일지申金 비견이 움직이고 연주와 丁壬합으로 용신과

정관 격이 묶이게 되고 辰酉합金으로 손재를 주의해야 할 것이며 보증 금전거래 투기는 하지 않아야 할 것이다.
癸巳년(57세)은 연간丁火 정관 격 용신을 丁癸충하여 흉하게 작용하고 연지酉金과 巳酉합金으로 역시 재산손실을 주의해야 한다.
甲午년과 乙未년은 수입증대가 될 것으로 예상 추단한다.
丙辰대운은 정관 격에 丙火편관을 만나 흉 운이고 辰土는 丁火정관 격과 용신의 뿌리인 월지戌土를 辰戌충하여 흉 운으로 작용한다.
따라서 자중하고 신중히 처신해야 할 것으로 예상 추단한다.

확인부분 :
辛卯년에 공인중개사 개업할 것으로 예상하게 된 것은
월지戌土 편인, 피부, 운동장, 마당, 보험, 부동산 등으로 보게 되므로 공인중개사를 개업하게 된 것이다.
丁火남편의 재물은 연지酉金 천을 귀인이고 庚金일간 자기 자신의 재물은 시지未중 乙木이다.
申酉戌삼합하고 未申합하여 각각의 재물은 한곳에서 만들어지게 되어 남편과 같이 사업하게 되는 것이다. 觀

66. 종아 격, 辛卯년에 결혼한다, 대기업 유통분야 본사 근무

甲	癸	癸	壬	여
寅	卯	卯	戌	
			子丑	

45	35	25	15	5
戊	己	庚	辛	壬
戌	亥	子	丑	寅

癸水일간 2월 출생으로 월지卯중 甲木상관이 시간에 투출하여 상관 격이며 종아 격이다.

용신은 종아 격인 木식상으로 용신한다.

2월에 사주전체가 木식상으로 이루어져 있고 일간癸水는 의지할 뿌리가 전혀 없으며 입 태월 또한 전년도 6월이다.

연간壬水 겁재는 자좌戌土에 좌하여 土극水 당하고 월간癸水 비견은 월지卯木으로 水生木으로 상생하여 의지할 수가 없다.

따라서 종아 격이 성립되어 木식상으로 용신한다.

기신은 충 운인 지지申酉 金인성이 된다.

종아 격 :

종아 격은 식신과 상관으로 이루어지는 것을 말하는 것인데

일주가 태 약하고 식신과 상관이 방합 또는 삼합 국을 이루어지든지
사주 전체가 그의 식신과 상관으로 이루어져 있으면 종아 격이 된다.

종아 격의 구성조건을 요약하면
- 일주가 식신과 상관으로만 되어 있어서 태 약할 때
- 식신과 상관이 방합을 이루고 사주전체가 그의 식신과 상관으로 되어 있을 때
- 식신과 상관이 삼합 국을 이루고 사주전체가 그의 식신과 상관으로 되어 있을 때
- 사주전체가 그의 전부 식신과 상관으로 되어 있을 때

식신과 상관을 생하는 비견과 겁재 운이 길하고
또한 식신과 상관이 왕하는 식상운도 길하며
왕한 식상을 설기하는 편재와 정재운도 길하다.
식상을 극하는 편인과 정인 운이 최 흉 운이 되며
편관과 정관 운 또한 흉 운이 되나 水木종아격은 土관성 운은 무난하게
작용한다.
식상의 입묘 운은 흉 운이 되는 것이며
대체적으로 종격은 종한 왕신의 입묘 운에 생명과 직결됨이 많게 된다.

일지卯중 甲木상관이 투출하고 식상이 왕하여 여러 면에 잘 믿지 않으면서
주관과 자존심이 강하다.
癸卯일주 자체도화이며 월일지 卯木도화가 움직이어 자태는 아름다우며
인기가 있고 시지寅木 지살이 움직이어 활달한 성격이다.
월일시지 寅木과 卯木이 움직이고 木이 왕하여 풍을 주의해야 하고
金인성이 태 약하여 기관지 대장 맹장염 치질 암을 주의해야 한다.

또한 월일지 卯木낙정살이 움직이어 본인과 남편 자식 중에 평생에
수액은 조심해야 할 것이다.
현침살이 움직이어 병원관련 직업과 식상과 재관 역마가 일주와 합하여
금융, 물류, 유통 직업에 인연이 있다.
현직은 대기업 유통회사 서울 본사에 근무 중이다.
재산관계는 연지戌土 재물창고가 월일지와 卯戌합으로 재산집착은
강하며 알뜰하고 성실하다.
그러나 일지보다 월지卯木이 卯戌합을 먼저하고 연간壬水 겁재가
연지戌중 丁火편재와 丁壬합하게 된다.
따라서 평생에 보증 금전대차 투기 동업은 절대하지 않아야 손재를
면할 수가 있을 것으로 예상 추단한다.
결혼은 식신 도화해인 30세 辛卯년이나 32세 癸巳년은 월일지卯중
乙木식신과 연운巳중 庚金정인이 乙庚합하고 천을 귀인해인
32세 癸巳년 중에 결혼할 것으로 예상 추단한다.
남편 배필인연 띠는 4371번 辛酉생 닭띠, 46104번 戊午생 말띠, 전생
인연으로 원진 띠이지만 4265번 丁巳생 뱀띠 중에 남편 인연배필 띠가 된다.
4265번 丁巳생 뱀띠는 원진 띠이지만 배우자 인연배필 띠로 길할 것으로
예상 추단하고 46104번 戊午생 말띠 역시 배우자 인연배필 띠로 길할 것이다.
5세 壬寅대운은 水木길운 작용으로 성적이 상위그룹이었으며
15세 辛丑대운은 연지戌土 정관이 움직이어 길하게 작용하여 K대
경영학과를 졸업하였다.
25세 庚子대운은 金生水 水生木으로 상생하여 가정생활과 직장생활은
무난하고 子水도화 대운으로 결혼 운이다.
庚子대운 중 辛卯년은 연지戌土 정관이 움직이고 卯木식신 도화 해로
결혼할 것으로 예상 추단한다.
35세 己亥대운은 시주甲寅과 甲己합과 寅亥합으로 천지 합이다.

시지寅중 丙火정재는 亥水겁재에 절지와 겁살에 임하여 친구나 형제로 인하여 손재가 따르므로 보증 금전대차 투기는 절대하지 않아야 손재를 면할 수가 있을 것이다.
손재만 조심하면 넉넉한 생활은 될 것이다.
그러나 시지寅중 戊土정관 남편은 대운亥水에 절지와 겁살에 임하여 남편의 건강과 사고는 조심해야 할 것으로 예상 추단한다.
남편보다 자식에 대한 애착이 강하면서 아들과 딸은 두게 될 것으로 예상 추단한다.
본 사주는 어느 띠를 만나도 부부간에 갈등과 풍파가 따르므로 인내하고 이해해야 할 것이다.
전생이나 무의식에 4265번 丁巳생 뱀띠는 戊土정관 남편의 건록이며 천을 귀인 띠이다.
丁巳생 뱀띠는 故 제산 박 도사 선배님의 배우자 인연배필 띠 방법과 본 필자의 전생이나 무의식에서 추리한 배우자 인연배필 띠이다.
또한 故 이석영 선배님의 강의록에 '壬癸일주 노랑남편과 생활한다'를 참고하였다.
따라서 뱀띠는 원진 띠이지만 배우자 인연배필 띠로 제일 길할 것으로 예상 추단한다.
46104번 戊午생 말띠 역시 길한 띠가 된다.

확인부분 :
辛卯년에 결혼과 丁巳생 뱀띠와 결혼예상하게 된 것은
辛卯년은 卯木도화의 해이고 辛金편인 문서로 도화문서(결혼문서)로
辛卯년에 결혼하였다.
丁巳생 뱀띠는 전생인연이나 잠재의식으로 4265번 丁巳생 뱀띠가
남편이 되었다. 觀

67. 癸巳년 甲午년 중 3급 진급예상, 辛卯년 보직자리 이동예상

丁 庚 戊 丁 남
亥 辰 申 酉

59 49 39 29 19 9
壬 癸 甲 乙 丙 丁
寅 卯 辰 巳 午 未

庚金일간 7월 출생으로 월지申金 건록 격이다.
용신은 건록 격에 시간丁火 정관이 용신이다.
7월은 아직 열기가 조금 남아있고 木무 재성이나 밤 9시~11에 丁火는 빛을 발휘할 수가 있으므로 丁火 정관으로 용신한다.
성격은 남아적이며 고집과 주관이 강하면서 철두철미하고 자기관리를 잘하는 성격이다.
결석 담석 두통을 주의해야 하며 신경성질병을 주의해야 한다.
직업은 건록용 정관 격으로 공무원이다.
일지辰土 편인이 움직이어 토목건축 공무원에 인연이 있다.
丙午용신 대운 중에 7급 건축공직에 진출하여 현재 건축공무원 4급으로 재직 중이다.
3급 진급은 癸巳년이나 甲午년 중 진급할 것으로 예상 추단한다.
처 띠는 94번 庚子생 쥐띠가 처이다.

명리 상으로 94번 庚子생 쥐띠는 월일지 申子辰삼합으로 子를 응하여
94번 庚子생 쥐띠 처가 된 것이다.
본 사주 처의 사주 역시 5887번 丁酉생 닭띠가 남편으로 나타나므로
부부가 된 것이다.
19세 丙午대운부터 29세 乙巳대운은 남방火 길운으로 공직에 진출이며
진급의 운이었다.
39세 甲辰대운부터 역시 동방 길운으로 진입하여 59세 壬寅대운까지
직장에서 진급이며 건강하고 안정된 생활이 될 것으로 예상 추단한다.
그러나 49세 癸卯대운 중에 재물관계로 관재구설과 손재가 따르므로
보증과 금전거래 투기 동업은 절대 삼가해야 할 것으로 예상 추단한다.
그러나 일지辰土가 움직이므로 연지酉金과 卯酉충보다 일지와
卯辰木방합 함으로 큰 불상사는 없을 것으로 예상 추단한다.
9세 丁未대운 중 未土대운은 시지亥중 甲木편재 부친이 입묘 운으로
부친을 일찍 사별하게 되었다.
월일지 申辰 중에 水식상이 움직이어 조모나 장모가 두 분이다.
전생과 연 시간 丁火로 증조모가 두 분이 된다.
2011년 辛卯년 연지酉金 겁재 양인이 움직이므로 보직 자리이동에
경쟁자가 심하게 될 것으로 예상 추단하나 5월 중에 보직 자리이동이
잘 될 것으로 예상 추단한다.
그러나 卯木정재 재살로 잡음이나 구설은 따를 것이므로 처신을 조심해야
하겠으며 금전문제로 관재구설 말썽을 주의해야 한다.
59세 壬寅대운의 운은 길하나 사고를 주의해야 할 것으로 예상 추단한다.
壬寅대운은 월지申金과 시지亥水가 다 같이 움직이게 된다.
따라서 월지申金과 寅申충 할 것이냐? 시지亥水와 寅亥합 할 것이냐?
충이 먼저냐 합이 먼저냐 문제가 발생하게 된다.

壬水의 장생지인 월지申金보다 壬水의 건록지인 시지亥水가 먼저 움직이게 되고 시주丁亥와 丁壬합과 寅亥합으로 시주와 천지 합하게 되므로 큰 불상사는 없을 것으로 예상한다.

운과 사주에서 합과 충이 나타날 때 본 필자는 다음과 같이 대입한다.

※ 사주에서 움직이는 것을 먼저 찾고
※ 움직이는 지지와 합이나 충을 하게 된다.
※ 천지 합이 있으면 우선 합하고
※ 천지 충이 있으면 역시 우선 충하게 된다.
※ 천간이 합하면 그 주 지지와 관계되고
※ 지지가 합하면 그 주 천간과 관계된다.
※ 천간이 충하면 그 주 지지와 관계되고
※ 지지가 충하면 그 주 천간과 관계된다.

확인부분 :
辛卯년 보직자리 이동 예상하게 된 것은
卯木정재 길신 대운으로 辛卯년은 연지酉金 겁재 경쟁자가 움직이어 경쟁이 심하나 원하는 부서로 이동하게 되었다. 觀

68. 은행 퇴직, 장의사 일 길하다, 부부풍파 예상

戊 丙 甲 甲 남
子 午 戌 寅

48 38 28 18 8
己 戊 丁 丙 乙
卯 寅 丑 子 亥

丙火일간 9월 출생으로 월지戌중 戊土식신이 시간에 투출하여 식신 격이다.
용신은 戊土식신 격으로 戊土식신으로 용신하며 시지子水 정관 역시
보호해야 한다.
木生火 火生土 오행상생으로 오행의 기운은 戊土식신에 오행기운이
집결하게 된다.
따라서 戊土식신과 戊土식신의 기운을 설기하고 시지子水 정관을
보호하는 천간과 지지 金재성이 길신으로 작용한다.
시지子水 정관을 합하는 丑土상관과 충하는 午火인수가 기신으로
흉하게 작용한다.
戊土식신 격으로 배려하고 베푸는 성격이며 보수적인 성격이다.
건강은 대장 맹장염 암 골절 디스크 화상 화재를 주의해야 한다.
寅午戌삼합한 연지甲木 편인이 움직이고 월지戌土 식신이 움직이어
시지子水 정관을 지시하여 윗대의 영향으로 공직에 인연이 있다.
그러나 金재성이 없고 戊土식신 격으로 시지子水 정관을 통관하지 못하여

공무원은 되지 못하고 은행원이 되었다.
寅午戌삼합하여 木火의 기운은 월지戌土 식신에 기운이 집결하였다.
월지戌土 식신 화개는 오래된 물건 묘지 창고 병원 장의사 부동산
유치장 교도소 등에 해당한다.
따라서 장의사 직업에 인연이 있다.
무의식과 잠재의식에 귀문 탕화의 작용으로 망자와 화장장과 역시
직업으로 인연이 있다.
월지 戌중辛金은 寅午戌삼합 火국에 녹는 형상으로 부친과 인연이
박하나 부친의 덕은 있는 사주이다.
처는 46101번 辛酉생 닭띠, 4938번 甲寅생 범띠, 4826번 丙辰생 용띠
중에 처 인연 띠이다.
46101번 辛酉생 닭띠는 범띠와 원진 띠이나 辛金정재의
酉金건록으로 46101번 辛酉생 닭띠를 처 인연 띠로 응하게 된다.
4938번 甲寅생 범띠는 움직임의 영향으로 4938번 甲寅생 범띠를 처
인연 띠로 응하게 된다.
4826번 丙辰생 용띠는 월지 戌중辛金 정재 처를 충으로 인출하여
4826번 丙辰생 용띠를 처 인연 띠로 응하게 된다.
상기 띠 중에 46101번 辛酉생 닭띠는 원진 띠이나 닭띠가 부부인연 띠로
제일 좋은 띠이다.
그러나 사주팔자에 金재성이 없으므로 제일 길한 닭띠 배우자 인연
띠를 만나지 못하고 4826번 丙辰생 용띠가 처가 되었다.
일시子午 상충과 金재성이 없고 寅午戌삼합 火국 비겁이 왕하여 어느
띠를 만나도 평생해로하기는 어려운 사주로 예상 추단한다.
子水정관 대운은 직장에서 인정받고 어려움 없이 무난한 생활이다.
28세 丁丑대운은 일지午火와 월지戌土 火고가 움직이고 일지午火와

丑午원진 귀문하게 된다.
따라서 부부간에 갈등과 풍파가 생길 것으로 예상 추단하며 시지子水 정관 길신을 합거하여 직장문제가 생기게 되고 이로움이 없는 대운이다.
38세 戊寅대운은 월지戌土 식신 화개가 움직이어 장의사 직업에 인연이 생기게 될 것으로 예상 추단한다.

확인부분 :
丁丑대운 중에 4826번 丙辰생 용띠 처와 이혼예상하게 된 것은 배우자궁인 일지午火가 움직이면서 丑午원진 귀문하고 일시子午 충이 확실히 성립된다.
丁丑대운은 배우자궁인 일지午火 도화가 움직이어 본 사주 처가 바람나게 되어 이혼하였다.(己丑년) 觀

69. 보험설계 申金역마, 酉金상관 대운 중 입태월 卯木남편과 이혼예상

戊 戊 庚 丙 여
午 午 子 辰

子丑 子丑

49 39 29 19 9
乙 丙 丁 戊 己
未 申 酉 戌 亥

己丑년에 시모가 상담한 사주이다.
戊土일간 11월 출생으로 월지子水 정재 격이다.
용신은 정재 격인 월지子水 정재를 용신한다.
金식상이 희신 작용하며 행운 통관용신으로 寅木편관 또한 길신 작용한다.
일시지 午火인수가 戊土를 상생하고 戊土는 월간庚金을 상생하고
월간庚金은 월지子水 정재를 상생하여 상생부절로 이루어져 있다.
본 사주의 결점은 월일지 子午상충이 사주의 결점으로 나타난다.
따라서 상충 운이 흉 운이며 월일지 子午상충을 해소하는 木관성운이
길운으로 작용하게 된다.
戊午일주와 연월간 丙庚으로 고집과 주관이 강하면서 월일지 子午충과
연월지 子辰이 申金역마를 삼합으로 불러들이게 되므로 정적인 성격보다
활동적인 성격이다.
따라서 子辰으로 申金역마가 사주에 잠재되어 있다고 추단해야 한다.

일시지 午火탕화로 화재와 화상을 주의해야 하고 골절과 디스크 그리고
연월간 丙庚으로 잔병을 평생에 주의해야 한다.
직업으로 월일지 子午충과 연월지 子辰이 申金역마를 불러들여 움직이고
일시지 午火문서가 움직이었다.
따라서 월지子水 방안을 충하여 집안에서 전업주부로 생활하기가
어려우며 午火계약문서 들고 申金역마가 움직이어 바쁘게 쫓아다니는
영업 분야나 보험설계사가 맞는 직업이다.
남편은 2137번 乙卯생 토끼띠, 2918번 甲寅생 범띠, 21번 壬子생 쥐띠
중에 있다.
2137번 乙卯생 토끼띠는 일간戊土의 乙木정관 남편의 건록인 卯木으로
2137번 乙卯생 토끼띠를 응하게 된 것이다.
2918번 甲寅생 범띠는 일간戊土의 甲木편관 남편의 건록인 寅木과 월일지
子午충을 통관 해소하는 寅木으로 2918번 甲寅생 범띠를 응하게 된 것이다.
21번 壬子생 쥐띠는 무 관성 사주이므로 월지子水 정재로 21번 壬子생
쥐띠를 응하게 된 것이다.
월일지 子午충을 통관 해소하는 2918번 甲寅생 범띠가 남편이 되었다.
19세 戊戌비견 대운은 기신 운으로 연지辰土를 辰戌충하여 연월지
子辰반합을 풀리게 하므로 월일지 子午충이 성립하게 된다.
따라서 일지午중 己土가 월지子중 癸水용신을 土克水하여 탈재하고
대운戊土 역시 土克水하여 흉 운으로 공부진전이 적고 재산발전이 적으며
편안하지 않는 대운이다.
29세 丁酉대운은 월간庚金 식신 희신이 酉金왕지를 얻어 재산에 길운으로
작용한다.

그러나 29세 丁酉대운 중에
1) 일지午火 기신 부부자리가 움직이어 월지子水 정재 용신을 子午충한다.

따라서 남편과 월일지 子午충이 성립되므로 남편과 갈등과 풍파가 생기게 될 것으로 예상 추단한다.

2) 대운酉金 상관 도화는 월지子水 정재 재살과 子酉귀문 상파하면서 연지辰土와 辰酉합한다.
따라서 월지 子水용신 정재 재살과 子酉귀문 상파로 남편이 보기 싫고 남편과 관재구설이 생기게 될 것으로 추단한다.

3) 입태월인 卯木정관 남편을 卯酉충한다.

4) 여명은 월지 역시 남편 궁으로 보게 되므로 월지 남편자리가 공망이다.

따라서 종합적으로 예상 추단하면 酉金상관 대운 중에 본 마음 아닌 말과 행동이 나타나게 되며 酉金상관 성기의 도화로 바람이 불게 되므로 외간 남자로 인하여 이혼관재가 생기게 될 것으로 예상 추단한다.
그러나 酉金상관 희신 운과 연간丙火의 酉金상관 천을 귀인의 도움으로 재물은 생기게 될 것이다.
39세 丙申대운 역시 서방 申金식신 희신 운이며 연월지와 申子辰삼합 水재성국으로 바쁘게 일하여 재산이 될 것으로 예상 추단한다.
49세 乙未대운 남방 흉 운으로 진입하게 된다.
乙木정관 대운은 연지 辰습土가 움직이고 乙庚합하여 무방하나 未土대운은 월지子水 정재 재살과 子未원진하고 土克水하므로 재산에 어려움이 따를 것으로 예상 추단한다.
따라서 재산손실을 많이 주의해야 하므로 투기와 금전거래는 절대하지 않아야 하고 지출을 줄이도록 해야 할 것이다.

확인부분 :

丁酉대운에 이혼예상하게 된 것은 상기 통변내용 참고 바람.

본 사주가 바람나서 2918번 甲寅생 범띠 남편과 己丑년에 이혼하였다. 觀

70. 癸酉대운 건강주의, 세탁소

丁 己 己 乙 남
卯 巳 卯 未

61 51 41 31 21 11 1
壬 癸 甲 乙 丙 丁 戊
申 酉 戌 亥 子 丑 寅

己土일간 2월 출생으로 월지 卯중 乙木편관이 투출하여 편관 격이다.
살인상생 격 또한 가한다.
용신은 살인상생격인 火인성으로 용신한다.
2월에 己土일간이 火인성으로 불 약하나 2월에 己土일간 살인상생 격으로 火인성이 필요하고 乙木편관 격으로 水재성 또한 필요로 하는 것으로 추단한다.
己巳자생일주이고 살인상생 격으로 점잖은 성격과 보수적인 성격이다.
대장 기관지 골절 맹장염 결석 담석을 주의해야하고 치질과 변비를 주의해야 한다.
물가주변에 거주하거나 부동산에 투자하면 재산이득이 될 것이다.
남향의 계곡임야가 또한 재산이득이 된다.
직업은 子水편재 천을 귀인으로 돼지불고기가 인연이 있고 水火로 세탁소와 인연이 있으며 일지巳火 정인 역마로 운수계통 또한 인연이 있다.
31세 乙亥대운은 북방水 재성 운으로 水生木 木生火 火生土 상생으로 돌아가게 되어 안정된 생활이다.

41세 甲戌대운 중 대운천간 甲木정관은 길운으로 작용하게 되나 대운지지 戌土겁재는 흉 운으로 작용하게 되어 불고기 음식점을 하였으나 수익의 어려움이다.

51세 癸酉대운은 대운간지가 金生水상생이며 水生木 木生火 火生土 상생으로 돌아가게 되어 길운으로 작용하여 세탁소 운영으로 재산증식이다.

그러나 酉金식신 대운은 乙木편관 격의 뿌리인 월지卯木을 卯酉충하게 되어 사고 건강 불상사를 특히 주의해야 할 것이다.

또한 관재구설 역시 주의해야 할 것이다.

酉金식신 대운 중에 물혹(암)을 많이 주의해야 하겠으므로 검진을 받는 것이 좋을 것이다.

처는 4485번 己亥생 돼지띠가 인연 띠이다.

4485번 己亥생 돼지띠는 연월지와 亥卯未삼합이며 壬水정재의 亥水건록을 응하여 己亥생 돼지띠가 처 인연배필 띠가 된 것이다.

결혼 시에 4377번 丁酉생 닭띠 역시 인연배필 띠로 나타나게 되나 이롭지 못하다.

따라서 4485번 己亥생 돼지띠 처의 내조나 도움이 있다.

자식은 시지卯중 甲木정관과 乙木편관으로 아들 딸 다 있는 사주이다.

庚寅년 문서가 움직이게 되어 매매 계약의 성사가 작용하게 된다.

그러나 일지巳火가 움직이어 寅巳형으로 겁살의 작용이 발생하게 된다.

따라서 건강 사고를 많이 주의해야 할 것으로 추단한다.

사업은 번창하게 되고 수입은 증대할 것으로 추단한다.

확인부분 :

酉金대운 중 庚寅년에 사고 건강주의 예상하게 된 것은

큰 사고로 대수술을 받았다.

상기 통변내용을 참고 바람. 觀

71. 상기 사주의 처, 자궁 제거, 골절 디스크

丁 戊 癸 己　여
巳 戊 酉 亥

59 49 39 29 19 9
己 戊 丁 丙 乙 甲
卯 寅 丑 子 亥 戌

戊土일간 8월 출생으로 월지 酉金상관 격에서 상관생재 격이다.
용신은 상관생재 격으로 월간癸水 정재를 용신한다.
기신은 월지 酉金상관을 卯酉충하는 卯木정관이 기신이 되며 타 오행은 무난하여 크게 기신 역할을 하지 않게 되는 사주이다.
시주丁巳 인성에서 火生土 土生金 金生水 상생으로 이루어진 사주로 사주의 기운은 水재성에 모이게 되며 월간癸水 정재와 戊癸합하고 상관생재 격이다.
따라서 전업주부로 생활보다 직업을 가지고 생활하게 되는 사주이다.
일시지 巳戌원진 귀문이 움직이어 신경성질병을 주의하고 물혹과 암을 주의해야 할 것이다.
丁丑대운 중 43세 辛巳년은 일지戊土가 巳戌원진 귀문이 움직이어 자궁암으로 자궁을 제거하게 된 것이다.
또한 골절 디스크를 주의해야 한다.
그 후 丙戌년은 겁각으로 다리 골절로 인하여 역시 고생하게 된 것이다.
잠재의식 무의식이나 전생에 종교와 연관이 있으니 종교를 가지면 재산과 생활에 도움이 될 것이다.

물가주변에 거주하거나 투자하게 되면 재산의 이득이 되며 계곡의 임야가 재산이득이 된다.

직업은 戊亥합으로 인하여 남편과 같은 장소에서 같은 일을 하게 되는 사주이다.

남편은 3699번 乙未생 양띠가 남편이다.

정관이 없으므로 戊土일간의 乙木정관을 응하고 亥未합을 응하여 乙未생 양띠가 남편 인연배필이 된 것이다.

일지戊土 과숙과 乙木정관의 묘지가 움직이어 남편의 건강과 사고 불상사는 평생에 주의해야 할 것이다.

시기는 49세 戊寅대운 중에 남편의 건강 사고는 주의해야 할 것으로 예상 추단한다.

庚寅년은 월지酉金 상관이 움직이게 되므로 월지 酉金상관과 寅酉원진 귀문하고 乙木정관 남편의 절지가 된다.

따라서 남편의 건강 사고가 있을 것으로 추단되니 주의해야 한다.

辛卯년은 월지酉金 상관이 움직이게 되고 월지酉金 상관을 卯酉충하고 乙木정관 남편의 절지가 되므로 역시 남편의 건강 사고가 있을 것으로 추단되니 주의해야 한다.

확인부분 :

戊寅대운 중에 庚寅년에 남편의 건강 사고를 예상하게 된 것은

남편이 큰 사고와 수술로 마음고생 많이 하였다.

더 큰 불상사가 없었던 것이 다행이라 생각한다.

상기 통변내용 참고 바람. 觀

72. 물류 해운회사 근무, 부친회사에 근무한다

丙 戊 丙 庚 여
辰 寅 戌 申

48 38 28 18 8
辛 壬 癸 甲 乙
巳 午 未 申 酉

戊土일간 9월 출생으로 일월지寅午戌에 丙火가 월 시간에 투출하여
편인 격이다.
용신은 일지寅木 편관으로 용신한다.
水재성은 9월에 庚申金식신으로부터 木관성을 보호하고 통관함으로
水재성이 희신으로 작용한다.
편인 격으로 지혜가 있으면서 배려하는 성격과 움직임과 치시신의
영향으로 재산에 대한 집착이 있으며 고집과 자존심 주관이 강한 성격이다.
丙庚으로 잔병이 있겠으며 물혹(암)과 골절 디스크를 주의해야 한다.
합과 충으로 사주가 이루어져 집착이 강하면서 융화를 잘하나
한번 틀어지면 잘 보지 않으려는 성격을 가지고 있게 된다.
재물에 대한 집착과 알뜰하고 성실하나 재산을 잘 모았다가 실패할
수가 있으니 보증 금전거래 투기는 절대하지 않아야 한다.
물가주변 부동산에 간수하면 이익이 될 것이며 낮은 계곡주변 임야가
재산증식이 될 것이다.

연일지 寅申역마가 움직이어 직업은 창고관리 운송 영업 무역 물류 유통 등 직업에 인연이 있다.
남편인연 띠는 1454번 戊午생 말띠 12번 庚申생 원숭이띠 1살 연하인 1671번 辛酉생 닭띠 중에 31세 32세에 결혼으로 예상한다.
1살 연하인 1671번 辛酉생 닭띠와 12번 庚申생 원숭이띠 보다 1454번 戊午생 말띠가 남편인연으로 확률이 높다하겠다.
癸水정재인 28세~33세 대운은 직장생활과 결혼시기로 추단한다.
未土겁재 33세~38세 대운은 부부간에 갈등이 생기게 될 것으로 추단하므로 부부간에 참고 이해해야 할 것이며 남편의 사고와 건강을 특히 주의해야 한다.
壬水편재 38세~43세 대운은 자영업으로 진출하겠으며 수익은 생기게 될 것으로 추단한다.
午火정인 43세~48세 대운은 길운이 아니므로 매매 계약을 주의해야 할 것이며 새로운 일을 시작하지 않는 것이 좋다.
또한 남편의 사고와 건강을 주의해야 한다.
庚寅년은 식신과 편관이 움직이게 되므로 결혼의 운으로 추단하며 그러나 식구 중에 반대에 부딪히게 될 것으로 예상 추단한다.
일간戊土의 재물은 시지辰중 癸水정재이고 癸水부친의 재물은 일지寅중 丙火가 재물이 된다.
일지寅木이 움직이어 시지辰土를 지시하여 시지辰중 癸水정재는 나의 재물이 되고 일시지 寅辰합하여 부친회사에 근무한다.

확인부분 :
庚寅년에 결혼예상하게 된 것은
배우자궁인 일지寅木 편관이 움직이고 연지申金 식신 마음이 움직이어 결혼하였다.
남편은 예상한 대로 12번庚申생 원숭이띠와 결혼하였다. 觀

73. 한의원 원장

癸	丙	丁	丙	남
巳	戌	酉	辰	

52	42	32	22	12	2
癸	壬	辛	庚	己	戊
卯	寅	丑	子	亥	戌

己丑년에 본 사주가 내담한 사주이다.
丙火일간 8월 출생으로 월지酉金 천을 귀인 정재 격이다.
용신은 월지酉金 정재 천을 귀인으로 용신한다.
사주오행이 火土金오행상생을 이루고 월지酉金 천을 귀인 정재 격에 오행의 기운이 집결되어 월지酉金 용신을 충하는 卯木정인이 흉 운으로 작용한다.
다른 오행간지는 무난하게 작용한다.
일지戌土 식신이 움직이어 월지酉金을 지시하고 월지酉金은 연지辰土와 辰酉합하고 움직이어 시지巳火를 지시하고 시지巳火가 움직이어 다시 일지戌土를 지시하여 사주 오행전부가 돌아가는 주류사주이다.
따라서 사주구성은 좀 괜찮은 사주이므로 어떠한 태풍폭우에도 잘 흔들리지 않는 장점이 있다.
일지戌土 식신이 움직이어 월지酉金을 지시하고 酉戌합을 이루어 월지酉金 정재 천을 귀인은 월간丁火 타인의 재물이 아니라 丙火일간 자기 자신의 재물이다.

월지酉金은 칼, 방울, 요령, 소금, 입, 연못, 첩 등으로 통변으로 사용한다.
따라서 의사, 한의사 의료분야에 인연이 있으며 일시지巳戌원진 귀문이
움직이어 무속인 승녀 등 또한 인연이 있다.
학교는 한의대를 졸업하고 한의대학원을 졸업하였다.
성격은 巳戌귀문이 움직이어 총명영리하며 철저하고 까다로우며 재물이나
직업에 집착이 강하고 오행상생을 이루어 대인관계는 원만하다.
비견 겁재가 천간에 투출하여 자존심과 주관 역시 강하며 직장인보다
자영업 사주가 된다.
건강은 물혹과 암을 주의해야하며 상골 디스크 두통 화상 기관지를
조심해야 할 것이다.
32세 辛丑대운은 월지酉金 정재 천을 귀인 길신이 움직이어 辛丑대운
중에 자영업으로 나가게 된다.
월지酉金 정재 천을 귀인이 움직인 32세 辛丑대운 중에 사업발전이
클 것으로 추단하며 재산을 늘리게 될 것으로 추단한다.
그러나 辛丑대운 중에 보증 금전거래 투기 여자 등은 주의해야 할 것이다.
42세 壬寅대운 壬水편관은 천간火 비겁을 극제하여 무방하나 대운지지
寅木편인은 寅午戌삼합 火국하여 월지酉金 정재를 극하고 寅酉원진을
하게 된다.
따라서 매매와 계약관계는 손재가 있게 되니 신중을 기해야 할 것이며
배우자나 여성으로 마음이 편안하지 않게 될 것으로 예상 추단한다.
따라서 처와 갈등을 참고 이해해야 할 것이며 다른 여자는 절대 가까이
하지 않아야 한다.
52세 癸卯대운 중 癸水정관대운은 연지辰土식신이 움직이어 식신
생재하므로 직업의 발전이며 수입은 될 것으로 예상 추단한다.
그러나 卯木정인 대운은 처나 여자로 인하여 구설과 마음에 고통은

있게 될 것으로 예상 추단되므로 주의해야 한다.
또한 건강이나 사고는 많이 주의해야 할 것이다.
처는 5444번 戊午생 말띠, 5443번 己未생 양띠, 5776번 丙辰생 용띠
중에 처 인연배필이다.
처 인연 띠를 추명명리로 풀이하면
戊午생 말띠는 일지戊土와 午戌합으로 戊午생 말띠를 응하게 된 것이다.
己未생 양띠는 火비겁 태과를 설기하는 己未생 양띠를 응하게 된 것이다.
丙辰생 용띠는 지시신과 합으로 丙辰생 용띠를 응하게 된 것이다.
처 인연배필 띠를 추명명리와 종합추단하면
5776번 丙辰생 용띠가 제일 나은 띠가 되나 본 사주가 火비겁 태과를
이루고 연일지 辰戌충으로 상기 띠 중에 제일 나은 띠는 만나지 못하게
되었던 것으로 추단한다.

○ 처가 말띠, 양띠, 용띠 중에 처가 맞습니까?
● 말띠가 처입니다.

상기 띠 중에 제일 나은 띠를 만나지 못하고 5444번 戊午생 말띠가 처가
된 것이다.
己丑년 천간己土는 火비겁을 천간순세하고 상관 생재하여 길운으로
작용하게 된다.
따라서 辛丑대운 중 己丑년에 한의원을 개원하게 된 것이다.
庚寅년은 辛丑대운 중으로 월지酉金 정재 천을 귀인 길신이 움직이어
영업에 길하게 작용하고 寅木편인은 木火土金으로 상생을 이루어 매매
또는 계약관계가 성사된다.
그러나 대운과 연운이 丑寅탕화와 사주원국에 酉戌독화살(화재살)이

움직이어 화재와 화상은 주의해야 한다.
자식은 5441번 戊子생 쥐띠, 5778번 庚寅생 범띠, 57번 辛卯생 토끼띠 중에 자식인연 띠로 추단한다.
따라서 庚寅년에 처가 자식을 가지거나 자식생산의 운으로 예상하고 辛卯년 역시 자식의 운이다.
첫 자식은 5441번 戊子생 쥐띠로 추단한다.
그러나 평생에 자식의 근심이나 액화가 예상되며 아들과 인연이 박할 것으로 예상 추단한다.
辛卯년은 월지酉金 정재 천을 귀인 길신이 움직이어 수입은 무난하나 월지酉金 정재와 卯酉충으로 부모와 문서나 금전으로 인한 갈등과 말썽을 주의해야 하고 여자나 금전문제로 관재구설과 말썽을 주의해야 한다.
또한 酉戌독화살(화재살)이 움직이어 화재와 화상은 역시 주의해야 한다.
壬辰년은 사업은 길하게 작용하나 부부갈등을 많이 주의해야 하므로 참고 이해하고 노력해야 할 것으로 예상 추단한다.
조모 두 분이나 부친 이복형제가 있는 것으로 추단되며 혹은 장모 두 분인 것으로 추단한다.

확인부분 :

辛卯년에 화재 화상 예상과 부모와 금전과 문서갈등 예상하게 된 것은 酉戌독화살(화재살)이 움직이어 한의원에 화재가 발생하였다.
월지酉金이 움직이고 卯酉충으로 부모와 금전과 문서문제로 갈등이 발생하였다. 觀

74. 壬寅생 남편 사별, 수강생

辛　丁　甲　戊　여
亥　巳　子　申
寅卯

42　32　22　12　2
己　庚　辛　壬　癸
未　申　酉　戌　亥

庚寅년에 손님의 소개로 추명명리를 수강 시작한 사주이다.
丁火일간 11월 출생으로 월지子水 편관 격이다.
용신은 월간甲木 정인으로 용신한다.
丁火일간 겨울에 水관살 태과로 월간甲木 정인 용신이 물에 불어 있는 형상이나 입태 월이 동년 寅월로 월간甲木 정인을 용신하게 되었다.
희신은 천간戊土 상관과 庚金정재와 火비겁이 희신 운으로 작용하며 지지 火비겁과 土식상이 희신 운으로 작용한다.
일지巳중 戊土상관이 연간에 투출하여 연지申金 정재에 좌하고 申子辰 삼합으로 연지申金 정재는 일지巳火와 역시 申巳합 형 파한다.
따라서 월간甲木 인수 용신보다 연간戊土 상관과 연지申金 정재에 마음이 가고 이끌리게 된다.
寅卯인성 학문 공망의 작용도 참작한다.
연간戊土 상관은 일간丁火 자기 자신의 상관으로 연지申金 정재 문창에 좌하여 재물을 만드는 언변은 출중한 사주가 된다.
무의식과 잠재의식 속에 학문에 연관은 있으나 본 사주 자체가 庚金이 없고
젖은 甲木인수 공부보다 상관생재에 먼저 마음이 이끌리게 되는 사주이다.
火허약으로 잘 놀라게 되면 水자궁과 생식기 신장 방광에 이상이 올 수가
있으니 주의해야 하고 심장에 무리가 올 수가 있는 사주이다.
화재살이 움직이어 화상 화재를 주의해야하고 물혹(암)을 주의해야 할
것이다.
따라서 여러 면에 예민하게 집착하지 말고 둥글게 마음을 가져야 건강을
지킬 수가 있다.
직업은 기술적인 언변으로 먹고 사는 직업과 화원 영업 의류 등의 직업이
좋다.
남편은 12번 壬寅생 범띠, 1121번 癸卯생 토끼띠 중에 남편 인연배필 띠이다.
壬寅생 범띠는 寅申상충 띠이나 움직인 시지亥水 정관 남편의 월간甲木
인수의 건록인 寅木과 일간과 丁壬합으로 추명명리로 추단하면 壬寅생
범띠를 응하게 된 것이다.
1121번 癸卯생 토끼띠는 卯申원진 띠이나 움직인 시지亥水 정관 남편의
월간甲木 인수의 양인인 卯木으로 추명명리로 추단하면 癸卯생 토끼띠를
응하게 된 것이다.
본 사주의 남편은 월간甲木 인수가 왕 하게 되는 띠가 남편으로 추단하면
추명명리로 확률이 높게 되는 것이다.
그러나 본 사주는 어느 띠가 첫 남편이 되어도 평생해로하기는 어려운
사주가 된다.
일시巳亥 역마끼리 충 하면서 시지亥중 壬水정관은 일지巳중 戊土에
土극水 당하고 시지亥중 壬水정관은 일지巳火 절지에 임하게 된다.
또한 시지亥水 정관이 움직인 월간甲木이 좌한 子水가 연지申金과

申子辰삼합으로 월간甲木은 申金절지에 임하게 된다.
따라서 본 사주는 어느 띠가 첫 남편이 되어도 평생해로하기는 어려운 사주로 추단하게 된다.

○ **남편과 풍파가 있는 사주인데 같이 안 살고 있습니까?**

● **예, 그렇습니다.**

○ **이혼이나 사고로 사별했습니까?**

● **예.**

○ **범띠나 토끼띠 중에 남편입니까?**

● **범띠가 남편이었습니다.**

남편을 사고로 사별하게 된 것을 정리하면

1) 일시巳亥 역마끼리 충 하면서 시지亥중 壬水정관은 일지巳중 戊土에 土극水 극상 당한다.
2) 따라서 시지亥중 壬水정관은 일지巳火 절지에 임하게 된다.
3) 또한 시지亥水 정관이 움직이어 월간甲木은 남편의 행동과 활동 사항이 된다.
4) 월간甲木이 좌한 子水가 연지申金과 申子辰삼합으로 월간甲木은 申金절지에 임하게 된다.
5) 庚金대운은 일지巳火 배우자궁이 움직이어 남편과 丁火일간 자기 자신의 일이 된다.
6) 庚金대운은 壬水정관 남편의 식신이자 활동인 월간甲木을 甲庚충하여 壬水정관 남편의 밥숟가락과 행동과 활동이 끊어지게 된다.
7) 월간甲木은 申金대운 절지에 임하게 된다.
8) 庚金대운은 일주丁巳 고란이 움직이고 연주戊申 고란 역시 움직이었다.

9) 癸未년 36세는 월주甲子 남편의 행동과 활동인 甲木이 癸未년에
   묘지이며 癸未년에 甲木이 좌한 子水 역시 움직이어 未土묘지에 임하고
   子未원진한다.
10) 일주丁巳 고란이 연주戊申 고란과 합으로 이루어져 고독지명의 사주로
    부부이별이나 사별의 사주이다.

따라서 상기 사항 통변으로 본 사주는 남편의 불상사로 추단하게 된 것이다.
庚金정재 대운은 일간 자기 자신에게는 무난하게 작용하게 되어 생활에
어려움은 없는 것으로 추단한다.
지지 申金정재 대운은 庚金정재 대운과 차이가 나게 되므로 마음과 뜻대로
이루기가 어려우며 수입 역시 어렵게 된다.
42세 己未식신 남방대운은 안정된 생활이 될 것으로 예상 추단한다.
庚寅년은 일주 자신과 일지 배우자궁 그리고 연지申金 정재가 움직이고
연일지와 寅巳申 삼형을 이루게 된다.
따라서 庚寅년 중에 남자를 만나 연애하게 될 것으로 예상 추단한다.
음력 3월 庚辰월은 일지巳火와 辰巳합하여 일지巳중 戊土상관 생식기는
辰중 癸水편관 남자와 戊癸합한다.
따라서 음력 3월에 이성과 연애하게 되는 운으로 예상 추단한다.
불연이면 음력 5월 壬午월과 음력 11월 戊子월로 예상 추단한다.
그러나 남자로 인하여 말썽은 따르게 될 것으로 예상 추단한다.
나이 차이가 많이 나는 1171번 甲午생 말띠, 18번 丙申생 원숭이띠 중에
인연 띠로 나타나게 될 것으로 예상 추단한다.
1171번 甲午생 말띠는 일간丁火의 午火건록으로 추명명리로 추단하면
甲午생 말띠를 응하게 된 것이다.
18번 丙申생 원숭이띠는 연지申金으로 丙申생 원숭이띠를 응하게 된 것이다.

일지 배우자궁의 움직임과 지시와 합 등으로 나이 차이가 많이 나는 남자 띠를 보게 된 것이다.
본 필자는 합중에 다른 합보다 모퉁이 합이 많이 작용한다고 믿으며 육친통변에 많이 적용하는 편이다.

모퉁이 합 :
丑寅합은 지장간 중 甲己합, 丙辛합, 戊癸합으로 이루어진다.
辰巳합은 지장간 중 戊癸합, 乙庚합으로 이루어진다.
未申합은 지장간 중 乙庚합, 丁壬합으로 이루어진다.
戌亥합은 지장간 중 丁壬합으로 이루어진다.

일부 역학인은 음양오행 육친 외의 모든 것을 매도하고 있으나 본 필자는 육합과 방합 삼합보다 모퉁이 합의 작용이 크게 작용한다는 것을 믿고 있다.
합에서 질병도 생기고 만남도 있고 끌어 당기고 오고 가고 좋은 것과 나쁜 것 등이 생기게 되는 것이다.
합이라 전부 좋은 것이 아니며 충이라고 전부 나쁜 것이 아니다.
이 세상 모든 것은 항상 양면성을 지니고 있다고 본인은 생각한다.
사주팔자 통변은 본 필자 역시 어려움이 있는 것은 사실이나 세상의 이치와 자연의 원리를 종합적으로 적용하여 사주를 풀이 통변하게 되면 확률이 높게 될 것으로 생각한다.

본 필자는 각 지지의 음식점분류를 수강생한테 가르치는 내용을 본 저서 부분에 쓰고자 한다.

◆ 음식점을 할 경우 각 지지가 내포하고 있는 음식 종류 :

子 : 돼지고기 종류 음식

丑寅 : 개고기 종류 음식

卯 : 생선 종류 음식

辰巳 : 닭고기 종류 음식

午 : 오리고기 종류, 꿩고기 종류 음식

未申 : 소고기 종류 음식

酉 : 염소고기 종류, 양고기 종류 음식

戌亥 : 한정식, 말고기 종류, 정식 종류 음식

차후 저서에서는 통변에 응용하게 되는 각 지지가 내포하고 있는 속성과 내용을 쓰게 될 예정이며 각 육십갑자 간지의 속성 역시 설명할 것이다. 또한 움직임과 가고 오고, 죽고 살고, 내 것과 남의 것의 이론 설명서와 각 육친의 사항통변에 필요한 이론서로 전개할 생각이다.
또한 기 저서에서 감명한 사주의 결과를 쓰게 될 것이다.

확인부분 :
庚寅년에 1171번 甲午생 말띠 만남을 예상하게 된 것은

庚寅년에 1171번 甲午생 말띠를 만났다.
상기 통변내용 참고 바람. 觀

75. 오리고기 식당 하라, 어릴 때 수액, 남편은 재치가 있다

己	壬	庚	庚	여
酉	午	辰	子	

46	36	26	16	6
乙	丙	丁	戊	己
亥	子	丑	寅	卯

己丑년 여름에 본 사주가 내담한 사주이다.
壬水일간 3월 출생으로 월지辰土 편관 격에서 월간庚金으로 상생하여 편인 격이다.
용신은 일지 午중丁火 정재를 용신한다.
일간壬水가 바라고 지향하는 바는 재물에 집착하고 연연하게 된다.
따라서 소득창출을 위하여 가정생활보다 장사나 월급생활 하려고 하게 된다.
직업은 사주팔자 또는 전생 그리고 무의식 속에 음식점은 오리고기 소고기에 인연이 있다.
일지午火가 월지辰土를 견하여 辰午부침살로 수액을 주의해야 하고 화재를 평생에 주의해야 한다.
子水겁재 대운 중에 보증 금전거래 투기 중에 재산손실이 있었다고 추단한다.
46세 이후 乙亥대운 중 乙木상관은 월지辰土가 움직이면 辰중癸水 겁재와 戊土편관이 나오게 되어 직업상 손재가 생기게 된다.

또한 월지辰土가 움직이면 연지子水 겁재 양인이 일지午火 정재를
子午충하여 탈재하게 된다.
따라서 흉 운으로 손재를 보게 되는 것으로 추단한다.
51세 亥水비견 대운은 전생과 무의식에서 막아주게 되어 午火정재를
보호하여 흉 운이 감소하게 된다.
따라서 다 같은 亥水와 子水대운은 길흉의 차이가 난다하겠다.
己丑년은 일지午火 정재가 움직이게 되면 연지子水 겁재의 子午충에서
일지午火 정재는 벗어나게 된다.
또한 연지子水 겁재를 子丑합으로 묶게 되어 일지午火 정재는 연지子水
겁재의 子午충에서 벗어나게 된다.
따라서 乙木상관 대운 중에 己丑년은 손해가 있는 가운데 그런대로 수입은
만들게 될 것으로 예상 추단한다.

○ 음식점을 시작하려 합니까?

● 돼지고기 음식점을 시작하려고 하는데 돈 좀 벌어지겠습니까?

○ 돼지고기와 관련되는 음식점은 이익이 없을 것 같습니다.
직업을 이야기한대로 오리고기 소고기 음식점이 본인한테 좋으므로 장사가
잘될 것입니다.

● 오리고기나 소고기 음식점은 한번도 해본 경험이 없습니다.
돼지삼겹살은 안 되겠습니까?

○ 사주를 본 결과 저는 돼지삼겹살 보다 사주에 꼭 오리고기가 돈이
되겠다고 판단하고 51살부터 운도 있다고 판단합니다.

● 오리고기는 어떻게 하는 줄도 모르고 체인점 하려면 체인점 가맹비도
많이 들어가서 그런 돈은 없습니다.

○ 전에 어느 손님 사주에도 오리음식점이 길하여 오리음식점 하라고 하였더니
장사가 잘되어 고맙다고 한번 대접한다고 해서 갔다 왔습니다.

체인점하지 말고 오리농장에 알아보면 오리를 장만하여 공급해 주고 양념도 가르쳐 주는 것으로 들었습니다.

시설비도 많이 들지 않으니 가게만 준비하여 장사하면 됩니다.

● 오리음식점을 한번 생각해 보겠습니다.

○ 결정은 본인한테 있겠지만 본인 사주는 오리음식점을 꼭 권하고 싶습니다.

본인과 남편 자식은 불과 물로 놀랄 일이 있으니 평생에 화재와 화상 수액을 조심해야 하겠습니다.

● 화재는 없었으나 제가 초등학교 다닐 때 촌에서 우물에 빠져 죽다가 살아난 일은 있었습니다.

식구 중에 수액이 또 있겠습니까?

○ 사주에 나타나있는 것은 잠재되어 있는 것으로 운에 따라 항상 조심해야 합니다.

화재는 2010년과 2011년에 조심하는 것이 좋겠습니다.

남편은 한살 연하인 53번 辛丑생 소띠, 5499번 乙未생 양띠 중에 남편 인연배필이다.

명리학으로 남편인연 띠를 적용하게 되면

한살 연하인 辛丑생 소띠는 지시신과 지시신의 사항과 子丑합으로 한살 연하인 辛丑생 소띠를 응하게 된 것이다.

乙未생 양띠는 子未원진 띠가 되나 일지午火 午未합과 전생 그리고 무의식을 참작하여 乙未생 양띠를 응하게 된 것이다.

시간己土 정관 남편은 시지酉金 식신 문창 도화에 좌하고 己土남편의 酉金식신 문창은 입이고 총명과 순발력이 움직이었다.

양 庚金을 투출시키어 월주庚辰과 연주庚子가 된다.

따라서 본 사주 己土남편은 언변이 좋고 총명하며 재치와 인기가 있고 활동적인 남편으로 추단한다.

己土남편의 편재인 연지子水가 일지午火 정재를 子午충하여 본 사주가 장사나 돈벌이하는 것을 못마땅하게 생각하는 것으로 추단한다.

○ 남편 띠가 한살 적은 소띠나 양띠가 남편입니까?

● 남편이 양띠입니다.
남편 양띠도 저 사주에 나옵니까?

○ 그렇습니다.
남편이 똑똑하고 재치와 인기가 있고 활동적인 남편인 것 같습니다.

● 택시를 하는데 노조위원장에 나가 몇 번 떨어졌습니다.
나가지 말라고 해도 말을 안 듣습니다.

○ 본인하려는 일에 남편이 이유와 간섭하는 것 같습니다.

● 되겠다, 안 되겠다 하면서 자기 마음에 들어야 조금 수긍하는 편입니다.

상기 질문과 답변한 내용은 지시신과 지시신 그리고 육신 신살을
종합추단 통변하여 남편사항을 질문과 답변한 것이다.
본 사주 남편사주는 상담하지 않았으므로 지면에 올리지 못한다.
형제 중 어린 나이에 일찍 잃은 형제가 있다.

확인부분 :
己丑년에 오리고기 식당 하라고 하게 된 원인은
일지午火 정재 길신과 丁壬합으로 오리고기 식당하게 되었다.
午火는 오리고기 꿩고기가 되기 때문이다.
(본인의 기 저서 참조 바람) 觀

76. 은행근무, 未土대운 결혼 예상, 운길

丁 癸 癸 甲 여
巳 酉 酉 子

40 30 20 10
己 庚 辛 壬
巳 午 未 申

癸水일간 8월 절기 출생으로 월지酉金 편인 격이다.
용신 시간丁火 편재로 용신한다.
희신은 木식상과 건土관성으로 희신한다.
재물에 집착이 강하고 총명영리하면서 예민하고 깔끔하면서 정확한 성격이다.
재산은 사거리나 도로변 남향이나 동남향에 거주하든지 부동산에 투자하면 재산증식에 도움이 된다.
그러나 보증 금전거래 투기는 절대하지 않아야 재산손실을 보지 않게 된다.
시지巳火 정재가 일지酉金과 巳酉합하면서 시지巳중 丙火정재와 시지巳중 戊土정관의 합으로 재산관리나 금융에 직업인연이 있다.
따라서 제1금융에 근무 중이다.
결혼은 未土편관 대운 중 28세 辛卯년이나 29세 壬辰년 30세 癸巳년 중에 결혼할 것으로 예상 추단한다.
辛卯년은 일지酉金 배우자 궁이 움직이고 卯木천을 귀인으로 辛卯년에 결혼할 것으로 예상하게 된 것이다.

壬辰년은 辰土정관이 일지酉金 배우자 궁과 辰酉합으로 壬辰년에 결혼할 것으로 예상하게 된 것이다.

癸巳년은 巳火정재 천을 귀인이 일지酉金 배우자 궁과 巳酉합으로 癸巳년에 결혼할 것으로 예상하게 된 것이다.

남편인연 띠는 9447번 甲子생 쥐띠, 99번 壬戌생 개띠, 9762번 庚申생 원숭이띠 중에 남편 인연 띠가 될 것으로 예상한다.

99번 壬戌생 개띠가 제일 길한 띠가 된다.

辛未대운 중 未土편관 대운은 남방 운으로 巳午未방합하여 직장생활에 길하게 작용하고 결혼도 하게 될 것으로 예상한다.

따라서 未土편관 대운 중 辛卯년이나 癸巳년, 甲午년 중에 진급하게 될 것으로 예상한다.

庚午대운 역시 남방 운으로 진급 운이고 재산의 발전으로 아름다운 운이다.

己巳대운은 巳火정재 길신 천을 귀인이 일지와 巳酉합으로 나에게 도달하므로 명예발전이고 재산증식 운이 될 것으로 예상 추단한다.

확인부분 :

辛卯년에 결혼예상하게 된 것은

辛卯년은 월일지酉金 배우자궁이 움직이고 卯木천을 귀인 해로 결혼하였다.

99번 壬戌생 개띠와 역시 결혼하였다. 觀

77. 남편 사별 사주이다

丙 戊 乙 戊 여
辰 申 卯 戌

寅卯 辰巳

59 49 39 29 19 9
己 庚 辛 壬 癸 甲
酉 戌 亥 子 丑 寅

戊土일간 2월 출생으로 월지卯중 乙木정관이 투출하여 정관 격이다.
용신은 정관 격인 乙木정관으로 용신한다.
희신은 일지申金이 乙木정관 격의 뿌리인 월지卯木을 극하므로
통관하는 水재성과 火인성이 희신 작용한다.
일시卯申 원진 귀문이 움직이어 예민하면서 까다로운 성격이다.
디스크 결석과 담석 물혹 신경성질병을 조심해야 한다.
물가주변 남향집에 거주하거나 투자하면 재산에 도움이 된다.
시지辰土가 움직이고 일주와 합하여 알뜰하고 성실하여 재산에는
어려움이 없다.
남편은 2687번 丁酉생 닭띠가 남편이다.
그러나 남편과 평생해로 못하는 사주이다.
壬子대운과 辛亥대운 북방水대운은 일지申金이 월지卯木 정관 남편을
金克木을 통관 희신 작용으로 길한 대운으로 가정생활과 재산의 안정 운이다.

庚戌대운 중 庚金대운은 일지申金이 움직이면서 일지申중 壬水편재가 움직이게 되어 재물에 어려움은 없을 것이다.
그러나 庚戌대운 중에 남편의 불상사로 추단한다.(남편사망)
戌土대운은 재혼하지 않는 것이 이로우며 본인의 건강과 사고를 역시 주의해야 하고 재혼하게 되면 남편의 불상사로 심적인 고통으로 예상 추단한다.
己酉대운 역시 乙木정관 남편의 뿌리인 월지卯木을 卯酉충하므로 재혼하지 않는 것이 이로우며 마음에 고통이 없을 것이다.

사주와 庚戌대운 중에 남편의 일로 추단하게 된 것은

• 사구원국에서
• 乙木정관 남편의 묘지인 연지戌土가 움직이었다.
• 乙木정관 남편의 뿌리인 월지卯木은 연지戌土 남편의 자기 묘지와 卯戌합으로 스스로 들어간다.
• 戊申일주 고란과 연지戌土 화개가 움직이어 고독지명 사주이다.

庚戌대운은
• 庚戌대운은 乙木정관 남편의 대운戌土 묘지에 임하게 된다.
• 일지申金 식신 배우자궁이 움직이고 일지와 申辰합한 시지辰土를 辰戌충한다.
• 戊申일주 고란이 움직인다.

丁亥년은
• 乙木정관 남편의 사지가 되고 乙木정관 남편의 묘지인 연지戌土가

움직인다.

따라서 庚戌대운 중 丁亥년에 남편은 사망하게 된 것이다.
남편 사망원인은 乙木정관 남편의 뿌리인 월지卯木은 연지戌土와
卯戌합하여 암으로 사망한다.
월지卯木 정관 남자는 연지戌土와 卯戌합으로 인하여 나이 차이가 많이
나는 2249번 丙戌생 개띠=丁丑생 소띠, 2687번 戊子생 쥐띠 중에
인연이 있을 것으로 예상 추단한다.

庚寅년, 辛卯년 중에 남자를 만나게 될 것이나 마음에 고통이 따를
것으로 예상한다.

확인부분 :
辛卯년에 남자를 만나게 될 것으로 예상하게 된 것은
辛卯년은 辛金상관(생식기)은 남자의 상관丙火(생식기)와 丙辛합으로
남자를 만나게 되었다.
2249번 丁丑생 소띠를 예상한 대로 만났다.
일지申金과 卯申원진으로 만난 남자의 여자관계로 마음 고통을
많이 하고 있는 중이다. 觀

78. S대 4년 재학 중, 의전을 원하는 사주이다

戊	壬	辛	丙	남
申	申	卯	寅	

42	32	22	12	2
丙	乙	甲	癸	壬
申	未	午	巳	辰

壬水일간 2월 출생으로 월지卯木 상관 격에서 상관생재 격이다.
용신은 木식상으로 용신한다.
월일지 卯申원진 귀문이 움직이어 총명영리하며 까다롭고 예민하며
집착이 강하고 생각이 깊은 성격이다.
위장과 당뇨 암 풍 결석 담석 신경성질병 등을 조심해야 할 것이다.
연일지 역마인 寅木과 申金이 움직이어 寅申충하여 수술이 따르므로
사고를 주의해야 할 것이다.
학과나 직업은 연간丙火 편재로 전자 전기 화학 등에 인연이 있으며 일시지
申金 편인 현침이 움직이고 월지卯木 상관 현침으로 의대 또한 인연이 있다.
또한 일지申金 편인과 연지寅木 식신이 움직이어 교단 역시 인연이다.
따라서 S대 원자력학과 4년 중이나 일류대 의전을 원하게 되며 차후
교수로 재직하게 될 것으로 예상 추단한다.
결혼은 28세 癸巳년에 연애 운이며 30세 乙未년 32세 丁酉년 중에
결혼할 것으로 추단한다.

처 인연배필 띠는 7294번 丁卯생 토끼띠, 7293번 戊辰생 용띠,
7951번 庚午생 말띠 중에 처 인연배필 띠가 된다.
연간丙火 편재 처는 월간辛金과 丙辛합하고 월간辛金은 월지卯木 도화에 좌하여 미모의 처를 원하게 된다.
처의 직업 또한 월지卯木 현침으로 의사직업이 될 것으로 예상한다.
그러나 처와 연일지 寅申충과 월일지 卯申원진 귀문으로 성격이나 자존심으로 갈등과 풍파가 따르므로 인내하고 이해해야 할 것이다.
12세 癸巳대운은 길운 작용으로 성적이 우수하여 S대 원자력공학과에 입학하였다.
22세 甲午대운은 현침대운의 작용으로 다시 의전에 입학을 원하게 된다.
甲午대운은 길운작용으로 辛卯년 역시 현침의 해로 더욱 더 의전에 입학을 원하게 되며 합격할 것으로 예상 추단한다.
32세 乙未대운은 월지卯木 도화가 움직이고 연지寅木과 귀문작용으로 부부간에 갈등 풍파를 주의해야 할 것이다.
월지卯木이 움직이므로 월간辛金과 乙辛충으로 丙辛합을 풀리게 하여 길신인 연간丙火 편재는 자유롭고 재물에 아름다움이 있다.
卯未합으로 연간丙火를 생하여 역시 재물은 길하게 작용한다.
42세 丙申대운 중 丙火대운은 무방하나 申金대운 중에 손재를 주의해야 하고 사고 또한 조심해야 할 것으로 예상 추단한다.

본 사주의 장점은
1) 卯申귀문이 움직이어 IQ가 높다는 점
2) 丙火대운까지 대운의 흐름이 좋다는 점

본 사주의 결점은

1) 卯申원진 귀문작용으로 예민한 성격과

2) 연간丙火 편재가 월간辛金과 丙辛합하고 월간辛金은 월지卯木 도화에 좌한 점

3) 월일지 卯申원진 귀문작용과 연일지 寅申충이 부부간에 결점으로 나타난다.

확인부분 :

의전을 원하는 사주로 예상하게 된 것은

사주 내에 현침과 甲午대운 현침 길운으로 辛卯년 치대에 합격하였다. 觀

79. 甲寅시? 癸丑시이다, 남성휴게텔, 이혼, 투기성 있다

癸 戊 丙 庚 여
丑 戊 戊 子

50 40 30 20 10
辛 壬 癸 甲 乙
巳 午 未 申 酉

己丑년에 기 고객과 동행하여 내담한 사주이다.
태어난 시를 말하는데 시가 甲寅시인지 癸丑시인지 확실하지 않다.

◆ 甲寅시이면 86번 戊戌생 개띠, 8865번 己亥생 돼지띠 중에 남편이 된다.
◆ 癸丑시이면 7637번 丁酉생 닭띠, 7854번 庚子생 쥐띠 중에 남편이 된다.

본 필자는 첫 남편이 庚子생 쥐띠를 참작하여 본 사주를 癸丑시로 추단한다.
戊土일간 9월 출생으로 월지 戌중丁火 정인을 대신하여 월간丙火가
투출하여 월간丙火 편인 격이다.
용신은 연간庚金 식신으로 용신한다.
9월 戊土일간이 일주戊戌 간여지동이고 월간丙火 편인이 도우며
土비겁 태과로 여명에 신왕하다.
가을에 庚金식신으로 식자 약재로 庚金식신으로 통관 용신한다.
戊戌괴강 백호일주와 월주丙戌 백호 비견태과로 고집과 자존심 주장이

강한 성격이면서 타인에게 지기를 싫어하는 성격이다.
일월 양戊土 천문에 통하여 예감과 직감이 있으며 월주丙戌로 신적인 기운으로 본 마음 아닌 생각과 행동을 하게 되며 戊戌丑土 태과로 고독지명의 사주이다.
戊戌일주가 시주癸丑과 천간 戊癸합과 지지 丑戌형으로 곤랑 도화가 성립한다.
양戊土 비견이 연지子水 정재를 탈재하므로 보증 금전거래 투기 등은 평생 하지 않아야 하고 뜬구름을 잡으려 하지 않아야 재산을 가지고 지킬 수 있다.
무의식과 잠재의식 속 그리고 사주에 투기 노름 등을 즐겼던 것으로 추단되고 뜬구름을 잡으려 하였던 것으로 추단한다.
전생인연과 무의식으로 친구 동료가 귀인이 되는 것 같으나 연지子水 정재를 합 극하여 도움이 되지 않는다.
일월 양戊土 비견이 움직이므로 모친 두 분에 이복형제가 있겠으며 일찍 사망한 모친이 있다고 추단한다.
일월 양戊土 비견이 각각 움직이므로 월간丙火와 戌중丁火 인성이 戌중戊土 비견을 각각 생산하여 이복형제로 추단하게 된 것이다.
양戊土와 丑土가 움직이어 디스크 상골 자궁질환을 주의해야 하고 丙戌월주로 암을 조심해야 하며 건강이 좋지 못한 사주이다.
일지戌土와 연지子水가 움직이어 수액 또한 주의해야 한다.
비겁태과 사주로 자영업으로 예상하며 소고기 돼지고기 해물 등 음식점이 좋으며 종교계통 직업 역시 인연이 있다.
일시 곤랑 도화로 유흥업계통 직업 역시 인연이 있는 사주이다.
남편은 사주간지와 지장 간 그 어디에도 木관성 남편은 없으므로 일간戊土가 시간癸水 정재와 戊癸합하여 시간癸水 정재를 남편으로 한다.
남편은 7637번 丁酉생 닭띠, 7854번 庚子생 쥐띠 중에 인연배필이다.

丁酉생 닭띠는 酉金상관 도화와 시지丑土와 酉丑합으로 丁酉생 닭띠를 응하게 된 것이다.
庚子생 쥐띠는 시간癸水 정재 남편의 子水건록과 金水길신으로 庚子생 쥐띠를 응하게 된 것이다.
이중에 庚子생 쥐띠가 남편으로 제일 좋은 인연배필 띠로 추단한다.
20대 甲木편관 대운 중에 결혼으로 추단하나 30대 未土겁재 대운 중에 부부풍파가 있었던 것으로 추단한다.
未土겁재 기신대운은 흉 운으로 시간癸水 정재 남편의 묘지이고 과숙이며 시간癸水 정재 남편이 좌한 시지丑土와 丑未충으로 남편과 풍파를 면하기가 어려운 대운이 되므로 남편과 풍파로 추단한 것이다.
금전 또한 어려움으로 생활 역시 어려움이 예상된다.
壬水편재 대운은 월간丙火 편인 기신을 丙壬충 극으로 丙火를 제거하여 연간庚金 식신 길신이 시간癸水 정재를 생하여 안정된 생활이다.
그러나 午火인수 대운은 월지戌土와 午戌합하고 火生土한다.
따라서 일월지 戌土가 연지子水 정재를 극水하게 되어 자기 자신 스스로 손재를 만들게 되는 대운이다.
자식은 연간庚金 식신과 戌중辛金 상관이 자식이 되나 연간庚金 식신은 월간丙火가 극하고 戌중辛金 상관은 寅午戌 火국에 녹게 되어 자식 역시 인연이 없어 동거하지 못하게 되는 사주이다.
현재 午火정인 대운은 寅午戌삼합 火국으로 기신 대운이며 연지子水 정재를 子午충하여 연지子水 정재는 午火절지에 임하게 된다.
따라서 午火정인 재살 기신대운은 손재와 관재구설 말썽을 특히 주의해야 한다.
50세 己丑년은 겁재 운으로 연지子水 정재를 합 극하고 대운午火 정인 기신이 움직이며 己土는 길신인 시간癸水 정재를 土克水한다.

대운午火와 丑午 원진 귀문하게 된다.
따라서 투기 노름으로 손재가 따르게 되며 본 마음 아니게 정신없는 짓하게 된다.
己丑년은 전생의 업보가 다시 되살아나는 연운으로 추단한다.

○ 직업은 이야기했는데 무슨 일하고 있습니까?
● 휴게텔하고 있습니다.
○ 올해 손재와 관재구설을 많이 조심해야 하겠습니다.
● 다른 사람은 관재가 있어도 저는 아직까지 한번도 없었습니다.
○ 그러나 올해 조심하는 것이 좋겠으며 손재 역시 조심해야 합니다.
작년까지 좀 벌었던 같으나 올해는 손재가 있겠습니다.
혹시 투기성 화투나 카드를 합니까?
● 노름 때문에 돈을 많이 잃고 지금은 빚만 남아있어 죽고 싶은 마음뿐입니다.
○ 본 마음 아니게 노름하는 것으로 생각했습니다.
사주와 운도 그러하지만 전생인연 고리를 못 끊어서 노름하는 것 같습니다.
지금부터 노름으로 패가망신하지 않았으면 합니다.
● 지금도 돈만 있으면 노름을 하는데 노름 안하게 하는 방법이 없겠습니까?
○ 노름 안하겠다는 본인의 의지가 제일 중요합니다.
남편과 풍파가 있다고 했는데 이혼했습니까?
● 선생님이 말한 대로 동갑인 쥐띠가 남편이었는데 헤어지고 혼자 있습니다.
남자나 만나서 살림이나 하고 싶은데 언제쯤 만나지겠습니까?
○ 52살에 남자 만나지겠습니다.
52살까지는 어렵더라도 마음에 중심을 잡도록 해야 하겠습니다.

일반적으로 상기와 같은 사주는 전생 론을 참고하면 전생과 무의식에
잠재된 투기성이 금생의 사주로 나타나는 것을 경험하게 된다.
전생과 현생 그리고 후생은 연결고리로 윤회 순환되는 것으로 본다.
일반적으로 전생에 욕심이 많았으면 여자로 환생하게 되었으며
전생에 야망이 컸으면 남자로 환생하는 것으로 본 필자는 생각한다.
50세 辛巳대운 중에 돈을 조금 벌어도 투기 노름으로 손재는 보게
될 것으로 추단한다.
본 사주 자체가 재산을 지키는 데 어려움이 있는 사주이다.
辛巳대운 중에 시지丑土와 일월戌土가 움직이고 巳戌원진 귀문한다.
따라서 비관하는 마음을 가지지 않았으면 한다.
庚寅년과 辛卯년은 7854번 庚子생 쥐띠, 7853번 辛丑생 소띠,
71번 癸卯생 토끼띠 중에 남자를 만나게 될 것으로 예상 추단한다.
그러나 어느 띠 남자를 만나도 어려움이 있는 사주로 마음에 상처만
만들게 될 것으로 예상한다.

확인부분 :
노름으로 재산손실을 예상하게 된 것은
辛巳대운은 월지戌土 비견과 원진 귀문하므로 엉뚱한 생각과 마음을
가지게 된다.
대운 역시 기신 운이며 월지戌土 비견 기신이 움직이어 손재로 비관하고
있다. 觀

80. 이혼, 재혼이혼, 중년 운 흉, 가족통변

丁 甲 甲 甲 남
卯 子 戌 午

戌亥 辰巳

61 51 41 31 21 11 1
辛 庚 己 戊 丁 丙 乙
巳 辰 卯 寅 丑 子 亥

甲木일간 9월 출생으로 잡기식재관인 격에 월지 戌중丁火가 시간에
투출하여 잡기상관 격이며 寅午戌화국으로 상관 격이다.
용신은 상관생재로 격인 시간丁火 상관으로 용신한다.
甲木일간 입동 4일전이며 시지卯木 겁재 양인을 얻고
甲子 자생일주로 남명에 불 약하여 시간丁火 상관을 용신한다.
희신은 土재성이며 천간庚金 편관과 戊己土 재성이 길신으로 작용하며
지지巳午 火식상과 申金편관이 길신으로 작용한다.
지지寅卯 木비겁이 기신이며 특히 卯木겁재 양인 도화가 기신이 된다.
시지卯木 겁재 양인 도화로 특히 외간 여자는 절대 가까이하지 않아야
손재와 가정풍파가 따르지 않게 되는 사주이다.
건강은 戌土급각이 움직이어 상골과 디스크를 주의해야 하며 金인 폐
기관지와 위장질병 물혹(암)을 특히 주의해야 한다.
일지 부침(수액)으로 인하여 수액 또한 주의해야 한다.

甲子 자생일주 정인으로 주관적이며 木火 비겁과 상관으로 독립 자립적이고 야당기질이 강하고 의아심이 많고 파고들고 흑백이 강하고 卯木겁재 양인으로 모난 성격이다.
따라서 모든 면에 긍정적이고 둥근 마음을 가져야 발전되며 건강이 좋게 된다.
직업은 비견과 양인으로 남 밑에 근무하기는 어려우므로 자영업을 원하게 되는 사주이다.
직종은

1. 庚金편관이 희신이므로 기계금속에 인연이 있으며
2. 상관 격에 시주丁卯 상관 겁재 도화로 여자를 상대하는 직업에 인연이 있다.
3. 월지戌土 편재 화개 천문 공망 되고 일지子水와 월지戌土 사이에 亥水천문을 협공하여 종교 역학 의술에 인연 있다.
   일지子水와 월지戌土에 亥水천문을 협공하여 모친으로부터 내려온 공 줄이 된다.
4. 寅午戌삼합으로 丁火상관 격에 일지와 시지子卯 형을 이루어 생살지권 또한 인연이 있다.

일반적으로 월지는 천기를 담는 그릇이므로 戌土편재 공망 화개천문 직업은 종교가와 역술 그리고 협공된 亥水편인인 도가에 인연이 좋다.
월지戌土는 천문 성으로 스님 목사 역술 도인 점술인 등에 많이 나타나게 된다.
그렇지 않으면 방안에 신주단지나 제단을 만들어 두게 된다.
본 사주는 월지戌土 편재가 공망 되어 평생에 한 직종에 종사하기는 어려운 사주가 된다.

따라서 직업은 여러 번 바뀌게 된다.
재산은 비겁태과로 보증 금전대차 동업은 절대하지 않아야 하며
卯木겁재 양인 도화로 여자를 주의해야 재산에 손실이 없게 된다.
木비견 양인으로 속성속패이며 庚金편관이 없으므로 재산을 지키는 데
어려움이 따르는 사주이니 재산을 지키는 데 많이 노력해야 한다.
戊土편재 공망으로 재산은 없는 사주이다.
결혼은 甲子일주로 일지子水 욕지이며 午중己土 정재인 처가 연지에
있으며 시지卯木 겁재 양인 도화와 甲木비견을 견하여 조혼하는 사주이다.
보통 배우자인 처 관계는 연월주에 상관이 왕 하든지 상관 국을 이루고
또한 연주에 상관 도화 성을 두고 사주 타주에 도화 성이 중첩하면
조혼하는 경우가 많게 된다.
본 사주 역시 연월에 寅午戌火국 상관 국을 이루고 연지午火와
일지子水 시지卯木 도화 성이 중첩하여 조혼하나 연일지 子午충과
일시지 子卯형 시지卯木 겁재 양인 도화로 첫 배우자와 해로하기는
어려운 사주이다.
11세 丙子대운 중 대운子水 정인은 욕지이며 일지子水가 움직이고
연지午火가 움직이게 되어 午중己土 정재 처가 움직이어 나오게 된다.
따라서 20세 癸丑년은 일지子水와 천을 귀인인 丑土정재가 子丑합하며
일지子水 배우자궁이 움직이어 결혼이 된다.
처는 19乙未생 양띠 38丙申생 원숭이띠 35己亥생 돼지띠 중에 처로
인연배필이다.
乙未생 양띠는 甲木일간의 양귀 천을 귀인이고 시지卯木과 卯未합이며
연지午火와 午未합으로 乙未생 양띠를 응하게 된 것이다.
丙申생 원숭이띠는 일지子水와 申子합과 己土정재가 암장된 午중丙火로
丙申생 원숭이띠를 응하게 된 것이다.

己亥생 돼지띠는 일간甲木이 己土정재와 甲己합 亥水장생으로
己亥생 돼지띠를 응하게 된 것이다.
처와는 일시지 子卯형을 이루고 시간丁火 상관과 시지卯木 겁재 양인
도화이며 연지와 일지가 子午충하게 된다.
午중己土 정재는 일지子水와 子午충으로 己土처는 子水에 절지가 되어
寅卯년이나 寅卯대운 중에 사별이나 이별의 기운이 많은 사주가 된다.
따라서 己土정재 본처와 평생해로 못하는 사주가 된다.
자식은 金관성이 없으나 戌중辛金 딸은 寅午戌火국에 녹는 형상이며
辛金딸은 시간丁火 상관에 극상 당하고 시지卯木 절지에 임하게 되어 딸은
태어나도 기르기가 어려운 사주이다.
아들은 庚申金 편관이 없으나 시지卯木은 申金편관과 합을 좋아하며
庚金아들은 시지卯木 태지에 해당하여 아들은 있는 사주이다.
아들은 시지卯木을 응하여 乙卯생 토끼띠가 첫아들이 되며
午火를 응하여 戊午생 말띠가 둘째 아들이 된다.
자식 중에 자식 역시 처와 풍파를 면하기가 어려울 것으로 예상한다.
시주丁卯 상관 겁재를 이루어 자식과 동거하지 않아야 본인이나
자식한테 어려움과 해로움이 적게 된다.
노후에 자식의 덕이나 자식한테 의지할 수 없는 사주이다.
부모는 월지 戌중戊土 편재가 부친이며 일지 子중癸水 인수가 모친이 된다.
모친 子水정인은 신식이고 활발한 성격이며 부친 戊土편재는 구식이며
고지식한 성격이 된다.
子중癸水 정인 모친의 입장에서 남편인 戌중戊土 정관 남편과 戊癸합하여
戊土남편은 나이 차이가 아주 많이 나는 고지식한 남편이 된다.
월지 戌중戊土 천간에 甲木이 戊土부친의 자식이며 寅午戌삼합 火국으로
水인성이 생기게 되어 부친의 첫 부인이 되며 연월간 甲木이 첫 부인의

자식이 된다.
그러나 戊중戊土 부친의 첫 처는 재살 태과로 사별하게 된다.
따라서 부친 한분에 寅午戌합중 壬水편인으로 부친의 첫 처가 되므로
모친 두 분이 되며 戊土부친의 첫 처인 壬水의 자식은 연월간 甲木이
되므로 이복형제가 있는 사주이다.
일지 子중癸水 정인이 본 사주의 모친이 되며
연월간 甲木비견 형제는 지지 寅午戌삼합하여 甲木은 사지와 甲午탕화에
임하게 되어 본 사주 위쪽의 형제는 어린 나이에 일찍 사망하게 된다.
연지 午중己土 정재 부친형제 동생인 己土백부나 삼촌 역시 甲午탕화로
총상을 입게 되어 일찍 사망하게 되는 것이다.
21세 이후 丁丑火土 상관 정재 천을 귀인 길운에 직장생활로 안정되며
직장에서 인정받고 발전한다.
21세 丁丑대운 중에 丑土정재 천을 귀인 길신이 子丑합土하여 문서가
土재성으로 변하여 재산이 되므로 가옥매입 등기하여
매도로 이익이 있게 된다.
그러나 戊土편재가 움직이게 되어 타 여와 통정이 있게 되며
연지午火와 丑午원진 귀문하여 午중己土 처가 보기 싫어지게 되며 본
사주가 정신없는 짓하게 되는 것이다.
31세 戊寅 대운 역시 戊土편재가 움직이게 되며 戊土편재가 寅木비견
기신과 동행하여 금전상 어려움이 찾아오게 되며 부부풍파를 겪게 된다.
寅木비견 대운은 일간甲木의 건록으로 새로운 일을 시작하여 다행히 寅午戌
삼합 火국되어 수입은 조금 괜찮으나 寅木비견으로 쓸데없는 소비가 많다.
41세 己卯 대운은 己土정재가 卯木겁재 양인 도화 기신과 동행하여
월지戊土와 卯戌합하게 된다.
따라서 己卯대운은 최대 기신 운으로 손재 손실 수입부족이 따르게 되어
많은 어려움을 벗어나지 못하게 된다.

51세 이후 庚辰편관과편재 대운 중 庚金은 劈甲引丁(벽갑인정) 길운으로
작용하여 수입이 나아지게 되는 것이다.
庚辰대운 申子辰삼합 즉 재 관 인 합하여 관청 돈 문서 삼위가 합하게 된다.
따라서 水인성 문서가 생기는 형상되어 오래된 부동산을 경매로 낙찰
받게 되는 것이다.
辰土편재 대운 중에 부동산 매도 매수관계가 여러 번 이루어지게 되겠다.
61세까지 무난하게 생활이며 대운辰土 편재 화개 공망이
월지 戌土편재 화개 공망과 辰戌충하여 戌중戊土 편재가 탈공으로
튀어나오게 되어 생활에는 어려움이 없으며 수입은 무난하게 된다.
61세 이후 辛巳대운은 월지戌土 편재 화개가 움직이게 되어 종교계통에
진출하게 될 것으로 예상하며 역학인 무속인 종교인 여성과 인연이 된다.
辛金은 요령 종 술잔 찻잔 거울 불상 등이 되고 대운巳火가 辛金 불상과 종을
빛나게 하며 월지戌土 편재 화개가 움직이게 된 원인으로 예상하게 된 것이다.
본 사주원국에 협공된 亥水편인 천문 학당으로 하늘의 공부가 되는 것으로
역학 종교계통으로 된다.
그러나 戌亥천문이 공망으로 본 사주 자신이 하늘의 기운과 천기를
잘 믿지 않는 것이 결점이 된다.
사주에 시지卯木은 목탁이며 戌土는 사찰 유흥 연꽃 협공된 亥水학당
천문은 역학 종교공부가 된다.
그러나 사주에 金관성이 없으므로 소리의 전파가 멀리 울리지 못하는
결점이 있다.
71세 이전 위장과 기관지를 많이 주의해야 할 것이다.
71세 壬午대운 일간甲木은 대운午火 상관 사지에 임하고 일지子水를
子午충하여 일지子水는 대운午火 절지에 임하게 된다.
따라서 기름과 온도 산소가 모자라게 되어 7번째 촛불이 깜박거리니
수명에 관계될 것이다.

71세 壬午대운을 잘 넘기면 81세 癸未대운 중 甲子일주는 일간甲木과 일지子水가 다 같이 未土묘지에 임하므로 종명이다.

산 좋고 물 맑은 곳이 양생의 길이 된다.

자식보다 아랫사람들과 다른 사람들이 지켜주게 되겠다.

己丑년 56세 사주천간은 木火土로 순세하고 丑土정재는 일지子水와 子丑합土한다.

따라서 문서가 나가서 돈을 만들어오는 형상이니 괜찮은 금액으로 매도성사되며 己丑정재 여자는 무당 역학 종교인 예술인을 만나야 그나마 여자와 관계를 조금이나마 유지할 수가 있게 된다.

甲木과 卯木 비겁들이 재성을 견하여 금전대차와 보증은 절대하지 않아야 한다.

그러나 己丑년에 지출은 생기게 될 것으로 예상하며 자식의 근심 또한 조금 있을 것으로 예상한다.

庚寅년 57세 庚金편관이 연월간 甲木비견을 甲庚충 극하여 천간에서 길하게 작용하니 하늘과 윗대 고조부의 도움이다.

寅木비견 건록은 寅午戌삼합 火국하여 용신丁火 상관을 도와 길하게 작용한다.

따라서 일지子水 인수가 충 극에서 벗어나 甲木일간을 온水생木하여 이로우며 子水인수와 寅木비견 건록으로 이름에 변화의 전기가 될 것이다.

확인부분 :

庚寅년 이름에 변화의 전기가 될 것으로 예상하게 된 것은

庚寅년 이름과 수입에 큰 변화의 전기가 있었다.

상기 통변내용 참고 바람. 觀

81. 경찰공무원 합격 불가능하다

癸 戊 乙 丁 남
丑 寅 巳 巳

子丑

45 35 25 15 5
庚 辛 壬 癸 甲
子 丑 寅 卯 辰

己丑년 3월 본 사주 모친이 상담한 사주이다.
戊土일간 4월 출생으로 월지巳火 건록 격이며 건록용재 격이다.
용신은 시간癸水 정재를 용신한다.
4월에 戊土일간은 水재성으로 조후하고 木관성을 키워야 가을에 수확을 할 수가 있게 되는 것이다.
따라서 水재성을 필요하나 癸水가 허약하다.
태 월이 전년도 酉월 절기로 巳酉丑삼합 金국하여 水재성을 도우므로 水재성으로 용신한다.
金식상 운이 최 길운으로 35세 辛丑대운 이후 재산과 사업에는 발전이 많을 것이다.
戊土일간 월지 건록으로 일지寅木 편관과 寅巳형하며 일지寅木 편관과 월지巳火 편인 건록이 자기 자신으로 움직이므로 생살지권인 경찰관에 인연을 두고자 하는 것이다.

운이 길할 경우에 생살지권 계통에 인연을 가지게 되겠으나
운이 부족할 시에는 무역 유통업 영업 등에 직업이 된다.
따라서 본 사주 35세까지 寅卯辰 木운으로 운이 부족한 중에 戊土일간
자신은 木관성을 바라게 된다.
그러나 길운이 아니므로 직장이 어려웠을 것으로 추단한다.
水기본머리가 부족하여 공부가 뛰어난 사주는 아니다.

● 아들이 경찰공무원 하겠다고 지금까지 공부만하고 있습니다.
시험에 합격이 되겠습니까?
○ 제가 합격하겠다고 말해주면 좋겠지만 운이 부족하고 공부도 열심히 하지
않은 것 같아서 합격하겠다고 말을 하지 못하겠습니다.
● 선생님 말이 맞는 것 같습니다.
몇 번이나 떨어져도 경찰시험만 본다고 하는데 제가 볼 적에도 실력이
안 되는 것 같아서 답답하여 죽겠습니다.
어떻게 하면 좋겠습니까?
○ 상대를 졸업하였으며 무역회사에 취직하면 좋겠습니다.
● 상대를 졸업했습니다. 올해 취직이 되겠습니까?
○ 올해 7월 8월경에 수도권에 취직이 될 것입니다.
● 부산에 취직이 되면 좋겠는데…
○ 아드님은 서울 쪽에 인연이 좋습니다.

戊土일간 시간癸水 정재와 戊癸합하고 시지丑土와 丑寅으로 합하여
재물에 집착이 있겠으며 여자에 집착 또한 많게 된다.
결혼은 35세에 辛酉생 닭띠나 壬戌생 개띠 중에 결혼할 것으로
예상 추단한다.

처는 69壬戌생 개띠 51辛酉생 닭띠가 처 인연배필로 예상한다.
寅木대운 중에 결혼하면 壬戌생개띠 처가 될 것으로 예상한다.
壬戌생개띠는 巳戌원진으로 좋은 띠는 아니나 배필인연으로 들어올 것으로 예상한다.
그러나 壬戌생개띠는 서로 다투고 시기하고 원망하게 된다.
辛酉생 닭띠는 巳酉丑합에 酉金을 응하게 되며 壬戌생개띠보다 인연이 더 좋은 띠가 된다.
辛丑대운에 결혼하면 辛酉생 닭띠 처로 예상한다.
辛酉생 닭띠는 재산보관 그릇이 되어 생활에 안정이다.

● **펄떡 뛰면서 아들이 닭띠 아가씨하고 연애하고 있는데 닭띠 아가씨하고는 절대 결혼시킬 수가 없습니다.**

○ **현재 사귀고 있는 아가씨가 아니더라도 닭띠 중에 처 인연 배필이 될 것으로 생각합니다.**

연주에서 子丑공망으로 시주癸丑의 水기가 공망 고갈되어 여름에 일지甲木 편관이 시들고 마르게 되어서 관직에 인연이 부족한 사주이다.
모친인 월지巳火 편인이 酉金과 巳酉丑으로 巳火모친이 酉金 사지에 들어가는 것이 싫게 된다.
따라서 닭띠와 결혼 후에 모친과 불화 액화가 없기를 바란다.

확인부분 :
경찰공무원 시험 포기하고 무역회사 취직예상하게 된 것은 대운이 부족하여 경찰공무원 시험 합격이 불가능하다.
庚寅년에 서울 모 무역회사 취직하였다. 觀

82. 미혼, 사범대

戊 甲 甲 乙 여
辰 辰 申 巳

47 37 27 17 7
己 戊 丁 丙 乙
丑 子 亥 戌 酉

甲木일간 7월 출생으로 시간戊土 편재 격이다.
용신은 水인성과 편재격인 일시지辰土 편재를 길신으로 한다.
7월甲木으로 천간 丙丁火 식상과 庚辛金 관성이 길운으로 작용하며
지지 巳午火식상 辰土편재와 子水인수가 길운으로 작용하게 된다.
편재 격으로 甲木일간이 바라고 지향하는 바는 土재성 재산을 바라게
되며 木비겁은 주체성 연지巳火 식신은 배려하고 가르치는 직업인
교육자에 마음이 많이 가게 된다.
또한 辰土화개가 움직이어 있으므로 보수적이며 재산 그리고 오래된
옛것과 종교에 관심이 많이 가게 된다.
따라서 옛것을 좋아하며 보수적이면서 주체성이 강하면서 흑백이
분명하고 합으로 이루어져 주위사람과 융화를 잘하는 성격이다.
건강은 물혹(암)과 담석 결석을 주의하여야 한다.
월지申金 편관은 申巳합과 월간에 甲木비견이 개두하였다.
월지 申중庚金 편관 남자와 연지 巳중庚金 편관 남자는 본 사주의 남편이

되지 못하고 연월간 甲木과 乙木의 남편이 되는 것으로 추단한다.
월지 申중庚金 편관 남자는 일지辰土와 申辰합과 연지巳火와
申巳합하고자 한다.
따라서 申金편관 남자는 甲木여자와 巳火자식있는 남자가 되며 한번
실패한 남자이거나 유부남이 된다.
己丑년 45세 현재까지 미혼으로 생활 중이다.
모든 사주를 감정 혹은 상담함에 있어서 용신은 두말할 필요 없이 가치가
높은 것이 사실이나 일간이 지향하고 바라는 바를 잘 찾아내어 통변 역시
잘해야 사주감정이나 상담을 잘하게 된다고 본 필자는 생각한다.
용신은 성패양단이며
각 육신의 길흉화복은 통변의 묘미에 있게 되는 것이다.
용신과 희신 그리고 기신의 운에 일간 외 각 육신의 길흉화복 또한
나타나게 되는 것이다.
용신과 희신 운이란 일간 자신의 길한 작용은 육신과 종합적인 통변에
따라서 일어나게 되는 것이 용신과 희신 운이 되는 것이다.
기신 운 역시 일간 자신의 흉한 작용은 육신과 종합적인 통변에 따라서
일어나는 것이 기신 운이 되는 것이다.
따라서 각각 육신의 용신은 있게 되는 것으로 일간의 용신 운이라도
각 육신의 길한 작용이 일어나는 것은 아니다.
용신 운이라도 길한 작용이 일어나지 않는 경우는 여러 가지 요인이
있겠으나 용신이 움직이고 내 것과 남의 것을 구별해야 한다고 생각한다.
남의 용신을 일간 나의 용신인양 잘못 판단하여 사주감정에 오류를 범한
일이 제법 있었다고 본 필자자신은 생각한다.
일간이 지향하고 바라는 용신이 무엇인가가 중요하다고 본다.
사람마다 생각하고 바라는 바는 각자가 다른 것과 마찬가지로

그 사람이 원하고 있는 것을 이루게 되며 실제로 자기 스스로 편안하고 즐겁고 운이 좋다고 생각하게 되는 것이다.

따라서 본 필자는 일간의 용신만을 찾아서 대입하여 감정 혹은 통변상담이 전부가 아니라고 감히 말하고 싶다.

17세 이전 乙酉대운에 乙木겁재 기신은 酉金에 좌하여 기신인 乙木겁재의 흉한 작용을 발휘할 수가 없으며 지지酉金 정관은 학생시기에 길한 작용을 하게 된다.

따라서 17세 이전 공부가 우수하게 되었다.

27세 이전 丙戌대운에 연지巳火 식신 문창이 움직이고 丙火가 시간戊土 편재를 생하게 되어서 길하게 작용하게 된다.

그러나 戊土편재 대운은 일지辰土 길신을 辰戌충하면 辰중癸水 인수 길신이 타격을 받게 된다.

연지巳火 식신 제자와 巳戌귀문 원진하여 원하는 일이 마음과 뜻대로 되지 않게 된다.

27세 이전 戊土대운은 기신 운으로 일간 자신이 바라는 교육자 길은 어려움이 있다.

월지申金 편관이 움직이지 않으므로 관직과 결혼에는 인연이 부족하게 된다.

申金편관 관직은 연월간 甲乙木 친구의 관직이 되는 것이다.

따라서 자기보다 공부가 뒤떨어진 동기와 친구들은 巳火식신 제자들을 가르치는 교육자로 진출하게 되는 것이다.

그러나 공부가 우수한 본인은 교육자로 발령을 받지 못하여 교육자로 진출하지 못하게 되었다.

27세 丁亥대운 역시 천간丁火 상관은 戊土편재를 생하여 길하게 작용하나 辰중戊土 편재 길신이 대운지 亥水편인 절지에 임하게 된다.

연지巳火 식신 문창과 巳亥충하게 되고 巳火식신 제자 문창이 亥水편인 절지에 임하게 되어서 마음과 뜻대로 이루기가 어렵게 되었겠다.
亥대운은 월간甲木 비견이 움직이어 수입이 부족하고 일지辰土와
辰亥원진 귀문하여 마음이 안정이 되지 않았을 것이다.
대운 亥水편인 학당으로 학문은 우수하나 원국의 巳火식신 제자를 충하여
제자가 없는 형국이 되었던 것이다.
丁亥대운은 마음의 갈등으로 안정되지 못하여 심적인 어려움을 많이
겪게 되었을 것이다.
그러나 37세 이전 亥水편인 학당으로 인쇄 출판업에 종사하게 되었겠다.
37세 이후 戊子대운 편재가 움직이게 되어 직장생활로 안정을 찾게 되었겠다.
戊子대운은 辰土편재 길신이 움직이고 申子辰삼합 水국하여 壬水인성한다.
辰土재성 돈이 움직이어 申金편관 관청과 水인성 문서가 합을 이루게 되어
47세 이전에 가옥을 매입하게 되는 시기이다.
다시 표현하면 辰土편재 돈이 나가서 申金편관 관청 문서를 만들어오게
되니 월지申金은 집이 되는 것이다.
따라서 시기는 戊子년 44세에 가옥을 매입하게 된다.
己丑년 45세 丑土정재가 甲木일간의 천귀이나 甲木일간은 丑土정재에
뿌리를 내릴 수가 없으며 천간己土는 火식상이 없으므로 군겁쟁재를
하게 되어 기신의 해가 된다.
따라서 己丑년 45세 부동산매입은 이익이 될 것 같으나 후회만 생기게 되고
손해만 있게 되니 현혹되지 않아야 한다.
친구나 지인 간으로 금전에 손재가 들어오니 동업 보증 금전대차를 않으면
손재는 따르지 않는다.
그러나 이성친구 간에 어려움이 따르므로 갈등을 느끼게 된다.
남자는 15己亥생 돼지띠 12癸巳생 뱀띠 71甲午생 말띠 중 남자가 인연이
될 것이다.

己亥생 돼지띠는 일간己土와 甲己합하고 亥水는 甲木일간의 장생으로
응하게 된 것이다.
그러나 巳亥충과 일시지 辰土와 辰亥원진으로 다투는 일이 있겠으며
오래 지속되지 않으며 길한 띠가 아니다.
癸巳생 뱀띠는 일지 辰중癸水가 움직이고 일지辰土와 辰巳합하고
월지申金 집안과 申巳합으로 癸巳생 뱀띠를 응하게 된 것이다.
甲午생 말띠는 남자가 좋아하고 본인 역시 길하게 작용하여 甲午생 말띠를
응하게 된 것이다.
종합적으로 판단하면 癸巳생 뱀띠나 甲午생 말띠 중에 인연이 있을 것으로
예상한다.
그러나 일시 양辰土 쌍 과숙이 움직이어 있으며 일주甲辰 백호와 시주戊辰
백호이며 형을 이루어 남편과는 인연이 없을 것으로 예상 추단하게 된다.
따라서 가정생활은 하지 않는 것이 마음에 고통을 겪지 않을 것으로 예상한다.
46세 庚寅년에 월지申金 편관이 움직이게 되어 이성 간에 일이 생기겠으나
월지申金과 寅申충하고 월지申金 편관 망신 지살이 움직이어 이성 간에
편안하지는 않으나 우려할 정도는 아니겠다.
직장에 갈등을 느끼게 되겠으며 마음에 새로운 변화가 일어나게 되겠다.
본인의 사고를 조심해야 하겠으며 물혹(암)과 결석 담석 수술이나 건강을
특히 주의해야 한다.
47세 이후 己丑대운은 본 사주가 금전에 알뜰한 사주이니 보증이나
금전대차 과욕 무리 현혹만 되지 않으면 어려움이 없는 생활이 될 것으로
예상한다.
己丑대운 중에 변두리 생활이 길하며 상가나 오피스텔 등의 적은
수입이지만 고정수입을 만들게 될 것으로 예상한다.
돈은 땅에 묻어두면 길하겠으며 말년에 변두리 주택생활이 양생의 길이

되겠다.

일시에 화개가 2개이면 고독하고 외로운 사주이니 말년에 자연과 생활 수양하면서 지내게 될 것으로 예상한다.

확인부분 :

庚寅년에 직장변화와 물혹(암)을 예상하게 된 것은

월지申金 편관을 寅申충하여 직장을 사직하게 되었다.

申巳합水를 寅申충하여 물혹(암)을 수술하였다. 觀

83. 辛卯년 건강 특히 주의

庚 丁 庚 丁 여
戊 未 戊 巳

寅卯 子丑

37 27 17 7
甲 癸 壬 辛
寅 丑 子 亥

丁火일간 9월 출생으로 상관생재 격이다.
용신은 상관생재 격에 庚金정재로 용신한다.
戊未건土가 전부 움직이고 연지巳火 역시 움직이어 가을土가 조열한 사주이며 상관태과로 상관생재 격에 庚金정재로 용신한다.
水관성이 희신 작용한다.
일지未土가 움직이어 연지巳火를 지시하고 연지巳火가 움직이어 월지戊土를 지시하고 월지戊土가 움직이어 일간이다.
따라서 戊未건土와 연지巳火 흉신이 전부 움직이어 좋지 못한 사주다.
비겁과 건土상관이 전부 움직이어 재물에 어려움과 소비와 지출이 많은 사주팔자이다.
움직임이란 사주 내에서 길신의 육신이 움직이면 좋은 일이 많게 되고 흉신의 육신이 움직이면 어려운 일이 많게 된다고 본 필자는 사주상담 통변으로 확신하고 믿고 있다.

상관생재를 원하므로 재물에 집착이 있으면서 丁火일간 자신이 도화로 끼가 있으며 예민하고 이상적인 것을 추구하는 성격이다.

연월지巳戌 귀문 원진이 움직이어 암을 특히 주의해야 하며 혈액질병 심장 신장 방광 위장 당뇨 등 건강을 많이 주의해야 한다.

본 사주는 土식상이 너무 조열한 사주로 여러 곳에 건강은 매우 좋지 못한 사주로 추단하게 된다.

재산은 상관생재를 원하여 재물에 집착이 있으나 건土상관이 상관 생재하기가 어려워 재산은 모이기가 어려운 사주이다.

남편 띠는 9215번 丁巳생 뱀띠, 1살 연하인 9654번 戊午생 말띠, 9437번 乙卯생 토끼띠 중에 남편이다.

명리학으로 남편 인연 띠를 적용하게 되면

9215번 丁巳생 뱀띠는 남편궁인 일지未土와 월지戌土가 움직이어 연주로 丁巳생 뱀띠를 응하게 된 것이다.

1살 연하인 9654번 戊午생 말띠는 일간丁火의 午火건록 도화와 일지未土와 午未합으로 戊午생 말띠를 응하게 된 것이다.

9437번 乙卯생 토끼띠는 월주庚戌과 乙庚합, 卯戌합 천지간 합으로 乙卯생 토끼띠를 응하게 된 것이다.

9437번 乙卯생 토끼띠가 남편이 되었다.

그러나 戊未건土 상관과 조열한 사주이며 子水관성이 공망으로 남편과 평생해로하기는 어려운 사주이다.

따라서 庚寅년은 연지巳火 기신이 움직이고 寅巳형이며 일지와 寅未원진 귀문하여 본 마음 아닌 말과 행동으로 부부이혼이다.

17세 壬子대운은 관성 운으로 어려움은 없으나 子水편관 도화 바람이 불게 되며 寅卯인성 공망으로 공부에 관심과 진전은 없었다.

27세 癸丑대운은 일주丁未와 천간과 지지가 丁癸충 丑未충하고

丑戌未삼형이다.

따라서 일간丁火와 일주는 丑土대운 묘지에 임하게 된다.

丑土대운 중 내년 辛卯년은 월시지戌土 상관이 움직이어 일간丁火는 戌土묘 고지에 임하게 되어 특히 건강이 위험할 것으로 예상 추단하며 사고를 주의해야 할 것으로 예상 추단한다.

확인부분 :

丑土대운 중 辛卯년에 특히 건강과 사고주의 예상하게 된 것은

辛卯년에 급작스럽게 사망하였다.

상기 통변내용 참고 바람. 觀

84. 남편 암 투병

壬	癸	丙	庚	여
戌	卯	戌	寅	

59	49	39	29	19	9
庚	辛	壬	癸	甲	乙
辰	巳	午	未	申	酉

상기 사주 모친의 사주이다.
癸水일간 9월 출생으로 寅午戌삼합으로 월간丙火가 투출하여 월간丙火 정재 격이다.
용신은 정재격인 월간丙火 정재로 용신한다.
癸水일간 9월 출생으로 10월水진기 한다하나 일지卯木 식신에 설기되고 연간庚金 정인은 자좌寅木 절지에 좌하고 월간丙火에 극상 당하고 시간壬水 겁재는 戌土에 극상 당하였다.
일지卯木 식신은 월지와 시지戌土와 卯戌합하여 戌土정관을 따르고자 하며 戌중戊土와 戊癸합을 원하게 된다.
연간庚金 인수와 시간壬水 겁재는 뿌리가 없으며 입태 월 또한 寅월이 된다.
따라서 丙火정재로 용신하며 寅木상관과 戌土정관이 길신으로 작용하게 된다.
대운이 火재성 용신 운으로 지나오게 되어 생활에 어려움은 없겠다.
재산은 알뜰하고 야물어 돈과 부동산은 좀 가지고 있겠다.

건강은 대장 디스크 관절염 암을 주의해야 한다.
癸卯일주 卯木식신 도화 문창으로 예쁘게 생겼으며 지혜와 재치가 있다.
남편은 86己丑생 소띠 21乙酉생 닭띠 중에 인연배필이다.
己丑생 소띠는 연간庚金의 천을 귀인과 연지寅木과 丑寅합으로
己丑생 소띠가 남편이 되었다.
월지戌土 정관 남편은 일지卯木과 卯戌합으로 본인이나 남편이 암이
발생하게 되고 寅午戌삼합 역시 암이 발생하게 되는 것으로 추단한다.
연월간 형혹성과 태백성인 丙庚살이 질병을 더욱 부채질한다.
따라서 본인이나 남편과 자식 중에 암에 노출되어 있는 사주가 된다.
윗대로부터 암 질병이 유전되어 내려오게 되었다고 추단한다.
49세 辛巳대운은 월지戌土 정관이 움직이게 되어 남편의 일이 발생하는
운이 된다.
49세 辛巳대운은 월간丙火와 丙辛합하면서 월지戌土와 巳戌원진
귀문하게 된다.
따라서 辛巳대운이 시주壬戌이 아닌 월간丙火와 丙辛합하므로 남편이
암 발생하게 된 것으로 추단하게 된다.
辛巳대운 간지가 어디에 합하여 어느 궁과 어느 육친에 영향을 미치는가를
추단하면 통변이 될 것이다.
천간이 합이나 충 하면 지지 역시 천간을 따라붙게 되는 것이 사주나
사람생활의 이치가 된다.
지지가 합이나 충하면 천간 역시 지지를 따라가게 된다.
천간이 가게 되면 지지가 따라가게 되고
지지가 가게 되면 천간이 따라가게 되는 것이
인간이나 사주팔자나 다 같은 이치인 것이다.

남편 암 발생을 추단하여 정리요약하면

- 월지戌土 정관 남편은 卯戌합과 寅午戌삼합으로 사주에서 암 발생으로 보게 되며
- 연월간 형혹성과 태백성은 질액 환란 살기가 투출되어 있고
- 49세 辛巳대운은 월지戌土 정관이 움직이게 되어 남편의 일로 추단하며
- 49세 辛巳대운은 월간丙火와 丙辛합하면서 월지戌土와 巳戌원진 귀문하여 암이 생기게 된다.

따라서 남편이 암이 생기어 고생하게 된 것이다.
남편은 己丑년과 壬辰년을 넘기기가 어려울 것으로 예상한다.
59세庚辰 대운은 흉 운으로 시지戌土를 辰戌충하여 본 사주의 암과 자식의 건강과 사고가 염려되는 것으로 예상 추단한다.
아래 사주는 남편의 사주로 己丑년 壬辰년이 위험하다.

?	庚	戊	己	남
?	寅	辰	丑	

58	48	38	28	18	8
壬	癸	甲	乙	丙	丁
戌	亥	子	丑	寅	卯

확인부분 :

庚辰대운 중에 남편 액화로 예상하게 된 것은

庚辰대운 흉운 중 己丑년 壬辰년이 아닌 庚寅년에 남편 사망하였다. 觀

85. 丙子대운 중 庚寅년 辛卯년에 공인회계사 최종 합격예상

丁	丙	癸	甲	남
酉	寅	酉	子	

53	43	33	23	13	3
己	戊	丁	丙	乙	甲
卯	寅	丑	子	亥	戌

丙火일간 8월 출생으로 월지酉金 정재 격에서 월간癸水 정관 격이다.
용신은 甲寅木편인으로 용신한다.
희신은 천간火 비겁이 희신 작용하고 지지는 일지寅木 용신을 통관하는 水 관성이 희신 작용한다.
예민하면서 집착이 강하고 생각이 깊은 성격이다.
건강은 골절 디스크 신경통 물혹과 암 비위 등 질병을 조심해야 한다.
재물에 연연하지 말고 전문지식이나 전문기술로 생활하게 되면 재산은 가지게 된다.
동향이나 동남향의 임야에 투자해 두면 재산에 도움이 될 것이다.
직업은 공직과 교단에 인연이 있다.
결혼은 31세 34세 중에 결혼할 것으로 예상한다.
6844번 丁卯생 토끼띠, 6735번 丙寅생 범띠, 6843번 戊辰생 용띠 중에 처 인연배필 띠가 된다.

6844번 丁卯생 토끼띠, 6735번 丙寅생 범띠가 처 인연배필 띠로 좋을 것이다.

13세 乙亥대운은 대운간지는 서로 水木상생과 亥水편관 천을 귀인은 일지寅木 편인용신을 월시지 酉金의 극을 통관 해소하고 대운亥水는 일지寅木 편인용신을 상생하여 길운 작용한다.

따라서 학생시기에 성적이 우수하여 서울 모 일류대학 상대에 진학하였다.

23세 丙子대운은 일지寅木 편인용신이 움직이어 명예에 길하게 작용하고 대운子水는 일지寅木 편인용신을 월시지 酉金의 극을 통관 해소하여 길하게 작용한다.

따라서 丙子대운 중에 목적하는 시험에 합격 운으로 예상한다.

庚寅년과 辛卯년에 공인회계사 시험에 최종 합격할 것으로 추단 예상한다.

33세 丁丑대운 중 대운丑土 상관은 길운이 아니므로 자중하고 신중히 처신해야 할 것으로 예상하며 연운이 길하여 무난할 것이나 辛丑년은 조심해야 할 것이다.

43세 戊寅대운은 일지寅木 편인용신이 움직이어 명예에 길하게 작용하고 동방木 운으로 직업과 생활은 발전할 것으로 예상 추단한다.

확인부분 :

辛卯년에 공인회계사 최종 합격예상하게 된 것은

월간癸水 정관 길신이 子水건록을 얻어 길하게 작용하고 辛卯년은 酉金천을 귀인이 움직이어 월간癸水 정관을 상생하여 辛卯년에 공인회계사에 최종 합격하였다. 觀

86. 庚寅년 辛卯년 중에 경찰직 합격예상

乙	壬	丁	壬	남
巳	寅	未	戌	

47	37	27	17	7
壬	辛	庚	己	戊
子	亥	戌	酉	申

壬水일간 6월 출생으로 월지未중 乙木상관과 丁火정재가 투출하여 상관생재로 종재 격이다.

용신은 火재성으로 용신한다.

희신은 木식상과 土관성이 희신으로 작용한다.

성격은 예민하면서 까다롭고 철저하며 총명영리한 성격이다.

신경성질병을 주의해야 하고 수액과 골절을 주의해야 한다.

사거리 또는 도로변에 거주하거나 투자해 두면 재산에 이득이 된다.

연월지戌未 형살 土관성이 움직이고 일주와 합하여 생살지권인 경찰직에 직업인연이 있다.

연월지戌未 형살 土관성은 일간 자신의 것이 된다.

결혼은 33세 35세 결혼할 것으로 예상한다.

처 인연배필 띠는 1살 연상인 1451번辛酉생 닭띠, 1894번丁卯생 토끼띠, 1238번 癸亥생 돼지띠 중에 처 인연배필 띠가 될 것으로 추단 예상한다.

17세 己酉대운은 월지未土 정관이 움직이어 길하게 작용하나 서방酉金

인수는 흉 운이나 학생시기에 인수 운이므로 무난하게 작용하여 학교 성적은 뛰어나지 못하고 평범하다.
따라서 일류대학 진학하기는 어려운 대운이다.
27세 庚戌대운은 시지巳火 천을 귀인이 움직이어 길하게 작용한다.
따라서 庚戌대운 중 庚寅년과 辛卯년에 경찰시험에 합격할 것으로 추단 예상한다.
37세 辛亥대운은 연지戌土 편관이 움직이어 직업에 길하게 작용하나 일간壬水가 대운亥水 비견 겁살에 임하여 주장과 고집 자존심 등으로 인하여 동료나 타인에 의하여 말썽을 주의하고 사고를 주의해야 한다.
또한 직장에서 동료 간에 진급이나 보직 경쟁자가 심하게 될 것으로 예상 추단한다.
따라서 인내와 많은 노력이 필요할 것이다.

확인부분 :
庚戌대운 중 辛卯년에 경찰시험 합격예상하게 된 것은
庚戌대운은 시지巳火 편재 천을 귀인이 움직이어 길하게 작용하고
辛卯년은 연지戌土 편관 길신이 역시 움직이어 경찰시험 합격하였다. 觀

87. 57세전 운길, 己丑년 흉, 庚寅년 매도예상, 토건 운수업

丁	己	癸	壬	남
卯	巳	丑	辰	

56	46	36	26	16	6
己	戊	丁	丙	乙	甲
未	午	巳	辰	卯	寅

己丑년에 딸 궁합보기 위하여 처와 동행하여 내담한 사주이다.
己土일간 12월 출생으로 월지 丑중癸水 투출하여 잡기재성 격이다.
용신은 火인성으로 용신한다.
12월 丑土월에 시간丁火 편인과 일지午火 인수가 생부하지만 연월간 壬癸水 재성과 辰습土이다.
12월 섣달에 비 내리고 눈 내리는 형국으로 온 천지가 추위에 꽁꽁 얼어붙어 己土일간 火인성을 원하게 되므로 火인성으로 조후 용신한다.
천간은 木관성과 戊土겁재 운이 길운으로 작용하고 水재성과 金식상 운이 흉 운으로 작용한다.
지지 木관성 운이 길운으로 작용하고 金식상과 水재성 운이 흉 운으로 작용한다.
일지巳火 인수는 월지丑土와 巳丑합하고 다시 연지辰土와 辰巳합하여 연시지卯辰 역시 합하게 된다.

본 사주의 마음과 의향은 土비겁에 가게 되고 무의식과 전생을 감안하면 직업은 토건업 운수업 유통업에 인연이 있게 된다.
건강은 상골 디스크를 평생에 조심해야 하고 본인이나 처는 암을 특히 주의해야 한다.
36세丁巳 대운과 46세戊午 대운까지 남방 火인성 길운으로 재산은 제법 많이 가진 것으로 추단한다.
그러나 56세己未 대운 중 己土비견 대운은 지나간 戊土겁재 대운과 길흉의 차이가 나게 된다.
46세戊土 겁재 대운은 일지巳火 인수 길신이 움직이어 길하게 작용하나 56세己土 비견 대운은 월지丑습土 비견이 움직이게 되어 흉하게 작용한다.
지나간 56세 丁亥년과 57세 戊子년은 흉 운으로 어려움이 있었겠다고 추단한다.
58세 己丑년은 월지丑土 비견 기신이 움직이고 丑습土 비견으로 마음과 뜻대로 되지 않고 직업과 재산에 어려움으로 추단한다.
월지丑土 급각이 움직이므로 상골 암 등 건강을 조심해야 한다.
59세 庚寅년 일지巳火 인수 문서가 움직이고 寅木은 일지巳火 인수를 생하여 매매성사 길운으로 작용하게 된다.
따라서 2010년 음력 1월에 매매의 기운이 강하므로 매도와 매수가 이루어져 원하는 대로 성사될 것으로 예상 추단한다.

● 2009년 己丑년에 많이 안 좋습니까?
○ 2009년은 어려운 운으로 보니 자중하고 신중하게 해야 하겠습니다.
● 살던 집이 경매로 넘어갔습니다.
선생님이 말한 대로 56살 전에 돈을 많이 벌었는데 화명동에 건물을 하나 지어 팔려다가 2년 동안 팔리지를 않아 애를 먹고 있습니다.
○ 2,3,7,8숫자를 놓어 매도하면 2010년에 매도 될 것으로 봅니다.

● 그러면 27억이나 28억 정도면 팔리겠습니까?

꼭 팔아야 합니다.

○ 2,3,7,8숫자를 섞어 배합하면 매도가 되겠습니다.

직업은 토건업 운수업 유통업에 인연이 있다고 말했는데 무슨 사업합니까?

● 공사장에 덤프트럭 몇 대 가지고 사업했습니다.

몇 년 전에 건물 안 짓고 욕심 안 부리고 운수사업만 했다면 어려움 없이 잘 살수가 있었는데 후회가 많습니다.

○ 56세부터 운이 나쁘니까 욕심도 내게 되고 손해를 보게 되는 것입니다.

● 집 사람이 오래 전부터 자주 가는 철학관에서 운이 좋아 건물을 지으라고 했습니다.

○ 그 철학관은 손님한테 이야기를 들어 제가 아는 철학관인데 그 분은 철학관을 오래했고 손님도 많고 실력도 있는 분입니다.

그러나 저 역시 100%전부 맞을 수가 없습니다.

사장님 운이 나빠서 건물을 짓지 말라 해도 손해 볼 일을 만들게 되었다고 저는 생각합니다.

처는 8427번 丁酉생 닭띠, 8426번 戊戌생 개띠 중 처 인연배필이다.
명리학으로 남편인연 띠를 적용하게 되면
丁酉생 닭띠는 연주壬辰과 丁壬합과 辰酉간지합으로 丁酉생 닭띠를 응하게 된 것이다.
戊戌생 개띠는 띠끼리 辰戌충하나 월간癸水 편재를 합 극하여 길신으로 작용하고 戊土 역시 길신으로 작용하므로 戊戌생 개띠를 응하게 된 것이다.
부인의 건강 중 겁각살로 디스크 상골 암은 특히 조심해야 할 것이다.

○ 닭띠나 개띠가 처로 나옵니다.

● 개띠가 처 맞습니다.

집 사람이 두어 번 팔이 부러져서 고생을 많이 했습니다.

(아주머니 말) 아저씨가 사업을 하다보니 저는 자주 가는 단골 철학관도 있고 제법 잘 본다는 여러 철학관도 가보았는데 56세부터 한곳도 운이 나쁘다고 이야기하는 곳이 없었습니다.

제 띠를 아무도 이렇게 이야기하는 철학관도 없었습니다.

지나가다가 건너편에서 간판을 보고 잘 찾아온 것 같습니다.

내 건강이 좀 좋지를 못한데 죽지는 않겠지요.

○ 아주머니 사주를 보아야 알겠지만 죽는 운은 아닙니다.

사주내용을 적은 감명지를 주기 전에 아저씨는 메모를 해두었는데
아주머니 생년월일 메모를 해두지 않아 아주머니 사주는 기억이 나지 않는다.
아래사주는 딸의 사주로 요점만 간략하게 풀이한다.

甲 己 壬 辛　여
子 巳 辰 酉

45 35 25 15 5
丁 丙 乙 甲 癸
酉 申 未 午 巳

• 격은 식신생재 격이다.
• 용신은 시간甲木 정관으로 용신한다.
• 희신은 水재성이 길운으로 작용한다.

• 본 사주의 의향은 공부보다 남자와 재물을 좋아하게 된다.
• 일찍 이성에 눈을 뜨게 된다.
• 고지식하나 대인관계가 원만하고 배려하는 성격이다.
• 암과 결석 담석을 조심해야 하고 수액이 비치니 물가를 가까이 하지 않는 것이 좋다.
• 사주 활인성과 무의식과 전생을 참작하면 병자를 치료하는 의사와 간호원이 인연으로 간호전문대를 졸업하고 간호사가 되었다.
• 남편은 4486번 丙辰생 용띠, 49번 壬戌생 개띠, 4153번 己未생 양띠 중에 남편 인연배필이 될 것으로 예상 추단한다.
• 乙木편관 대운 중에 만나게 되는 배우자는 동갑인 4821번 辛酉생 닭띠와 인연을 맺게 되며 庚寅년에 결혼할 것으로 예상 추단한다.
• 辛酉생 닭띠와 결혼하게 되는 것은 연운의 작용이다.
• 총각 사주에서 추명명리의 지시신과 37101번 辛酉생 닭띠 동갑인 처가 인연배필이고 처의 직업이 간호사로 나타나는 사주이다.
그러나 궁합이 별로 좋은 궁합은 아니다.
처녀 본인의 직업은 간호원이다.
• 자식은 딸을 먼저 얻게 되고 아들은 없게 되든지 늦게 얻게 될 것으로 추단한다.
• 未土비견 대운에 자영업은 하지 않아야 되겠으며 투기나 자영업은 절대하지 않아야 하겠다.
• 未土비견 대운을 넘기면 丙申대운은 안정된 생활이 된다.
• 酉金식신 대운 중에 남편의 건강과 사고는 유의해야 한다.

확인부분 :
庚寅년 매도 예상하게 된 것은
庚寅년 일지巳火 인수 문서가 움직이고 寅木은 일지巳火 인수를 생하여 건물매도 되었다. 觀

88. 피부 관리실, 부친 조사, 火운 길

壬 乙 己 乙 여
午 丑 丑 巳

50 40 30 20 10
甲 癸 壬 辛 庚
午 巳 辰 卯 寅

庚寅년에 본 사주가 내담하면서 수강생을 소개한 사주이다.
乙木일간 12월 출생으로 월지丑중 己土편재가 월간에 투출하여 편재 격이다.
용신은 火식상으로 용신한다.
월간己土 편재 격으로 재물에 대한 집념으로 자기 자신의 자영업이나 일을 가지고 전업주부가 아닌 평생에 자기의 수입을 만들고자 하는 사주이다.
용신은 시간壬水 정인으로 용신한다 하겠으나 12월에 乙木일간이 조후가 시급하고 격국 용신으로 己土편재 격이 한랭하여 火식상을 더욱 희하는 사주이다.
따라서 천간 길운은 火식상 운이 길운으로 작용하고 水인성 운이 흉 운으로 작용한다.
지지 길운은 木비겁과 火식상 운이 길운으로 작용하고 水인성 운이 흉 운으로 작용한다.
12월에는 대지 속 씨앗에서 아직 움츠리고 있는 상태이다.
씨앗에서 움직이기 직전의 상태이므로 火기로써 따뜻하게 보호하고

土로써 덮어 봄에 씨앗을 깨고 대지로 떡잎을 솟아나오게 하는 것이
생활자연의 이치이므로 火식상 운을 희하게 되는 것이다.
따라서 火식상 운을 더욱 희하게 작용하므로 火식상으로 용신한다.
억부 용신으로 추단하기보다 조후 용신과 격국 용신, 생활자연 용신의
작용이 더욱 크게 작용하는 사주이다.
본 저자가 기 저서에도 가끔 언급하였지만 사주의 사항 따라 다소의
차이는 있겠지만 역학인들이 제일 많이 적용하는 억부 용신 또한 중요하지만
조후 용신, 격국 용신, 통관 용신, 병약 용신, 생활자연 용신, 기 용신 등
또한 많이 작용한다고 본 필자는 생각한다.
용신이란 것이 '1+1=2이다' 또는 저울로 달아 수치가 결정되어 정답이
나오면 얼마나 좋겠는가.
본 필자 역시 지금까지 용신 찾아 아무리 주야로 헤매어도 전부가 보이지를
않고 통변을 찾아 헤매어도 족집게처럼 찾아내지를 못하여 과거나 현재
그리고 미래 역시 죽을 때까지 용신과 통변을 찾아 헤매게 될 것으로
생각한다.
본 필자가 지금까지 느낀 바를 표현하게 되면 사람은 지 용 덕을 갖추고
자기가 하고 있는 분야에 지 호 락의 단계로 진전되어야 한다고
수강생한테 가끔 말하게 된다.
공부에 발전이 있으려면 초창기는 책의 이론을 모방하여 그대로
따라하다가 자기 개인의 혁신적인 것을 찾고 그 다음에 독창적인
그 무엇을 찾으면 발전이 크게 될 것으로 생각한다.
다시 말하여 기초 이론을 충실히 외우고 습득하고 익히면 그 무엇의
느낌이 올 것이다.
흔히 말하는 비법이란 것이 누군가가 '이것이 비법이다' 하면서 비법의
보따리를 주는 이가 없는 것이며 오직 자기 자신과 싸움에서 이기는

사람만이 희열의 진정한 그 맛을 보게 되는 것이다.
오직 서적에서 찾아도 잘 풀리지를 않으니 풀리지 않는 매듭부분을 푸는 것은 실력 있는 분한테 지도받든지 한마디 소식을 들으면 풀리게 될 것으로 생각한다.
본 서적은 『핵심종합통변』이므로 본 필자 역시 통변을 다 아는 것은 아니지만 기초부터 지금까지 독학으로 공부하면서 많은 어려움을 겪으면서 통변을 위하여 빠른 길을 찾지 못하고 머나먼 다른 험한 길을 둘러서 찾아다니다가 결국은 기본이론으로 돌아오게 된 것으로 생각한다.
흔히 말하는 비법이란 것은 멀리 있는 것이 아니라 주위에서 가깝고 쉽고 통상적이고 기초적인 것에 있는 것이다.
본 필자가 독학으로 너무나 많은 고초를 겪었으므로 아는 것은 부족하지만 차후에 시간과 여건이 허용한다면 통변에 관한 기본종합 이론서를 저술할 계획이다.

본 사주로 들어가
성격은 고집과 자존심이 강하고 직업에 대하여 성실하고 억척같은 성격을 지니고 있다.
급각살과 탕화살 귀문살 백호살 등의 움직임으로 종합추단하면 신경성질병을 주의해야 하며 물혹(암) 상골 화재 비관 중독성을 특히 주의해야 할 것이다.
부친이나 부친의 형제 중에 조사이거나 불상사가 있는 것으로 추단한다.
시지午火 식신 도화 현침의 움직임으로 화려한 직업이나 의료분야에 인연이 있을 것으로 추단되며 편재 격인 土는 인체외부로 피부가 되고 길신인 火식상은 화장품으로 피부를 관리하는 피부 관리사 피부마사지 경락 등이 맞는 직업이 된다.

손님피부에 화기를 사용하게 되면 피부에 효과가 있을 것이며 경락 역시 효과가 클 것으로 추단한다.

40세 癸巳대운 중 癸水편인 대운은 재물에 길운이 되지 못한다.

巳火상관 대운은 火운으로 길하게 작용하겠으나 巳丑합으로 연운에 따라서 다소 길흉의 차이가 나타날 것으로 본다.

50세 甲午대운부터 길운으로 작용하여 생활에 안정이다.

庚寅년 46세 친구나 동료 직원의 도움이 있을 것이니 관계개선을 잘하면 도움이 될 것이다.

음력 5월부터 영업이 길하게 작용한다.

辛卯년은 재물의 손재나 문서상 관재구설을 주의해야 할 것이다.

壬辰년 역시 사업에 어려움으로 수입 역시 어려움이 따를 것으로 예상 추단한다.

건강 중에 물혹(암)이 침범하니 검진을 자주 받아보는 것이 좋겠다.

남편은 8862번 壬寅생 범띠, 8421번 癸卯생 토끼띠, 상충 띠이지만 8865번 己亥생 돼지띠 중에 남편 인연배필이다.

상기 남편 띠를 추명명리로 종합추단하면 壬寅생 범띠는 寅木이 시지午火 식신 길신과 寅午합으로 壬寅생 범띠를 응하게 된 것이다.

癸卯생 토끼띠는 일간乙木의 건록으로 癸卯생 토끼띠를 응하게 된 것이다.

상충 띠인 己亥생 돼지띠는 길신인 丙丁火의 亥水천을 귀인으로 己亥생 돼지띠를 응하게 된 것이다.

상기 띠 중에 8862번 壬寅생 범띠, 8421번 癸卯생 토끼띠가 좋으며 8865번 己亥생 돼지띠가 좋지 못한 남편 띠가 된다.

본 사주는 길한 남편인연 띠를 만나기가 어려운 사주로 추단되므로 己亥생 돼지띠가 남편이 되었다.

남편의 건강 사고를 주의해야 하고 부부간에 갈등 풍파는 주의해야 할 것으로 예상 추단한다.
자식은 연지巳火 상관과 시지午火 식신이 자식으로 연지巳火 상관 아들은 巳丑합으로 아들자식은 어려움이 있게 되고 시지午火 식신은 딸이므로 딸만 있게 된다.
시지午火 식신 딸은 도화로 예능에 소질과 인연이 있는 딸이 있다.
자식은 8864번 丁卯생 토끼띠, 8863번 戊辰생 용띠 중에 첫딸이다.
8863번 戊辰생 용띠가 첫딸이고 89번 辛未생 양띠가 둘째 딸이며 8975번 乙亥생 돼지띠가 셋째 딸이 되었다.

확인부분 :
辛卯년은 재물의 손재나 문서상 관재구설을 주의 예상하게 된 것은 일월지丑土 편재 흉신이 움직이어 재물에 길하지 못하고 卯木비견 재살의 작용으로 손재와 관재구설이 있었다.
壬辰년은 시간壬水 정인의 辰土묘지 운으로 영업상 관재가 있었다.
대운巳火 상관과 연운辰巳합은 木비겁의 이동변동으로 영업장소를 이전하게 되었다.觀

후기

지금까지 『핵심통변』, 『기문둔갑 핵심포국』, 『추명명리학 강의』,
『상담실례』, 『핵심종합통변 上』과 『핵심종합통변 中』 총6권을
출판하였으며 이제 『핵심종합통변下』를 출판하게 되어 서운하고
부족한 부분이 많아 항상 아쉬운 점이 많은 것이 사실이다.
필자는 한권의 책을 보아서 몇 가지라도 '이것이다!' 하는 생각이 들면
그 책은 유익하였다고 생각한다.
명리서를 한번 본 후에 다시 보면 느낌과 마음에 와 닿는 것이
새롭게 느껴질 것으로 생각한다.
또 다시 보면 새로운 느낌이 오게 되는 것이다.
독자 중에 필자의 저서 전부를 수회 보았다면서
'『핵심종합통변下』가 언제 출판하는가?'
여러 사람한테 묻는 전화를 받게 되었다.
『핵심종합통변 中』까지 출판 후에 시간이 부족하여 마무리하지 못하여
늦은 것을 죄송하게 생각한다.
기초와 여러 이론들을 좀 더 깊이 생각하고 배우고 익히고 습득하게
되면 깨우칠 수가 있을 것이다.
몇 가지의 원리를 알면 거기에서 더 알아가는 희열과 전율을 느낄
수가 있을 것으로 믿는다.
세상에 노력과 정열없이는 매사에 이루어지는 것이 없다.
노력하지 않고 비법만 찾는다고 '이것이 비법이다.' 하면서 주는 이는

아무도 없다.

필자는 독학으로 많은 시간과 노력으로 아무것도 아닌 아주 작은 통변이론을 알게 되었다고 생각하나 아직 부족한 점이 많은 것이 사실이다. 하나를 완벽하게 습득하고 익히고 활용하면 그 다음 단계로 진전하게 될 것으로 본 필자는 확신한다.

배우자 인연 띠를 확실하게 밝히지 못하는 점 죄송스럽게 생각하면서 지금까지는 초보자와 재수생을 개인 지도하여 왔으나 배우자 인연 띠와 통변 요점은 일정한 수강생 접수 등록을 받아 배우자 인연 띠와 통변 내용을 단체로 강의할 예정이다.

2016년

운관철학관에서

죽림 운관 **김 재 근** 씀

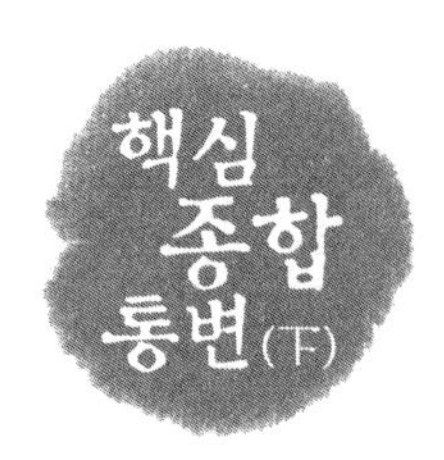

초판 1쇄 발행 2016년 9월 20일

지은이 김재근
주소. 부산시 동래구 수안동 182 성완 세띠앙A 상가 119호
운관철학관 (동래경찰서 정문 옆)
전화. 051-553-6958 핸드폰. 010-5501-6958
E-mail. jk4951@naver.com

펴낸곳 도서출판 천지인
주소. 부산시 동래구 수안동 182 성완 세띠앙A 상가 119호
전화. 051-782-4984, 553-6958(운관철학관)
휴대폰. 010-5501-6958
출판신고번호 제 14-80호

만든곳 보안기획
부산시 해운대구 센터북대로 60(재송동) 센텀IS타워 1009호
전화. 051-255-5675 팩스. 051-255-5676
E-mail. boan21@korea.com

값 39,000원

ISBN 978-89-962429-6-3 04140
ISBN 978-89-962429-1-8 04140(세트)